Kett-Straub
Strafvollzugsrecht

Strafvollzugsrecht

von

Dr. Gabriele Kett-Straub
Professorin an der
Universität Erlangen-Nürnberg

2. Auflage 2024

C.H.BECK

Zitiervorschlag: Kett-Straub StrafVollzR Rn. xx

beck.de

ISBN 978 3 406 81875 2

Wilhelmstraße 9, 80801 München
Druck: Beltz Grafische Betriebe GmbH,
Am Fliegerhorst 8, 99947 Bad Langensalza

Satz: DTP-Vorlagen der Autoren
Umschlag: Druckerei C. H. Beck Nördlingen

chbeck.de/nachhaltig

Gedruckt auf säurefreiem, alterungsbeständigem Papier
(hergestellt aus chlorfrei gebleichtem Zellstoff)

Vorwort

Die erste Auflage unseres „kleinen" Lehrbuchs ist freundlich aufgenommen worden, worüber wir uns ebenso gefreut haben wie über die vielen Zuschriften aus dem Leserkreis. Interessanterweise fanden sich darunter auch viele Briefe von Strafgefangenen – ein Umstand, der uns zeigt, dass wir ein allgemein verständliches Werk für eine breite Leserschaft geschaffen haben. Die zweite Auflage bringt neben kleineren Korrekturen vor allem Aktualisierungen und die Berücksichtigung neuer Rechtsprechung mit sich – bspw. zur Durchsuchung eines Gefangenen mit Entkleidung, zur Substitution drogenabhängiger Gefangener oder die wichtige Entscheidung des BVerfG zur Verfassungswidrigkeit der Gefangenenvergütung. So belastend die Corona-Pandemie für unsere Gesellschaft auch war, so hat sie doch für ein gewisses Umdenken beim bayerischen Gesetzgeber gesorgt. So wurde den Strafgefangenen endlich die Möglichkeit eingeräumt, mit ihren Angehörigen nicht nur in dringenden Fällen zu telefonieren. Diese und weitere Gesetzesänderungen wie z.B. die Verpflichtung zu einer opferbezogenen Vollzugsgestaltung wurden natürlich ebenfalls eingearbeitet. Außerdem wurden weitere aktuelle Fragestellungen berücksichtigt, wie die Internetnutzung oder der Umgang mit transgeschlechtlichen Gefangenen.

Die zweite Auflage führe ich nun alleine fort, da mein „Mitstreiter" und akademischer Lehrer *Franz Streng* inzwischen ein wenig kürzer treten will. Ich danke ihm für seine Hilfe auch bei diesem Buch. Ferner möchte ich mich bei meinen Mitarbeitern – namentlich besonders bei *Moritz Gärber* – für ihre Unterstützung bedanken.

Erlangen, Februar 2024 *Gabriele Kett-Straub*

Vorwort zur ersten Auflage

Der Vollzug freiheitsentziehender Sanktionen bleibt in einem Rechtsstaat alternativlos. Der Staat muss auch mit Freiheitsentzug auf kriminelles Verhalten reagieren können, um das friedliche Zusammenleben seiner Bürger zu gewährleisten. Gleichzeitig bedeutet Strafvollzug für den Betroffenen aber einen tiefen Einschnitt in seine Rechte. Demzufolge darf Freiheitsentzug als letzte Stufe möglicher Kriminalsanktionen nur angeordnet werden, wenn mildere Mittel nicht ausreichen.

Das Lehrbuch befasst sich insbesondere mit Vollzugszielen, Vollzugsaufgaben und dem Vollzugsablauf. Kernthema wird die Rechtsstellung des Gefangenen sein. Die Rechtsfragen des Vollzugs werden gerade auch an Einzelfällen erörtert werden (Unterbringung im Haftraum, Besuch, Freizeit, Beschwerderechte etc.). Gegenstand ist das Bayerische Strafvollzugsgesetz und das in einem Teilbereich fortgeltende Strafvollzugsgesetz des Bundes, das überdies alle späteren Landesgesetze geprägt hat. Nicht zuletzt die Änderungen, die sich im bayerischen Strafvollzugsrecht gegenüber dem Bundesgesetz ergeben haben, werden dargestellt werden. Nur wenn sich zum bayerischen Gesetz deutliche Unterschiede zeigen (etwa bei der Arbeitspflicht), wird auch auf andere Landesstrafvollzugsgesetze verwiesen. Zu unübersichtlich würde eine Darstellung bei dem Versuch, alle Landesgesetze auf einmal zu präsentieren.

Empirische Befunde zum Strafvollzug, bspw. eine Untersuchung seiner Effizienz anhand von Rückfallstudien, werden ausführlich dargestellt. Exkurse, Fälle und Beispiele sollen außerdem einen lebensnahen Eindruck von der Praxis in den Strafvollzugsanstalten geben. Nicht bloßes Strafvollzugsrecht, sondern Strafvollzugskunde zu vermitteln, ist das Anliegen dieses Buches. Denn letztlich geht es bei Strafvollzugsrecht um mehr als nur um (manchmal trockenes) Verwaltungsrecht.

Erlangen, Januar 2016 *Gabriele Kett-Straub* und *Franz Streng*

Inhaltsverzeichnis

Vorwort ... V

Vorwort zur ersten Auflage ... V

Abkürzungs- und Literaturverzeichnis ... XI

A. Grundlagen ... 1

I. Grundbegriffe ... 1
II. Rechtsgrundlagen ... 2
III. Abgrenzung zur Strafvollstreckung ... 4
IV. Historischer Abriss ... 5
1. Geschichte des Strafvollzugs ... 5
2. Geschichte des Strafvollzugsrechts ... 14
V. Strafvollzug in Zahlen ... 16
VI. Vollzugsaufgaben und ihre Erfüllung ... 21
1. Die Aufgaben des Vollzugs ... 21
a) Resozialisierung ... 21
b) Sicherung ... 23
c) Sonstige Zwecke ... 25
2. Die Gestaltungsgrundsätze des Vollzugs ... 26
3. Zur Effizienz des Strafvollzugs ... 30
a) Sicherung ... 30
b) Resozialisierung ... 32
VII. System und Organisation des Strafvollzugs ... 35
1. Justizvollzugsanstalten und Aufsichtsbehörden ... 35
2. Die Vollzugsanstalten ... 36
a) Allgemeines ... 36
b) Gestaltung und Gliederung der Anstalten ... 38
3. Der Vollzugsstab ... 39
a) Die Anstaltsleitung ... 41
b) Der Verwaltungsdienst ... 41
c) Der Werkdienst ... 42
d) Der Allgemeine Vollzugsdienst ... 42
e) Der „Sozialstab" ... 44
(1) Seelsorger (§ 157 StVollzG bzw. Art. 178 BayStVollzG) ... 44
(2) Ärzte (§ 158 StVollzG bzw. Art. 179 BayStVollzG) ... 46

(3) Psychologen (Art. 182 BayStVollzG) 47
(4) Pädagogen (Art. 180 BayStVollzG) 47
(5) Sozialarbeiter (Art. 181 BayStVollzG) 47
4. Vollzugshelfer und Anstaltsbeirat 49
a) Die Vollzugshelfer 49
b) Der Anstaltsbeirat (§§ 162–165 StVollzG bzw. Art. 185–188 BayStVollzG) 49
VIII. Grundsätze der Stellung des Gefangenen 50
1. Der Mitwirkungsgrundsatz des § 4 I StVollzG (Art. 6 I BayStVollzG) 50
2. Der Rechtsstaatsgrundsatz des § 4 II StVollzG (Art. 6 II BayStVollzG) 53
a) Kein besonderes Gewaltverhältnis 53
b) Die Vorrats- oder Angstklausel 54
3. Recht auf informationelle Selbstbestimmung – Datenschutz 55
IX. Rechtsbehelfe und gerichtliches Verfahren 58
1. Allgemeines 58
2. Antrag auf gerichtliche Entscheidung 60
a) Grundsätzliches 60
b) Zulässigkeit des Antrags 62
c) Das Verfahren 66
d) Die Entscheidung gem. § 115 StVollzG 67
e) Rechtsbeschwerde 68

B. Der Prozess des Vollzugs 70
I. Die Aufnahmephase 70
1. Das Aufnahmeverfahren 71
2. Die Behandlungsuntersuchung 73
3. Der Vollzugsplan 73
II. Die Hauptphase des Vollzugs 76
1. Verlegung und Überstellung 76
2. Unterbringung und Versorgung 78
a) Offener und geschlossener Vollzug 78
b) Wohngruppen und Betreuungsgruppen 83
c) Unterbringung in Freizeit und Ruhezeit 84
d) Versorgung mit Gegenständen des täglichen Bedarfs 94
3. Arbeit 98
a) Allgemeines 98
b) Arbeitspflicht und Beschäftigungsformen 99
c) Arten der Beschäftigung 101
d) Arten der Betriebe 102
e) Hausarbeit 103

f) Das Arbeitsentgelt ... 103
g) Die Realität in den Anstalten ... 106
4. Ausbildung, Weiterbildung und Unterricht ... 107
5. Therapie ... 109
6. Gesundheitsfürsorge und soziale Hilfe ... 114
7. Freizeitgestaltung ... 120
a) Allgemeines ... 120
b) Besitz von Gegenständen ... 122
c) Zeitschriftenbezug ... 123
d) Rundfunkteilnahme ... 124
e) Unterhaltungselektronik ... 125
8. Seelsorge ... 127
9. Gefangenenmitverantwortung ... 129
10. Kommunikation mit der Gesellschaft ... 131
a) Allgemeines ... 131
b) Besuch ... 132
c) Schriftverkehr ... 139
d) Telekommunikation ... 145
e) Internet ... 146
f) Paketempfang ... 148
11. Vollzugslockerungen und Urlaub ... 150
a) Stellenwert ... 150
b) Lockerungen des Vollzugs ... 151
c) Urlaub aus der Haft und Ausgang ... 156
d) Ausführung ... 160
12. Sicherheit und Ordnung ... 161
a) Grundlagen ... 161
b) Sicherungsmaßnahmen ... 163
13. Unmittelbarer Zwang ... 171
a) Allgemeines ... 171
b) Schusswaffengebrauch ... 173
c) Zwang und Gesundheitsfürsorge ... 174
14. Disziplinarmaßnahmen ... 176
a) Allgemeines ... 176
b) Ahndungsfähige Pflichtverstöße ... 178
c) Das Verfahren ... 180
d) Quantitative Dimension ... 181
III. Entlassung und ihre Vorbereitung ... 181
1. Stellenwert dieser Vollzugsphase ... 181
2. Einzelne Maßnahmen ... 182

C. Aktuelle Probleme des Strafvollzugs ... 185

I. Fehlende Arbeitsangebote ... 185

II. Überbelegung ... 185
III. Hoher Ausländer- und Migrantenanteil ... 185
IV. Drogen ... 186
V. Gewalt unter Gefangenen ... 190
VI. Langstrafenvollzug und alte Gefangene ... 192
VII. Ersatzfreiheitsstrafe ... 192

D. Besondere Arten des Vollzugs ... 193

I. Jugendstrafvollzug ... 193
1. Rechtlicher Rahmen ... 193
2. Strafvollzugsrechtliche Grundlagen ... 195
3. Erziehungsorientierter Jugendstrafvollzug ... 198
II. Maßregelvollzug ... 200
1. Sicherungsverwahrung ... 200
2. Unterbringung gem. § 63 oder § 64 StGB ... 203
a) Psychiatrisches Krankenhaus ... 203
b) Entziehungsanstalt ... 204
III. Strafarrest ... 205
IV. Exkurs: Untersuchungshaft ... 206
1. Untersuchungshaft ... 206
a) Grundlagen ... 206
b) Einzelfragen ... 206
c) Zur Dauer der U-Haft ... 208
2. Einstweilige Unterbringung ... 209
3. Zivilhaft ... 209

Stichwortverzeichnis ... 211

Abkürzungs- und Literaturverzeichnis

a.A.	anderer Ansicht
a.E.	am Ende
a.F.	alte Fassung
Abs.	Absatz
Abschn.	Abschnitt
allgem.	allgemein
Anm.	Anmerkung
AK-StVollzG	Strafvollzugsgesetze (Kommentar), hrsg. von *Feest/Lesting/Lindemann,* 7. Aufl., 2020
Arloth/Krä	StVollzG, 5. Aufl., 2021
Art.	Artikel
AufenthaltsG	Aufenthaltsgesetz
Aufl.	Auflage
BayMRVG	Bayerisches Maßregelvollzugsgesetz
BayObLG	Bayerische Oberste Landgericht
BayPAG	Bayerisches Polizeiaufgabengesetz
BayStVollzG	Bayerisches Strafvollzugsgesetz
BaySvVollzG	Bayerisches Sicherungsverwahrungsvollzugsgesetz
BayUVollzG	Bayerisches Unterbringungsvollzugsgesetz
BayVwVfG	Bayerisches Verwaltungsverfahrensgesetz
BeckOK BayStVollzG	Beckscher Online-Kommentar Strafvollzugsrecht Bayern, hrsg. v. Arloth, 19. Edition, 1.10.2023
BeckOK BundesStVollzG	Beckscher Online-Kommentar Strafvollzugsrecht Bund, hrsg. v. Arloth, 24. Edition, 1.8.2023
BerHG	Beratungshilfegesetz
Beschl. v.	Beschluss vom
Beulke/Swoboda	Jugendstrafrecht, 16. Aufl., 2020
BGBl.	Bundesgesetzblatt
BGH	Bundesgerichtshof
bgH	besonders gesicherter Haftraum
bspw.	beispielsweise
BT-Drs.	Bundestags-Drucksache
BtM	Betäubungsmittel
BtMG	Betäubungsmittelgesetz
BVerfG	Bundesverfassungsgericht
BVerfGE	Entscheidungssammlung des BVerfG
BWVollzO	Bundeswehrvollzugsordnung
bzw.	beziehungsweise
ca.	circa
d.h.	das heißt

ders.	derselbe
DM	Deutsche Mark
DS-GVO	Datenschutz-Grundverordnung
DSVollz	Dienst- und Sicherheitsvorschriften für den Strafvollzug
DVollzO	Dienst- und Vollzugsordnung
e.V.	eingetragener Verein
EGGVG (= GVGEG)	Einführungsgesetz zum Gerichtsverfassungsgesetz
EGMR	Europäischer Gerichtshof für Menschenrechte
EGStPO	Einführungsgesetz zur Strafprozessordnung
EGWStG	Einführungsgesetz zum Wehrstrafgesetz
Eisenberg/Bung/Kölbel	Fälle zum Schwerpunkt Strafrecht, 10. Aufl., 2019
EMRK	Europäische Menschenrechtskonvention
entspr.	entsprechend
etc.	et cetera
EU	Europäische Union
evtl.	eventuell
f.	folgende/r
ff.	die folgenden
FS	Festschrift
gem.	gemäß
GG	Grundgesetz
ggfs.	gegebenenfalls
GMV	Gefangenenmitverantwortung
grds.	grundsätzlich
GVBl	Gesetz- und Verordnungsblatt
GVG	Gerichtsverfassungsgesetz
h.M.	herrschende Meinung
Höflich/Schriever/Bartmeier	Grundriss Vollzugsrecht, 4. Aufl., 2014
Hrsg./hrsg.	Herausgeber/herausgegeben
HS.	Halbsatz
ieS	im engeren Sinne
i.S.	im Sinne
iSv bzw. iSd	im Sinne von bzw. der/des
iVm	in Verbindung mit
i.w.S.	im weiteren Sinne
JGG	Jugendgerichtsgesetz
JGGÄndG	Jugendgerichtsgesetz-Änderungsgesetz
JStVollzG	Jugendstrafvollzugsgesetz des Landes Baden-Württemberg
JVA	Justizvollzugsanstalt
JVollzGB	Justizvollzugsgesetzbuch
Kaiser/Schöch	Strafvollzug, Lehr- und Handbuch, 5. Aufl., 2002
Kaiser/Schöch	Strafvollzug – Eine Einführung in die Grundlagen, 5. Aufl., 2003
Kaiser/Schöch/Kinzig	Kriminologie, Jugendstrafrecht, Strafvollzug, 8. Aufl., 2015
Kfz	Kraftfahrzeug

KG .... Kammergericht
Laubenthal .... Strafvollzug, 8. Aufl., 2019
Laubenthal/Baier/Nestler ... Jugendstrafrecht, 3. Aufl., 2015
Laubenthal/Nestler/ Neubacher/Verrel .... Strafvollzugsgesetze (Kommentar), 13. Aufl., 2024
LG .... Landgericht
Lit. .... Literatur
Meier/Bannenberg/Höfler... Jugendstrafrecht, 4. Aufl., 2019
Mio. .... Millionen
mAnm .... mit Anmerkung
mwN .... mit weiteren Nachweisen
n. Chr. .... nach Christus
n.F. .... neue Fassung
NK .... Neue Kriminalpolitik (Zeitschrift)
Nr. .... Nummer
NS .... Nationalsozialismus
o.ä. .... oder ähnliche/-r/-s
OLG .... Oberlandesgericht
Ostendorf (Hrsg.). .... Jugendstrafvollzugsrecht, 4. Aufl., 2022
Ostendorf/Drenkhahn .... Jugendstrafrecht, 11. Aufl., 2022
OWiG .... Ordnungswidrigkeitengesetz
Rn. .... Randnummer
Rspr. .... Rechtsprechung
S. .... Seite
Schwind/Böhm/Jehle/ Laubenthal .... Strafvollzugsgesetz – Bund und Länder, 7. Aufl., 2020
SGB .... Sozialgesetzbuch
sog. .... sogenannte/-r/-s
spez. .... speziell, spezial, spezielle/-r/-s
StA .... Staatsanwaltschaft
StGB .... Strafgesetzbuch
StPO .... Strafprozessordnung
str. .... strittig
Streng .... Jugendstrafrecht, 6. Aufl., 2024
ders. .... Strafrechtliche Sanktionen, 3. Aufl., 2012
StrRG .... Strafrechtsreformgesetz
StVollzG .... Strafvollzugsgesetz des Bundes
SV .... Sicherungsverwahrung
u.a. .... unter anderem
u.Ä./u.ä. .... und Ähnliches/und ähnliche
u.U. .... unter Umständen
UBG .... Unterbringungsgesetz
U-Haft .... Untersuchungshaft
UHaftVollzGe .... Untersuchungshaftvollzugsgesetze
Urt. v. .... Urteil vom

UVollzG .... Untersuchungshaftvollzugsgesetz (einzelner Bundesländer)
vgl. .... vergleiche
VV .... Verwaltungsvorschrift
VVJug .... Verwaltungsvorschriften zum Jugendstrafvollzug
VwVfG .... Verwaltungsverfahrensgesetz (Bund)
WHO .... World Health Organisation
WRV .... Weimarer Reichsverfassung
WStG .... Wehrstrafgesetz
z.B. .... zum Beispiel
ZfDR .... Zeitschrift für Digitalisierung und Recht
ZfStrVo .... Zeitschrift für Strafvollzug und Straffälligenhilfe (ab 2006 Forum Strafvollzug)
ZJJ .... Zeitschrift für Jugendkriminalrecht und Jugendhilfe
ZPO .... Zivilprozessordnung

A. Grundlagen

„Strafen ist tragisch: Man muss bemüht sein, diese Tragik zu reduzieren – auch im Vollzug"(Lübbe-Wolff, ZRP 2009, 93).

I. Grundbegriffe

1. Unser Rechtssystem kennt eine Vielzahl von **freiheitsentziehenden Maßnahmen**. Als Beispiele seien nur die Heimerziehung bei geschlossener Unterbringung, die Zwangshaft zur Durchsetzung von Verwaltungsakten (§ 16 VwVG), die Ordnungshaft für Zeugen (§ 70 I 2 StPO), die Erzwingungshaft (§ 70 II StPO), die Unterbringung in einem psychiatrischen Krankenhaus (§ 63 StGB), die Sicherungsverwahrung (§§ 66 ff. StGB), die Abschiebungshaft nach AusländerG, die Untersuchungshaft (§§ 112 ff. StPO), die Sicherungshaft (§ 112a StPO), die Haft aufgrund vorläufiger Festnahme (§ 127 StPO), die Ersatzfreiheitsstrafe (§ 43 StGB) oder natürlich auch der Strafvollzug genannt. 1

2. Jede dieser freiheitsentziehenden Maßnahmen bedarf gem. **Art. 104 GG** grds. 2

– eines förmlichen Gesetzes als Rechtsgrundlage und
– muss unter Beachtung der im Gesetz vorgeschriebenen Form und
– durch richterliche Anordnung zustande gekommen sein.

3. Der **Begriff des Strafvollzugs** wird nur für die Durchführung der **freiheitsentziehenden Sanktionen** genutzt. Als Strafvollzug ieS bezeichnet man den Vollzug von – nicht zur Bewährung ausgesetzter – Freiheitsstrafe (§ 38 StGB) und Jugendstrafe (§ 17 JGG). In Abgrenzung vom Strafvollzug ieS kann man unter dem Oberbegriff des Strafvollzugs i.w.S. auch noch die Durchführung des freiheitsentziehenden militärischen Strafarrests als „Arrestvollzug" und die Durchführung der stationären Maßregeln der Besserung und Sicherung als „Maßregelvollzug" (§§ 63, 64, 66 StGB) bezeichnen. 3

Bei anderen als den stationären Kriminalsanktionen wird nicht von „Strafvollzug" gesprochen. Dies bedeutet, dass der Vollzug der Untersuchungshaft (als einer nicht strafenden, primär verfahrenssichernden prozessualen Maßnahme; siehe Exkurs S. 3 ff.) nicht zum Strafvollzug gerechnet wird. Auch der Vollzug von Jugendarrest als einer bloß materiellen, aber nicht formellen Strafe, wird nicht dem Strafvollzug zugerechnet (vgl. § 90 JGG). Ambulante Sanktionen wie die Geldstrafe und die zur Bewährung ausgesetzte Freiheitsstrafe sind ebenfalls keine Materie des Strafvollzugs. 4

5 Voraussetzung für den Strafvollzug ist das Vorliegen eines formell rechtskräftigen Urteils (§ 449 StPO). Vollzogen wird die Freiheitsstrafe in einer Justizvollzugsanstalt (Art. 165 BayStVollzG).

6 4. Das **Strafvollzugsrecht** regelt die Rechtsstellung der Gefangenen, die Eingriffsbefugnisse und Leistungspflichten der Vollzugsbehörden sowie die organisatorischen und personellen Voraussetzungen für den Vollzug. Strafvollzug gehört, wie das Strafrecht, zum öffentlichen Recht im weiteren Sinne.

7 5. Im soziologischen Schrifttum spricht man von der Anstalt als einer **totalen Institution**, da der Gefangene seine gesamte Lebensführung an den Bedingungen und Regeln des Vollzugs auszurichten hat. Wichtig ist daher, dass die Gesellschaft den Strafvollzug im Blick behält, da in totalen Institutionen immer auch die Gefahr eines Machtmissbrauchs besteht. So überprüft die Nationale Stelle zur Verhütung von Folter als unabhängige nationale Einrichtung regelmäßig Strafvollzugsanstalten und weist in ihren Jahresberichten auf eventuelle Missstände hin[1]. Die Menschenrechte müssen selbstverständlich auch in Strafvollzugsanstalten gewahrt sein[2]. Auch kann sich der Blick auf eine Materie im Laufe der Zeit verändern und es muss kritisch hinterfragt werden, ob Regelungen noch den Anforderungen an Humanität entsprechen. Aktuell wird diskutiert, ob vor dem Lichte der neueren EGMR-Rspr. bei einer Durchsuchung eines Gefangenen mit Entkleidung die formale Trennung in Einzelfall- und Allgemeinanordnungen noch aufrechterhalten werden kann oder ob für die Anordnung nicht generell einzelfallbezogene Sicherheitsbelange maßgeblich sein müssen (vgl. S. 164 f.)[3].

II. Rechtsgrundlagen

8

<table>
<tr><td>BayStVollzG
StVollzG (Bund)</td><td>Strafvollzug und Jugendstrafvollzug
nur für nach allgemeinem Strafrecht Verurteilte</td></tr>
<tr><td colspan="2">Hinzu kommen ausführliche Verwaltungsvorschriften (VV), die sowohl zum Bundes- als auch zum Landesstrafvollzugsgesetz (z.B. VV zum BayStVollzG) erlassen wurden. Sie sind keine Rechtsnormen mit Außenwirkung, sondern nur interne Richtlinien der Behörden. Die VV helfen dem Rechtsanwender bei der Umsetzung der Gesetzesnormen und sollen für eine einheitliche Auslegung der unbestimmten Rechtsbegriffe sorgen.</td></tr>
<tr><td>§ 92 JGG</td><td>Rechtsbehelfe, u.a. für den Vollzug der Jugendstrafe</td></tr>
</table>

---

[1] https://www.nationale-stelle.de/publikationen.html.

[2] *Van der Stroom*, Menschenrechtliche Anforderungen an den Strafvollzug, 2021.

[3] *Esser,* NStZ 2022, 24 (29); BVerfG NJW 2023, 2632; BVerfG NStZ-RR 2019, 261.

ferner: 9

BWVollzO	Bundeswehrvollzugsordnung
BayMRVG	Landesgesetz für den Maßregelvollzug (früher behalf man sich mit den Unterbringungsgesetzen [UBG] der Länder; in Bayern: „Gesetz über die Unterbringung psychisch Kranker und deren Betreuung“)
BaySvVollzG	Gesetz über den Vollzug der Sicherungsverwahrung
BayUVollzG	Gesetz über den Vollzug der Untersuchungshaft

Vom Bundes- zum Landesstrafvollzugsgesetz 10

Die Föderalismusreform des Jahres 2006 hatte zum Ziel, den Bundesländern mehr gesetzgeberische Kompetenz zuteilwerden zu lassen (BGBl. I 2006, S. 2034 f.). Die Regelung des Strafvollzugs wurde durch Streichung aus Art. 74 I Nr. 1 GG aus der konkurrierenden Gesetzgebung entlassen und ist nun Ländersache (Art. 70 I GG). Alle Bundesländer haben Landesstrafvollzugsgesetze erlassen. Dennoch verbleibt dem Bundesstrafvollzugsgesetz ein eigener Anwendungsbereich: Die Vorschriften zum gerichtlichen Verfahren (§§ 109 ff. StVollzG) werden dem Bundesgesetz entnommen, denn dieser Bereich bleibt Gegenstand der konkurrierenden Gesetzgebung (Art. 74 I Nr. 1 GG). Es bedarf dauerhaft eines Nebeneinanders beider Gesetze.

Zu dem befürchteten „Wettbewerb der Schäbigkeit“ unter den Bundesländern auf dem Gebiet des Strafvollzugs ist es nicht gekommen[4]; ein „Bestenwettbewerb“ war von vornherein nicht zu erwarten. Was aber die Vielzahl einzelner Landesstrafvollzugsgesetze gebracht hat, ist eine überflüssige Rechtszersplitterung. Die Materie ist ausgesprochen unübersichtlich geworden.

Erfreulich ist, dass im Zuge der neuen Gesetze die kriminologische Forschung in den Strafvollzugsanstalten gestärkt wurde (vgl. Art. 189 BayStVollzG). Der **„Kriminologische Dienst des bayerischen Strafvollzugs“** als Bindeglied zwischen Praxis und Wissenschaft ist bei der JVA Erlangen eingerichtet und leistet wichtige Forschungsarbeit.

Eine große Rolle für die konkrete Ausgestaltung des Strafvollzugs 11
spielt die Rspr. des **BVerfG**, das immer wieder Verstöße gegen die Men-

---

[4] *Müller-Dietz*, ZfStrVo 2005, 38 ff.; *Alex*, StV 2006, StV 2006, 726 ff.; *Dünkel/Schüler-Springorum*, ZfStrVo 2006, 145 ff.; *Köhne,* NStZ 2009, 130.

schenwürde gerade bezüglich der konkreten Unterbringung von Strafgefangenen oder gegen das allgemeine Persönlichkeitsrecht rügt[5]. Aktuell wurde die Höhe der Gefangenenvergütung als zu niedrig gerügt. Dem Gesetzgeber ist großzügig bis 30.6.2025 Zeit gegeben worden, die komplexe Materie neu zu regeln und ein schlüssiges Resozialisierungskonzept zu erstellen, das die Behandlungsmaßnahme „Arbeit" sinnvoll integriert[6]. Auch die Rspr. des **EGMR** nimmt Einfluss, etwa bei der Durchsuchung mit Entkleidung des Gefangenen, dem Brechmitteleinsatz oder der Unterbringung in einer Sicherheitszelle (bgH)[7]. Insbesondere bei der Ausgestaltung der Hafträume kommt ein Verstoß nach Art. 8 EMRK in Betracht. Zwar ist ein Haftraum keine Wohnung iSd Vorschrift, jedoch kann die geschützte Achtung des Privatlebens betroffen sein[8]. Auch mittelbare Eingriffe in dieses Recht, wie etwa Umwelteinflüsse (extrem unangenehme Gerüche etc.), sind bei besonderer Intensität an Art. 8 EMRK zu messen. Die meisten hierzu ergangenen Entscheidungen betreffen das europäische Ausland (Rumänien, Bulgarien etc.), jedoch kommt auch immer wieder Deutschland in das Visier des EGMR[9]. So ist die Größe der Hafträume im Falle eines starken Platzmangels an Art. 3 EMRK zu messen. Der Schutz vor Mithäftlingen wird ebenfalls durch diese Norm, die nicht zwischen Misshandlungen von staatlicher und solcher von privater Seite unterscheidet, sichergestellt.

III. Abgrenzung zur Strafvollstreckung

12 Vom Strafvollzug ist die **Strafvollstreckung** zu unterscheiden. Strafvollstreckung meint die Gesamtheit der verwaltungsmäßigen und richterlichen Tätigkeiten, die den Rahmen für die Realisierung der Freiheitsstrafe im Vollzug abgeben. Im Gegensatz zum Strafvollzug stellt die Strafvollstreckung einen (letzten) Teil des Strafprozesses dar. Es geht um den Zeitraum zwischen Rechtskraft der Entscheidung und dem Strafantritt. Das Vollstreckungsrecht besteht aus allen Rechtsnormen, welche die Vollziehung der durch rechtskräftige Entscheidungen angeordneten freiheitsentziehenden Kriminalsanktionen einleiten, unterbrechen und

---

[5] BVerfG NJW 2002, 2699; FD-StrafR 2015, 368317 zur Wegnahme der Kleidung als besondere Sicherungsmaßnahme.

[6] BVerfG NJW 2023, 2405 mAnm *Frammersberger/Kühne*.

[7] Vgl. EGMR NStZ 2022, 24 (*Roth*/Deutschland); EGMR StV 2006, 61 (*Jalloh*/Deutschland); EGMR NJW 2012, 2173 (*Heilig*/Deutschland) mAnm *Pohlreich*, JZ 2011, 1058.

[8] Übersichtlich hierzu *Pohlreich*, NStZ 2011, 560.

[9] Zur Unterbringung eines Häftlings in einer Sicherheitszelle ohne Bekleidung vgl. EGMR NJW 2012, 2173.

beenden. Zu nennen ist die Bestimmung der für den Vollzug im konkreten Fall zuständigen JVA, die Strafzeitberechnung, die Gewährung von Strafaufschub, die Ladung zum Strafantritt sowie die Entscheidung über eine vorzeitige Entlassung zur Bewährung.

Faustformel: Strafvollstreckung ist das „Ob" der Sanktionsverwirklichung, Strafvollzug betrifft das „Wie" einer Freiheitsstrafe. 13

Geregelt ist die vollstreckungsrechtliche Materie für das **allgemeine** 14
Strafrecht in den §§ 449 ff. StPO; gem. § 451 StPO ist für die Strafvollstreckung grds. die Staatsanwaltschaft zuständig. Für gerichtliche Entscheidungen, etwa für Entscheidungen gem. §§ 57, 57a StGB (vgl. §§ 454, 462a StPO), ist die Strafvollstreckungskammer beim Landgericht (§ 78a GVG) zuständig. Im **Jugendstrafrecht** ist gem. § 82 I JGG die Strafvollstreckung Sache des Jugendrichters. Dadurch ergibt sich im Jugendstrafrecht eine Doppelfunktion des Jugendrichters im Vollstreckungsbereich, nämlich zum einen als Verwaltungsbeamter, zum anderen als Richter, dem zugleich die Wahrnehmung der Aufgaben zugewiesen ist, die im allgemeinen Strafrecht die Strafvollstreckungskammer innehat (§ 82 I JGG).

IV. Historischer Abriss

Literatur: *Füeßlin*, Die Einzelhaft nach fremden und 6-jährigen eigenen Erfahrungen im neuen Männerzuchthause in Bruchsal, 1855; *von Hippel*, Die Entstehung der modernen Freiheitsstrafe u. des Erziehungs-Strafvollzugs, 1932; *Kürzinger*, in: Die Freiheitsstrafe u. ihre Surrogate im dtsch. u. ausländischen Recht, Band III, hrsg. v. Jescheck, 1984, S. 174 ff.; *Krebs*, Freiheitsentzug. Entwicklung von Praxis u. Theorie seit der Aufklärung, 1978, S. 81 ff.; *Quanter*, Deutsches Zuchthaus- u. Gefängniswesen, 1905 (1979); *Rusche/Kirchheimer*, Sozialstruktur u. Strafvollzug, 1981, S. 36 ff.; *Schlosser*, in: Die Entstehung des öffentlichen Strafrechts, hrsg. v. Willoweit, 1999, S. 234 ff.; *Schmidt*, Zuchthäuser und Gefängnisse, 1960; *A. Streng*, Entwicklung, Ergebnisse und Gestaltung des Vollzugs der Freiheitsstrafe in Deutschland, 1886; *ders.*, Geschichte der Gefängnisverwaltung von Hamburg von 1622–1872, 1890.

1. Geschichte des Strafvollzugs

Bis ca. 1000 n. Chr.: In den germanischen Rechten steht das System der 15
Fehde im Vordergrund. Früh schon bildete sich die Rechtssitte heraus, die Fehde zwischen Sippen durch Sühnezahlung (Wergeld [von lat. vir = Mann]) an die Sippe des Verletzten abzuwenden oder zu beenden. Die Reaktion der Sippe auf Taten innerhalb des Sippenverbandes war nicht

rechtsrelevant. Härteste Sanktion außer der Tötung des Delinquenten jedenfalls war die Ausstoßung aus der Sippe, was den sozialen Tod – und zumeist nicht nur den sozialen – bedeutete. Von einer Freiheitsstrafe ist – schon angesichts fehlender Vollzugsmöglichkeiten – keine Rede.

16 **Spätes Mittelalter:** In der Folge des Zerbrechens der herkömmlichen Ordnung, der vielen Landstreicher und Arbeitslosen, der territorialen Zersplitterung und der immer weiter steigenden Kriminalität, verloren die herkömmlichen strafrechtlichen Prinzipien ihre Geltung. Insbesondere das auf Geldleistung beruhende Bußsystem machte bei der Menge von Besitzlosen kaum mehr Sinn. Außerdem konnte sich der an keinen festen Wohnsitz gebundene Täter mühelos der strafenden Gewalt entziehen. Daraus entstand die sich schon im späten Mittelalter anzeigende Hinwendung zu immer rigoroseren Strafmethoden. An die Stelle der nicht eintreibbaren Geldbußen traten selbst bei kleineren Vergehen schwere Leibes- und Lebensstrafen: Geißelung, Abschneiden der Zunge, der Nase und der Ohren, Ausstechen der Augen, Abhacken der Hände und sonstige Verstümmelungen sowie ein genau abgestuftes System von Hinrichtungen. Freilich scheint das in den Rechtsbüchern und den zeitgenössischen Bilddarstellungen vorherrschende Bild die tatsächliche Rechtspraxis nur unzulänglich wiederzugeben, wie neuerdings betont wird. Die Masse der leichteren Delikte wurde weniger spektakulär abgearbeitet. Auch **Stadt- und Landesverweisungen** waren gegen Ende des Mittelalters eine Reaktion auf Kriminalität. Besonders häufig machte man bei jugendlichen Tätern von dieser Maßnahme Gebrauch, um sie vor der Hinrichtung zu bewahren.

17 Unter den Maßnahmen gegen Straftäter oder Verdächtige findet man die **Einsperrung in den Turm**, das Lochgefängnis, den Karzer oder das Gefängnis schlechthin. Diese Einsperrung oder Eintürmung hat mit der modernen Freiheitsstrafe wenig zu tun. Man kann sie nur als ausgesprochen brutale Leibesstrafe ansehen. Sie diente in der Regel nur der Verwahrung der Gefangenen bis zum Prozess oder bis zur Hinrichtung. Aber gerade bei jugendlichen Tätern wurde die Einsperrung auch als selbständige Strafmaßnahme angeordnet.

18 Insgesamt stieg mit der Zeit das **Unwohlsein der Gesellschaft gegenüber der ineffektiven und weithin auch blutigen Strafjustiz**. Dies auch deshalb, weil sich trotz der immer wieder verhängten grausamen und auf Abschreckung abzielenden Strafen keine Abnahme von Kriminalität und Verbrechertum abzeichnete. Das Landstreichertum erhielt durch die Strafjustiz sogar andauernd Nachwuchs durch die aus der Stadt bzw. aus dem Land Verwiesenen. Zu diesen Vagabunden gehörten viele junge Menschen, die oft notgedrungen rückfällig werden mussten, um sich überhaupt am Leben erhalten zu können. In dieser Phase der Entwicklung entstanden die ersten Zuchthäuser.

16./17. Jahrhundert: Die Anfänge der modernen Freiheitsstrafe lie- 19
gen in England und Holland. Der Umschwung vollzog sich unter *Eduard VI.* von religiöser Seite her. Den geistesgeschichtlich-religiösen Hintergrund bildete die calvinistische Auffassung über Arbeit und Almosen. Sie sah die Sozialethik des Calvinismus in beruflichem und insbesondere finanziellem Erfolg göttlichen Segen walten. Während früher der Bettler noch als von Gott gegebene Möglichkeit zur Betätigung christlicher Nächstenliebe angesehen worden war, betrachtete der Calvinismus den nicht Arbeitenden nun als jemanden, der sich dem Ruf Gottes entzog. Arbeit gab dem fleißigen Erwerbstätigen die Möglichkeit zu „innerweltlicher Askese“ und stand daher gleichberechtigt neben der Weltflucht des Mönchs. Von daher waren Zwang und Erziehung zu Arbeit ein Weg, den Bettler oder Straftäter zu Gott zu führen. *Eduard VI.* überließ das Schloss Bridewell der Stadt London, damit diese hier eine Anstalt einrichten konnte, in welcher Vagabunden zur Arbeit angehalten werden sollten. Die Anstalt, die 1555 ihrem Verwendungszweck übergeben worden war, wurde zuerst „workhouse“ (Arbeitshaus), später „house of correction“ (Zuchthaus) genannt. Die wachsende Scheu, jugendliche Delinquenten und nicht allzu schwerer Straftaten schuldige Erwachsene hinzurichten, mag einer der Hauptgründe gewesen sein, sie in das Zuchthaus einzuweisen. Bald errichtete man auch in anderen englischen Grafschaften derartige Anstalten.

Das englische Vorbild wirkte noch im 16. Jahrhundert nach den Nie- 20
derlanden hinüber, speziell nach **Amsterdam**. Es hatte sich auch hier Unwohlsein gegenüber dem bisherigen Verfahren der Hinrichtung jugendlicher Diebe verstärkt. Im Jahre 1588 schließlich, weigerten sich die Schöffen, gegen einen 16-jährigen Dieb und Einbrecher das Todesurteil auszusprechen. Sie wandten sich an den Bürgermeister, ob sich nicht Mittel finden ließen, „derartige Bürgerskinder in dauernder Arbeit zu halten und womöglich dadurch zu einem besseren Lebenswandel zu erziehen“ (übersetztes Original)[10]. Im Jahre 1589 wurde im Rat dann der Beschluss gefasst, in einem ehemaligen Kloster ein Zuchthaus einzurichten. Im Februar 1596 wurden in dem neuen Zuchthaus von Amsterdam die ersten zwölf Gefangenen eingeliefert. Im Jahre 1597 wurde in den Räumen eines anderen ehemaligen Klosters in Amsterdam ein Spinnhaus für weibliche Bettler und Vagabunden eingerichtet. Offenbar wurde dies auch durch das Engagement einiger Kaufleute begünstigt, die sich von der Arbeitskraft der dort Untergebrachten Vorteile für ihre Wollfabrikation erwarteten[11].

---

[10] Zitat aus *v. Hippel*, 1932, S. 4.
[11] Vgl. *v. Hippel*, 1932, S. 21.

21 Die Einweisung in die Zuchthäuser geschah auf Veranlassung der Behörden oder auch von Privatleuten. Obrigkeitliche Unterbringung erfolgte durch Strafurteil oder auch als polizeiliche Maßnahme gegenüber Bettlern, Vagabunden und Prostituierten. In den Amsterdamer Zuchthäusern herrschte strengste Zucht. **Harte Arbeit**, bei Männern insbesondere Holzraspeln, war zentrale Beschäftigung. Daneben waren Seelsorge und Unterricht von Bedeutung für die Erziehungsaufgabe. Verstöße gegen die Disziplin wurden mit Disziplinarmaßnahmen geahndet: Kostschmälerung, Arrest (Kellerstrafe bei Wasser und Brot), Fesselung und körperliche Züchtigung.

22 Die Amsterdamer Anstalten hatten bald Vorbildwirkung. Von weit her kamen Interessierte, um dieses neuartige System der Behandlung Asozialer und Straffälliger kennenzulernen. Aus der „Abneigung gegen das bisherige blutige Strafensystem“[12] war etwas vielfältig nützliches Neues entstanden. Im Zusammenhang mit dem **Merkantilismus** in den europäischen Staaten, war der Mensch mit seiner Arbeitskraft wertvoll geworden. Die Investition in Zuchthäuser lohnte sich unmittelbar unter dem Aspekt der Gefangenenarbeit und mittelbar unter dem Aspekt der Arbeitserziehung für die Zeit nach der Entlassung. Also nicht etwa allein christliches Gedankengut vermochte die Abkehr von der vorherigen blutigen Justiz zu bewirken, sondern – zumindest auch – der materielle Aspekt. Ende des 16. und Anfang des 17. Jahrhunderts wurden überall nach dem Amsterdamer Vorbild **Zuchthäuser und Spinnhäuser eingerichtet**: in Nürnberg (1588), Bremen (1604/1609), Hamburg (1614/ 1622), später Kassel und Danzig.

23 Der **30-jährige Krieg** brachte die Entwicklung zunächst zum Stillstand, verschaffte ihr aber durch die Entvölkerung Europas wiederum auch Auftrieb, da es nach dem großen Aderlass durch den Krieg ganz unsinnig erscheinen musste, die Arbeitskräfte durch blutige Justiz zu vernichten. Die anschließende Blütezeit der Zuchthausgründungen begann im Jahre 1667 mit der Errichtung des Baseler Zuchthauses, es folgten Breslau und Wien 1670, Leipzig 1671, Lüneburg 1676 etc.

24 **Vor 200 Jahren:** Im Jahre 1790 führte der neue Leiter des Hamburger Zuchthauses *Sieveking* in seiner Antrittsrede folgendes über den Zweck der Strafe aus: In diesem Hause seien „*unbrauchbare und unglückliche Glieder der menschlichen Gesellschaft von Lastern zu entwöhnen, zum Fleiß, zur Ordnung und zur Tugend zu erziehen und sie dadurch wieder zu nützlichen Gliedern der Gesellschaft zu machen*“. Strafzwecke seien: „*Sicherstellung der Gesellschaft, Abschreckung vom Bösen und Besserung der Bestraften*“[13].

---

[12] *V. Hippel*, 1932, S. 5.

[13] Zitiert nach *A. Streng*, 1886, S. 82.

Trotz dieses positiven Programms waren die Zuchthäuser normalerweise weit weg von einer echten Erziehungspotenz. Regeln, die noch in der Amsterdamer Gründerzeit befolgt worden waren, gerieten in Vergessenheit. In der Folge stellten die **Insassen in den Zuchthäusern** ein buntes Gemisch an Menschen dar, die aus der normalen Gesellschaft zumindest zeitweise entfernt werden sollten. Ohne jede Trennung lebten jugendliche und erwachsene Häftlinge, Bettler, Prostituierte, Waisenkinder und Geisteskranke unter einem Dach zusammen (oft genug auch ohne Geschlechtertrennung). Hinzu kamen Kinder und Jugendliche, die auf Ersuchen ihrer Eltern oder Vormünder dort untergebracht waren. Wie es hierbei um die Erziehung und Besserung bestellt war, bedarf keiner Erläuterung. Festzuhalten bleibt außerdem, dass sich unter den erwachsenen Zuchthausinsassen bis ins 19. Jahrhundert hinein verhältnismäßig **wenige eigentliche Schwerkriminelle** befanden. Erwachsene wurden lediglich bei kleineren Delikten in diese Anstalten eingewiesen. Es herrschte noch das grausame Strafensystem der Constitutio Criminalis Carolina. An erster Stelle stand immer noch die Todesstrafe in all ihren Formen und Abstufungen. Daneben spielte die Stadt- und Landverweisung eine große Rolle. **25**

In den Zuchthäusern sanken die jugendlichen und erwachsenen Insassen teilweise zu einer bloßen **Handelsware** herab. Denn hier standen billigste Arbeitskräfte in großer Zahl zur Verfügung. Ein Schulbeispiel für diese Auffassung ist das Spandauer Zuchthaus, in dessen Gründungsedikt von 1687 es heißt: Die Gründung erfolge „*zur Beförderung der Wollen- und Seidenmanufakturen auch zugleich zur Verbesserung der bisher ermangelnden Spinnerei in unseren Kurlanden*". Häufig waren die Zuchthäuser sogar privaten Pächtern übergeben. Diese hatten erst recht das Bestreben, aus diesem Unternehmen möglichst hohen Gewinn zu erzielen; an irgendwelchen kriminalpolitischen Zwecken hatten sie kein Interesse. **26**

Als **Vater des modernen Erziehungsstrafvollzugs (für Jugendliche)** ist wohl Papst *Clemens XI.* zu nennen. Er ließ in Rom 1703 das Knabengefängnis San Michelo einrichten. Vollkommen getrennt von Erwachsenen oder Angehörigen des anderen Geschlechts wurden die Knaben in besonderen Abteilungen untergebracht. Man teilte sie nach Alter, sittlicher Beschaffenheit, Grad der Verwahrlosung oder Kriminalität verschiedenen Klassen zu, die dann ebenfalls voneinander getrennt waren. Bei Tage waren sie zu gemeinsamer Arbeit versammelt; zudem gehörte religiöser Unterricht zu den wichtigsten Erziehungsmitteln. Bei Nacht lebten die Zöglinge in Einzelzellen, um von vornherein jeder Gefahr von gegenseitigen verderblichen Beeinflussungen vorzubeugen. Die Anstalt San Michelo vermied so viele Probleme und Schwächen, die den anderen Zuchthäusern dieser Zeit anhafteten. Allerdings blieb ihre **27** unmittelbare Außenwirkung als Modell für eine zu reformierende Freiheitsstrafe eher gering.

28 Trotz aller Mängel waren die Zuchthäuser die Träger der Gedanken moderner Freiheitsstrafe. Die einzige verbreitete Alternative hierzu, nämlich die Gefängnisse, bildeten auch im 17. und 18. Jahrhundert nichts anderes als eine mit Freiheitsentzug verbundene Leibesstrafe. Über den aktuellen Zustand des bereits im 14. Jahrhundert errichteten **Nürnberger Lochgefängnisses** berichtete im Jahre 1800 eine Kommission Folgendes: „*In der ganzen Welt dürften die Gefängnisse und die Behandlung der Gefangenen nicht so übel beschaffen sein als in Nürnberg. Alle Gefangenen würden ... ohne Unterschied des Verbrechens gleich unmenschlich behandelt, oft um einer kleinen Ursache willen mit unschuldigen Kindern jahrelang eingesperrt; ohne Licht, ohne Decken, ohne Feuerung und Holz, der ungesunden Kohlenhitze preisgegeben, seien sie genöthigt, ihren Unrath vierzehn Tage lang in ihren Winkeln liegen zu lassen, weil sie nicht eher geöffnet würden; ohne passende medicinische Pflege, würden sie, mit einem Wort, härter und unmenschlicher als das Vieh behandelt*“[14].

29 **18./19. Jahrhundert:** Die Missstände in den Strafanstalten und das Fehlen geeigneter Alternativen führten zum Tätigwerden der **Gefängnisreformer**. Zu nennen ist hier insbesondere der Engländer *John Howard* (1726-1790), [„The State of the Prisons in England and Wales, with preliminary observations, and an account of some foreign prisons“, 1777; deutsche Übersetzung 1780: „Über Gefängnisse und Zuchthäuser“], dem es um Beseitigung der Grausamkeiten in den Anstalten, Gewöhnung an Arbeit und Ermutigung der Gefangenen durch Verkürzung der Strafzeit bei guter Führung und Hoffnung auf ein ordentliches Leben in Freiheit ging. In Deutschland avancierte der Gefängnispfarrer *Heinrich Balthasar Wagnitz* („Historische Nachrichten und Bemerkungen über die merkwürdigsten Zuchthäuser in Deutschland …“, 1791/94) zu einem Fürsprecher *Howard*s.

30 Eine wesentliche Reformentwicklung fand in **Nordamerika** statt, als man von den Körperstrafen zunehmend abließ und die Freiheitsstrafen betonte. Es sollten auch die unhaltbaren Verhältnisse in den Gefängnissen geändert werden, die weithin lediglich einen unmenschlichen Abladeplatz für Abweichler, Lebensuntüchtige und Verbrecher darstellten. Verbunden war diese Praxis bloßen Wegsperrens mit der Angst vor einer wechselseitigen „kriminellen Ansteckung“ der Insassen. Die Reformbewegung ging von den Quäkern in Philadelphia aus. Schwerstverbrecher wurden ab 1790 in Philadelphia nach dem **„Pennsylvanischen System“**

---

[14] *A. Streng*, 1886, S. 86 f.

(= solitary system) in strengster Einzelhaft ohne Arbeit und ohne Kontakt zu Mithäftlingen gehalten, um sie zu innerer Einkehr, zur Buße und zur Versöhnung mit Gott zu bringen.

Einzige Ablenkung sollte Bibellektüre sein. Da sich dies aber nicht in **31**
voller Härte durchführen ließ, wurde das Programm später dahingehend geändert, dass auch Beschäftigung in der Zelle und das Lesen sonstiger moralisch aufbauender Lektüre zulässig war. Für diese Abmilderung dürfte zudem ein zunehmender Arbeitskräftemangel in den USA bedeutsam gewesen sein. Das 1829 auf dem Cherry Hill in Philadelphia sternförmig aufgebaute „*Eastern State Penitentiary*" wurde Vorbild für die Gefängnisbauten der folgenden Jahrzehnte. Das ideologische Modell des solitary system hingegen vermochte sich auch in der abgemilderten Form nicht durchzusetzen, da es menschenunwürdig war und Psyche sowie Körper der Gefangenen schädigte.

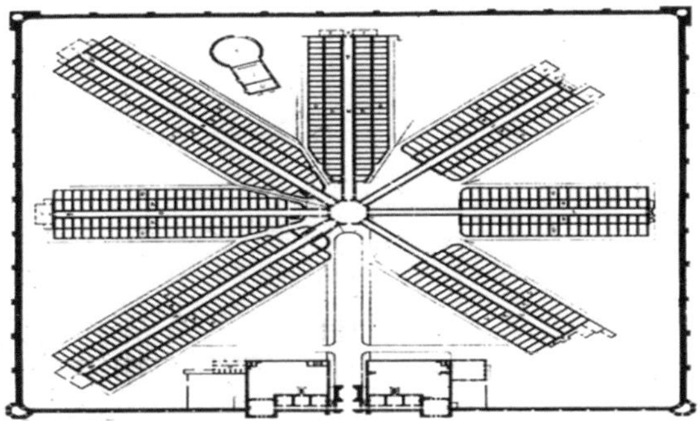

Plan des Eastern State Penitentiary aus dem Jahr 1836, auf dem der sternförmige Aufbau gut zu erkennen ist; zur Verfügung gestellt vom gleichnamigen Museum (http://www.easternstate.org).

Eastern State Penitentiary **32**

Das Eastern State Penitentiary ist eine seit 1994 als Museum dienende Strafanstalt in Philadelphia. Erste Überlegungen zum Bau wurden bereits 1787 durch eine Gruppe der bekanntesten Bürger Philadelphias, darunter Benjamin Franklin, angestellt. Konkrete Planungen wurden aber erst 1821 angegangen. Der Bau wurde ab 1822 realisiert. In Dienst gestellt wurde die Strafanstalt am 23. Oktober 1829, bis 1971 war sie in Betrieb. Um schon von weitem eine abschreckende Wirkung zu erzielen, ist die Strafanstalt von außen der Optik einer mittelalterlichen Burg nachempfunden. Das Gebäude verfügt über zwei Stockwerke. Zur leichteren Überwachung waren die Zellentrakte strahlenförmig um einen Zentralbau angeordnet. Das Gefängnis wurde mit seinerzeit reformerischen Grundansätzen konstruiert. Oberstes Prinzip war dabei, die Gefangenen von der Außenwelt und voneinander zu isolieren. Daher verfügt jede Zelle über einen ebenfalls durch Mauern abgetrennten Außenbereich. Arbeiten war den Häftlingen ebenso wie Besuch (außer durch einen Anstaltsseelsorger) nicht gestattet.

33 Als Gegenmodell zum Pennsylvanischen System entstand das **Auburn System**, in dem das „solitary system" durch ein **„silent system"** ersetzt wurde. Hier war gemeinsame Tagesarbeit der Häftlinge, allerdings bei strengstem Schweigegebot und bei nächtlicher Isolierung, vorgesehen. 1819 war das silent system im Sing-Sing-Gefängnis des Staates New York eingeführt worden; 1821 wurde es in das Gefängnis in Auburn/N.Y. transferiert, welches zum Namensgeber avancierte. Innerhalb des Auburnschen Systems wurden mehrere Klassen von Gefangenen unterschieden, wobei die schwierigste Population der 1. Klasse zugewiesen wurde, die nach dem Muster des solitary system ganz isoliert und ohne Beschäftigung weggesperrt wurde. Da sich dieses Vorgehen schlechter bewährte als die Behandlung der 2. und 3. Klasse nach dem weniger harten silent system, ergab sich Kritik an dem Strafvollzugssystem des Pennsylvanischen Systems. Auch die offenbare Unwirtschaftlichkeit von isolierter Untätigkeit trug zum damaligen Sieg des Auburnschen Systems bei.

34 In Großbritannien wurde das **„Englische Progressivsystem"** entwickelt, das vier Stufen mit allmählicher Lockerung bis zur bedingten Entlassung beinhaltete. Modellanstalt war das 1842 bei London eröffnete Pentonville. Die Stufung war:

- **Niedrigste Stufe**: 9 Monate strenge Einzelhaft mit harter Arbeit.
- **Mittlere Stufe**: Bei guter Führung Gemeinschaftshaft und gemeinschaftliche Arbeit; Belohnungssystem mit „Marken" zum Erlangen weiterer Vergünstigungen; ungünstigenfalls Entzug von Vergünstigungen und sogar Rückkehr zur niedrigsten Stufe.
- **Höchste Stufe** = 1. Klasse: Möglichkeit vorläufiger Entlassung nach Verbüßung von drei Vierteln der verhängten Strafe.

35 Eine Fortentwicklung zum **„Irischen System"** (1851) erfolgte durch *Sir Walter Crofton:* Als Zwischenstufe vor der vorzeitigen Entlassung wurden „intermediate prisons" (Vorform von Freigängerhäusern) geschaffen.

36 In **Deutschland** wurden solche Reformansätze erst ab den zwanziger Jahren des **19. Jahrhunderts** (ab 1820) effizient vorangetrieben, was teils an den Napoleonischen Kriegen lag, teils aber auch an der Vorherr-

schaft der absoluten Straftheorien von *Kant* und *Hegel* und der Generalpräventionstheorie von *Feuerbach.* Insbesondere durch die englischen Entwicklungen angeregt, wurde nun auch in Deutschland nach und nach das Einzelhaftsystem eingeführt; etwa hatte der Preußische König *Friedrich Wilhelm IV.* im Jahre 1842 den Bau eines **Zellengefängnisses** in Berlin-Moabit in Angriff genommen und 1848 fertiggestellt. Zellengefängnis meinte die weitgehende Unterbringung in Einzelzellen, was entsprechende Baulichkeiten erforderte. Da der Begriff „Zellengefängnis" lediglich eine spezifische Bauform meint, konnte es sich in der Sache dabei durchaus um „Zuchthäuser" handeln, in welchen die schwerste Form der Freiheitsstrafe vollzogen wurde. In Deutschland wurde der Vorzug des Einzelhaftsystems (zumindest für die Unterbringung während der Ruhezeiten) vor allem in einer Abschottung gegenüber den schädlichen Einflüssen der Gefängnissubkultur und in einer härteren Strafwirkung gesehen. Für Berlin-Moabit Pate gestanden hatte die englische Anstalt Pentonville. Entsprechendes gilt für Bruchsal (1848) und Nürnberg (1868)[15]. Bemerkenswerterweise knüpfte man in Deutschland bezüglich der Einzelhaft in vielen Gefängnissen bzw. Zuchthäusern zunächst an das solitary system des Eastern Penitentiary in Philadelphia an. Mit Gesetz vom 6.3.1845 dekretierte etwa *Leopold*, Großherzog von Baden, speziell für das **Männerzuchthaus von Bruchsal**, dass „jeder Sträfling in eine besondere Zelle gebracht und hier bei Tag und Nacht außer Gemeinschaft mit anderen Sträflingen gehalten wird" (§ 1); allerdings durfte „die völlige Absonderung ... die Dauer von sechs Jahren nicht übersteigen" (§ 5), was für solche Fälle nach Ablauf dieser Frist zu Beschäftigung in Gemeinschaft führte (§ 6)[16].

Den erkennbaren Problemen der langen Isolierung sollte im Übrigen **37**
durch aufbauende Einwirkung der Anstaltsmitarbeiter auf die Sträflinge und durch Lektüre entgegengewirkt werden. Auch das für das **Nürnberger Zellengefängnis** geltende Bayerische Strafvollzugsgesetz vom 10.11.1861 folgte grds. dem strengen Einzelhaft-System. Allerdings waren – humaner als in Bruchsal – als Obergrenze der strengen Isolierung drei Jahre und sechs Monate festgeschrieben; auch konnte bereits nach einem Jahr strenger Isolierung zu gemeinschaftlicher Beschäftigung übergegangen werden[17]. So eindeutig das **Einzelhaft-System in Deutschland obsiegt** hatte, so umstritten blieben noch über längere Zeit die Einzelheiten der Vollzugsgestaltung: Bei einer Versammlung deutscher Strafanstaltsleiter im Jahre 1877 wurde etwa noch darüber gestritten, ob strenge Isolierung (Tag und Nacht) vorzuziehen sei oder ob eine

---

[15] Details dazu bei *A. Streng*, 1879, S. 40 ff., 72 ff.

[16] Gesetz abgedruckt bei *Füeßlin*, 1855, S. 60 ff.

[17] *A. Streng*, 1879, S. 31 ff., 39 f.

mildere Variante getrennter Unterbringung nur in der Freizeit den Vorzug verdiene. Mit Wirkung zum 1.1.1880 wandelte der Bayerische König die Staatserziehungsanstalt Niederschönenfeld im ehemaligen Kloster gleichen Namens in eine „Gefangenenanstalt für jugendliche Sträflinge“ um[18]. Es handelt sich dabei wohl um das **erste deutsche Jugendgefängnis**. Die übliche Behauptung, diese Ehre gebühre der 1911 in Wittlich gegründeten Anstalt, ist also nicht richtig.

38 Erst in der Weimarer Republik setzte sich der **Erziehungsgedanke** im Strafvollzug vollends durch. Vorher hatte die Orientierung an Sühne, Vergeltung und Generalprävention Reformansätze behindert[19]. Das Jugendgerichtsgesetz (JGG) von 1923 stellte nun den Erziehungszweck auch normativ abgesichert in den Mittelpunkt des Strafvollzugs.

39 Im **Dritten Reich** dominierten massiv antiliberale Entwicklungen, die mit der Leitidee der Volksgemeinschaft und mit dem Anlage- und Rassedenken des Nationalsozialismus zusammenhingen. Man löste den Unterschied zwischen Strafrecht und Polizeirecht auf, weshalb die Unterbringung jugendlicher Straftäter in einem „Polizeilichen Jugendschutzlager“, d.h. Jugend-Konzentrationslager, unabhängig von einer richterlichen Anordnung, erfolgen konnte[20].

2. Geschichte des Strafvollzugsrechts

40 Bereits Mitte des 19. Jahrhunderts wurden **in den deutschen Partikularstaaten Strafvollzugsgesetze** erlassen; allerdings galten diese zumeist nur für einzelne Anstalten oder Strafarten. Nach Gründung des Deutschen Reiches wurden zwar mehrfach Gesetzentwürfe eingebracht, doch dauerte es bis zum 1.1.1977, bis ein Strafvollzugsgesetz für Deutschland (Bundesrepublik) in Kraft trat. Dies, obwohl *Freudenthal* in seiner viel beachteten Rektoratsrede über „Die staatsrechtliche Stellung des Gefangenen“ bereits 1910 die Notwendigkeit des Erlasses eines Strafvollzugsgesetzes betont hatte[21]. Bis zum Inkrafttreten des Gesetzes wurde die Materie durch Ländervereinbarungen, Verordnungen des Reichsjustiz-

---

[18] Vgl. „100 Jahre Jugendstrafvollzug in Niederschönenfeld“, hrsg. v. Lindinger, Juli 1981 (2. und ergänzte Aufl. 1985).

[19] Vgl. *Naumann*, Gefängnis und Gesellschaft – Freiheitsentzug in Deutschland in Wissenschaft und Praxis 1920-1960, 2006, S. 42 ff.

[20] Vgl. zum Ganzen *Werle*, Justiz-Strafrecht und polizeiliche Verbrechensbekämpfung im Dritten Reich, 1989, S. 244 ff., 273 ff., 468 ff.; *Wolff*, Jugendliche vor Gericht im Dritten Reich, 1992, S. 118 ff., 294 ff.; *Kubink*, Strafen und ihre Alternativen im zeitlichen Wandel, 2002, S. 278 ff.; ferner *Streng*, MschrKrim 76 (1993), 141 (154 f.).

[21] Vgl. *Kaiser/Schöch*, Lehrbuch, § 2 Rn. 56 f.

ministeriums, Strafvollzugsverordnungen der Bundesländer u.Ä. geregelt. **Anstaltszweck** und **besonderes Gewaltverhältnis** lieferten für Jahrzehnte die unbezweifelte Legitimationsgrundlage, Maßnahmen zu Lasten des Strafgefangenen zu treffen: Da in der Verfassung (vgl. Art. 104 I, II GG) die Freiheitsstrafe anerkannt sei, müsse der Gefangene die Einschränkungen hinnehmen, die sich aus dem Wesen und Zweck des Strafvollzugs ergäben.

Immerhin wurde die Rechtsweggarantie von Art. 19 IV GG im Jahre 1960 durch die **§§ 23 ff. EGGVG** konkretisiert. 1962 trat die von den Landesjustizverwaltungen vereinbarte **„Dienst- und Vollzugsordnung" (DVollzO)** in Kraft. Diese bundeseinheitliche Regelung besaß weder Gesetzes- noch Verordnungscharakter; über die Sonderverordnungslehre von *Wolff* wurde ihr indes Rechtsschutzcharakter zugunsten der Gefangenen beigelegt. Auch die 1950 vereinbarte **Europäische Menschenrechtskonvention (EMRK)** gab den Gefangenen materielle Rechte und ein Beschwerderecht. 1955 und 1957 erließ die UN **„Einheitliche Mindestgrundsätze für die Behandlung der Gefangenen" (minimum rules)** als Empfehlung. Einen bedeutsamen Einschnitt, auch für den Strafvollzug, brachte das **1. Strafrechtsreformgesetz von 1969** (in Kraft seit 1970) mit der Einführung der Einheitsfreiheitsstrafe, in der die Freiheitsstrafen „Zuchthaus", „Gefängnis", „Einschließung" (z.B. bei „Zweikampf" angedroht) und „Haft" (z.B. bei Übertretungen) aufgingen. **41**

Einen Markstein in Bezug auf die Rechtsstellung der Gefangenen setzte das **BVerfG** mit der Entscheidung vom 14.3.1972 (BVerfGE 33, 1 ff.). Es erklärte die Rechtsfigur des besonderen Gewaltverhältnisses als nicht mehr tragfähig für Grundrechtsbeschränkungen, für welche im Grundgesetz eine Beschränkung nur „durch Gesetz oder auf Grund eines Gesetzes" zulässig erklärt war. Konkret ging es um Eingriffe in die Grundrechte aus Art. 10 GG (Briefgeheimnis) und Art. 5 GG (Meinungsäußerung) durch das Anhalten von Briefen mit beleidigendem Inhalt. Das BVerfG erklärte nur noch für einen begrenzten Zeitraum solche Grundrechtsbeschränkungen auch ohne Abstützung auf ein Strafvollzugsgesetz für zulässig, die für die Aufrechterhaltung des Strafvollzugs „unerlässlich" seien. Im Übrigen setzte es dem Gesetzgeber für die Schaffung eines solchen Strafvollzugsgesetzes eine Frist bis zum Herbst 1973. Deutlich später, nämlich mit Urteil vom 31.5.2006, stufte das BVerfG dann auch das Fehlen einer umfassenden gesetzlichen Regelung des **Jugendstrafvollzugs** als verfassungswidrig ein und setzte eine Übergangsfrist bis Ende 2007 für die **Schaffung von Jugendstrafvollzugsgesetzen** bzw. entsprechenden Regelungen in allgemeinen Strafvollzugsgesetzen (BVerfGE 116, 69 f.). **42**

43 Immerhin für den Erwachsenenvollzug war das **BundesStVollzG** am 16.3.1976 verkündet worden und trat am 1.1.1977 in Kraft. Für den Gesetzesvollzug galt der Grundsatz der „Landesexekutive“ aus Art. 83 GG; allerdings bestand Rechtsaufsicht des Bundes gem. Art. 84 III, IV GG. Für den Jugendvollzug kam es nicht mehr zum Erlass eines Bundesgesetzes. (Zur **Föderalismusreform** siehe S. 3).

V. Strafvollzug in Zahlen

44 – **Zahl der Anstalten, Belegungsfähigkeit u. Belegung (Juni 2022)**

Land	**Organisatorisch selbstständige Anstalten**	**Belegungsfähigkeit**	**Tatsächliche Belegung** (alle Gefangenen und Verwahrten – nicht nur Strafvollzug)		
	Anzahl Anstalten	Anzahl Haftplätze	Insgesamt	Einzelunterbringung	Gemeinsam
BRD	180	72.416	56.557	45.295	11.262
Bayern	36	12.076	9.052	6.549	2.503

45 **Strafvollzugsstatistik**

2022 gab es in Deutschland rund 180 JVAs mit insgesamt 72.416 Haftplätzen (davon ca. 4.180 für Frauen). Bayern und Nordrhein-Westfalen weisen mit jeweils 36 bzw. 37 Anstalten die meisten JVAs aus. Die Strafgefangenen stellen die größte Gruppe der Insassen (ca. 80%); 17% sind Untersuchungsgefangene und 3% Gefangene mit sonstigem Freiheitsentzug. Auskunft hierüber gibt das Statistische Bundesamt, das bislang monatlich (früher stichtagsbezogen dreimal im Jahr) Daten zum Bestand der Gefangenen erhob.

Einmal im Jahr wurde vom Statistischen Bundesamt außerdem die Strafvollzugsstatistik veröffentlicht. Hier wurden die demographischen und kriminologischen Merkmale der Strafgefangenen zum Stichtag 31.3. erhoben und mit den Vorjahren verglichen. Ein Stichtag zu diesem Zeitpunkt ist aussagekräftiger (auch wenn Stichtagserhebungen immer zufallsabhängig sind), da ein Erhebungszeitpunkt z.B. am Ende eines Jahres schon von Unabwägbarkeiten, wie den Weihnachtsamnestien geprägt ist, die fast alle Bundesländer außer Bayern praktizieren. Weihnachtsamnestie bedeutet, dass Gefangene, deren regulärer Entlassungszeitpunkt erst zum Jahreswechsel sein würde, schon kurz vor Weihnachten entlassen werden (in diesen Genuß kamen 2023 bundesweit rund 670 Gefangene). Beide Statistiken wurden 2022 eingestellt; im Gegenzug wird die Datenbank Genesis-Online ausgebaut (https://www-genesis.destatis.de/genesis/online).

– **Anzahl der Strafgefangenen** (einschließlich Jugendvollzug und der Sicherungsverwahrten) **zum Stichtag 31.3.** 46

2010	2012	2013	2014	2022	2023
60.693	58.073	56.641	54.515	42.492	44.232

Die Belastung der Anstalten mit Gefangenen ist aber größer, da an die 12.000 Untersuchungshäftlinge und rund 2.000 sonstige im Vollzug Untergebrachte (in Bayern lange Zeit Abschiebehäftlinge[22]) hinzuzuzählen sind. Es kommt zu Überbelegungen, von denen auch Bayern betroffen ist und das Problem mit der kritisch zu sehenden Doppelbelegung von Einzelhafträumen löst. Berücksichtigt werden muss, dass freie Haftplätze mangels geeigneter Gefangener oft im offenen Vollzug vorhanden sind und der geschlossene Vollzug gleichzeitig überbelegt ist. Dies bedeutet, dass der einfache Abgleich der Belegungsfähigkeit mit der tatsächlichen Belegung einer Anstalt nicht aussagekräftig ist.

– **Strafgefangene nach Merkmalen** 47

  – **Nach Geschlecht** (Straf- und Jugendvollzug; Sicherungsverwahrte)

	2010	2011	2013	2014	2022	2023
Männer	57.568	56.746	53.433	51.419	40.086	41.642
Frauen	3.125	3.321	3.208	3.096	2.406	2.590

[22] Die Abschiebungshaft gem. § 62 AufenthG hat keinen Strafcharakter, sondern ihr Zweck ist die Sicherung der Abschiebung. Im Strafvollzug waren diese Gefangenen deplatziert. Es war überfällig, bundesweit gesonderte Abschiebungshafteinrichtungen zu schaffen. Dies geschah aber erst auf Druck des EuGH, der festgestellt hat, dass sich „ein Mitgliedstaat nicht auf das Fehlen spezieller Hafteinrichtungen berufen darf, um abzuschiebende Drittstaatsangehörige in gewöhnlichen Haftanstalten unterzubringen", NVwZ 2014, 1217 = BeckEuRS 2014, 399291. Eine gleichlautende Richtlinie des Europäischen Parlamentes und des Europarates (2008/115/EG) war zuvor jahrelang ignoriert worden. In Bayern gibt es inzwischen verschiede Einrichtungen für Abschiebungshaft. Handvenenscanner helfen in diesen Anstalten bei der Identifizierung der Untergebrachten.

48 **Frauen im Strafvollzug**

Frauen werden weniger zu Freiheitsstrafen verurteilt und sind im Vollzug demnach auch unterrepräsentiert. Grund hierfür ist, dass sie von vornherein weniger Straftaten begehen und dass die begangenen Taten eine geringere Schwere aufweisen, sodass mildere Strafen verhängt werden können. Der Anteil der Frauen an allen Verurteilungen (insgesamt 662.100 – darunter 119.408 Frauen) nach allgemeinem Strafrecht lag im Jahr 2021 bei 18% (Tendenz nicht steigend), derjenige an einer Sanktionierung mit Freiheitsstrafe bei 10,9% (vgl. Strafverfolgungsstatistik 2022).

Im Strafvollzug verbüßten am Stichtag 31.3.2023 insgesamt 2.590 Frauen eine Freiheits- oder Jugendstrafe; dies entspricht einem Anteil von 5,8% aller Strafgefangenen. Dem Trennungsprinzip (Art. 166 II BayStVollzG) zufolge sind Frauen getrennt von männlichen Gefangenen unterzubringen. Diese relativ kleine Gruppe wird zentral untergebracht und es ist demzufolge schwieriger eine heimatnahe Unterbringung zu gewährleisten, was den Kontakt zu den Angehörigen erschwert (die größte Frauenabteilung in Bayern ist in der JVA Aichach angesiedelt, die ursprünglich sogar eine reine Frauenanstalt war). Zudem ist das Arbeitsangebot, das Frauen gemacht werden kann, weniger vielfältig. In der JVA Nürnberg arbeiten bspw. fast alle Frauen in der Wäscherei der Anstalt.

Kleinere Kinder können gemeinsam mit der Mutter untergebracht werden (Art. 168 BayStVollzG – ein Verstoß gegen Art. 3 II, III GG ist aber wohl darin zu sehen, dass Vätern von vornherein diese Möglichkeit nicht geboten wird). In der JVA Aichach gibt es sogar eine Kinderkrippe. Um das Kindeswohl nicht zu gefährden, wird in Bayern eine solche Unterbringung nur bis zum Ablauf des vierten Lebensjahrs des Kinders praktiziert (vergl. VV zu Art. 86 BayStVollzG), obwohl im Gesetz sogar nur von „nicht schulpflichtigen“ Kindern die Rede ist. Da spätestens ab dem Kindergartenalter ein Kind seine Umgebung bewusst wahrzunehmen beginnt, sollte eine so lange gemeinsame Unterbringung wohl eher ein Ausnahmefall sein. Im Übrigen besteht kein Rechtsanspruch auf eine solche Unterbringung[23]. Ausführlich hierzu *Haverkamp*, Frauenvollzug in Deutschland, 2011.

---

[23] OLG Stuttgart Forum Strafvollzug 2022, 129 mAnm *Goerdeler*.

– **Nach Alter** (nur Straf- und Jugendvollzug) 49

Alter nach Jahren	2009	2011	2014	2021	2023
14 bis unter 18	637	587	500	359	318
18 bis unter 21	3.359	3.110	2.341	1.446	1.268
21 bis unter 30	19.964	19.186	16.656	10.610	9.823
30 bis unter 50	30.400	29.536	27.010	24.570	25.109
50 und älter	7.518	7.648	7.500	7.007	7.105

Die aktuelle Anzahl der Strafgefangenen ist nicht Ergebnis einer kontinuierlichen **Entwicklung** und nicht eindimensional erklärbar.

– **Entwicklung der Gefangenenzahlen** 50

Jahr	1965	1971	1984	1995	ab 2000	ab 2013
Gefangene (Jugend- und Strafvollzug)	49.000	33.000	49.000	46.000 (einschließlich ehemaliger DDR)	über 60.000	unter 60.000

Das 1970 zu beachtende Abfallen der Anzahl der erwachsenen Strafgefangenen ist nicht Ergebnis gesunkener Kriminalität, denn insoweit war ein kontinuierlicher Anstieg festzustellen. Die Zäsur beruhte vielmehr auf dem **1. Strafrechtsreformgesetz** (1. StrRG von 1969), das 1970 in Kraft trat und neben der Einführung der Einheitsfreiheitsstrafe vor allem auch die Zulässigkeit kurzer Freiheitsstrafen unter sechs Monaten stark einschränkte (vgl. § 47 StGB). Im Ergebnis befanden sich im Jahre 1971 nur noch 33.000 Gefangene im Strafvollzug der damaligen Bundesrepublik. Auch das noch weit bemerkenswertere Absinken der Zahl der Sicherungsverwahrten (von 1965 noch 1.430 auf unter 200 zu Beginn der 1980er Jahre) ist primär auf das 1. StrRG zurückzuführen, da § 66 StGB n.F. die Voraussetzungen für die Sicherheitsverwahrung heraufsetzte. Nach 1971 begann sich die zunehmende Kriminalität wieder in einem Anstieg der Gefangenenzahlen auszuwirken, die mit über 49.000 Gefangenen und Sicherungsverwahrten im Jahre 1984 einen ersten Höhepunkt fand.

Ab 1984 setzte wiederum ein deutliches Sinken der Gefangenenzahlen 51
ein. Noch 1992 befanden sich – nun in der größer gewordenen Bundesrepublik – zum Stichtag 31.3. nur 39.500 Gefangene und Sicherungsverwahrte in den Anstalten. Seither hat sich wieder ein starker Anstieg der Gefangenenzahlen auf über 60.000 ab dem Jahre 2000 ergeben. Erst im Vergleich von 2011 zu 2010 ließ sich das erste Mal seit Jahren eine Abnahme beobachten; zwischenzeitlich kann wohl von einem Trend gesprochen werden. Die Abnahme der Sicherungsverwahrten hat allerdings damit zu

tun, dass nach dem Urteil des EGMR zum nachträglichen Wegfall der Höchstgrenze der Sicherungsverwahrung von 10 Jahren auf einmal eine ganze Reihe Sicherungsverwahrter entlassen werden musste.

52 **– Gefangenenrate**

Mit einem Blick auf die Gefangenenrate lassen sich Ländervergleiche unternehmen; wenngleich diese Stichtagsvergleiche nur bedingt aussagekräftig sind. Sie besagen nichts darüber, wie viele Gefangene tatsächlich in einem Jahr in einer Vollzugsanstalt untergebracht waren. Dies wirkt sich dann aus, wenn ein Land zwar grds. viele Gefangene hat, diese aber jeweils nur kurz in den Anstalten verweilen.

Gefangenenrate = Zahl aller Gefangenen (einschließlich U-Haft) pro 100.000 der Wohnbevölkerung

53 **– Übersicht über Gefangenenraten (2023)**

Land	Gefangenenrate	Land	Gefangenenrate
Deutschland	67	Russ. Föderation	300
Norwegen	54	USA	531
Frankreich	109	El Salvador	1.086
Japan	36	San Marino	9

Quelle: http://www.prisonstudies.org/highest-to-lowest/prison_population_rate?field_region_taxonomy_tid=All

Im Vergleich mit anderen Ländern liegt Deutschland mit einer **Gefangenenrate** (pro 100.000 Einwohner) mit 67 im mittleren Bereich der mitteleuropäischen Staaten[24]. Im Jahr 2000 lag die Gefangenenrate in Deutschland noch bei 98. Der Rückgang ist auch auf die Entwicklung im Rahmen der Untersuchungshaft zurückzuführen. Zwischen 2000 und 2007 ging die Anzahl der Untersuchungshäftlinge, vor allem aufgrund verschiedener Maßnahmen zur Haftvermeidung, um 31% (von 18.300 auf 12.600) zurück.

54 Allgemein gilt, dass die Gefangenenrate nie vorschnell interpretiert werden darf. Insbesondere gibt der Wert nur bedingt Auskunft über die tatsächliche Kriminalitätsentwicklung in einem Land. Als Interpretationsansätze für **Änderungen in der Gefangenenrate** Deutschlands bei zugleich andersartigen Verläufen bei den Tatverdächtigenzahlen und den Verurteiltenzahlen ließen sich auch folgende Ansätze heranziehen:

– Steigende Gefangenenzahlen trotz gleichbleibender Verurteiltenzahlen können sich etwa daraus ergeben, dass durch die zunehmenden

[24] *Dünkel*, NK 2010, 4 ff.; *Dünkel/Geng*, Forum Strafvollzug 2015, 213 (214).

Verfahrenseinstellungen die leichteren Taten entkriminalisiert werden, weshalb für die Verurteilung zunehmend nur die schwereren Taten oder die Rückfalltäter übrigbleiben. Bei diesen schweren bzw. schwierigen Fällen ist die Verhängung unbedingter Freiheitsstrafe naheliegenderweise recht häufig.

– Dass zunehmend lange Freiheitsstrafen verhängt werden und derart durch die längere Verweildauer in Gefangenschaft die Prisonisierungsrate ansteigt, wird auch durch veränderte Strafmentalität bedingt und wurde überdies durch Strafrahmenerhöhungen (vgl. 6. StrRG) gefördert.
– Einen maßgeblichen Anteil an der Zunahme langer Strafen hat die große Zunahme von verurteilten Btm-Tätern, die auch immer höhere Strafen erhalten.

Schon diese Überlegungen machen deutlich, dass die Sanktionsstruk- 55
tur in hohem Maße **zeit- bzw. gesellschaftsbedingt** ist[25]. Ein längerfristiger Vergleich zeigt, dass vor über 100 Jahren (1890) im Deutschen Reich der Anteil der Geldstrafen an den Hauptstrafen bei nur 29,4% lag. Dagegen erhielten 1890 noch 68,7% aller Verurteilten eine vollstreckbare Freiheitsstrafe[26]. Heute hat sich das Verhältnis von Geld- zu Freiheitsstrafe komplett umgedreht. Man spricht vom Siegeszug der Geldstrafe. Nur ein Teil aller Verurteilten gelangt somit in den Strafvollzug und muss eine Freiheitsstrafe verbüßen. So lag 2019 der Anteil der Freiheitsstrafe bei den Hauptstrafen (ohne Jugendstrafe) nur noch bei 15,3% (davon 69% mit Bewährung). Dem gegenüber stand ein Anteil der Geldstrafe von 84,6%.

VI. Vollzugsaufgaben und ihre Erfüllung

1. Die Aufgaben des Vollzugs

a) Resozialisierung

„Vollzugsziel“ als über die Dauer des Vollzugs hinausweisende Ziel- 56
vorgabe ist im StVollzG die **(Re-)Sozialisierung des Gefangenen**: *„Im Vollzug der Freiheitsstrafe soll der Gefangene fähig werden, künftig in sozialer Verantwortung ein Leben ohne Straftaten zu führen“* (§ 2 S. 1 StVollzG)[27].

---

[25] Gut beobachten lässt sich das bspw. in Belgien, wo nach dem *Dutroux*-Skandal im Jahr 1996 die Prisonisierungsrate stark anstieg, was vor allem durch zahlreiche Gesetzesverschärfungen zu erklären war.

[26] Vgl. *Kaiser*, Kriminologie, 1996, § 92 mit Tabelle 40 (S. 985).

[27] Ausführlich zum Begriff *Cornel*, Ziele der Resozialisierung, in: Cornel/Ghanem/Kawamura-Reindl/Pruin (Hrsg.), Resozialisierung, 5. Aufl., 2023, S. 21 ff.

57 Der Resozialisierungszweck findet verfassungsrechtliche Abstützung durch Art. 2 I iVm Art. 1 I GG und das Sozialstaatsprinzip (Art. 20 I, 28 I GG)[28]. Für den Fall des Vollzugs von Freiheitsstrafe geht das BVerfG sogar von einem „Resozialisierungsgebot" aus[29]. **Resozialisierung ist ein eigenständiges Verfassungsprinzip.** Dies wurde auch in der neuen Entscheidung des BVerfG zur verfassungswidrigen Vergütung von Gefangenen im 1. Leitsatz nochmals klar hervorgehoben.[30] Dieses Gebot verpflichtet den Gesetzgeber dazu, „ein umfassendes, wirksames und in sich schlüssiges, am Stand der Wissenschaft ausgerichtetes Resozialisierungskonzept zu entwickeln sowie die von ihm zu bestimmenden wesentlichen Regelungen des Strafvollzugs darauf aufzubauen". Hierzu wurde ihm bis zum 30.6.2025 Zeit gegeben.

58 **Merke:** Früher hat § 2 StVollzG richtigerweise als alleiniges Vollzugsziel die Resozialisierung definiert und den Schutz der Allgemeinheit vor weiteren Straftaten als nachgeordnete Vollzugsaufgabe festgelegt.

59 In Art. 2 BayStVollzG steht jetzt aber der **„Behandlungsauftrag"** erst an zweiter Stelle (S. 2), nämlich hinter der Aufgabe des Schutzes der Allgemeinheit (S. 1). Tatsächlich wird man davon auszugehen haben, dass dies den verfassungsrechtlich abgesicherten Resozialisierungsauftrag des Vollzuges nicht zu relativieren vermag. Dass die Gesetzesänderung aber im Kopf der Entscheidungsträger im Vollzug ihre Wirkung entfalten wird, dürfte gleichwohl anzunehmen sein[31].

60 Im *Lebach*-Urteil von 1973, also noch vor Inkrafttreten des StVollzG, hat das BVerfG(E 35, 202, 235) den für den Strafvollzug maßgeblichen **Resozialisierungsgedanken** deutlich gemacht:

„... nach allgemeiner Auffassung wird die Resozialisierung oder Sozialisation als das herausragende Ziel namentlich des Vollzuges von Freiheitsstrafen angesehen (...). Dem Gefangenen sollen Fähigkeit und Willen zu verantwortlicher Lebensführung vermittelt werden, er soll ler-

---

[28] BVerfGE 35, 202 (235 f.); 36, 174 (188); 45, 187 (238 f.); 98, 169 (200).

[29] Vgl. BVerfGE 45, 187 (238 f.); 64, 261 (272 f.); 98, 169 (200 f.); BVerfG NJW 1998, 1133 (1134).

[30] BVerfG NJW 2023, 2405.

[31] Noch deutlicher fällt die neue Weichenstellung in Art. 121 BayStVollzG im Vergleich zur früheren Vorschrift des § 91 I JGG aus. Die Vorschrift stellt primär auf den Schutz der Allgemeinheit ab und steht damit klar im Widerspruch zu § 2 S. 2 JGG. Mehr hierzu im Kapitel über den Jugendstrafvollzug.

nen, sich unter den Bedingungen einer freien Gesellschaft ohne Rechtsbruch zu behaupten, ihre Chancen wahrzunehmen und ihre Risiken zu bestehen."

Vorausgesetzt wird in diesen Ausführungen, dass Strafgefangene in der Regel erhebliche **Sozialisations- und Ausbildungsdefizite** aufweisen. Als normaler Gefangener wird demnach nicht der Täter „ubiquitärer Kriminalität" (allgemein verbreitet) gesehen, sondern der immer wieder oder sehr schwer straffällig Gewordene, dessen Versagen aus typischen Defiziten heraus erklärbar erscheint. Die **Resozialisierungsmaßnahmen** werden im Einzelnen vorgestellt werden. **61**

Schon an dieser Stelle sei aber klargestellt, dass es im Strafvollzug allenfalls am Rande darum geht bzw. gehen kann, mit Psychotherapie und ähnlich aufwendigen Methoden Normtreue und Lebenstüchtigkeit zu fördern. Für eine spezielle Population existiert zwar die Möglichkeit der Behandlung in einer sozialtherapeutischen Anstalt, doch gilt dies nur für eine Minderheit der Gefangenen, obwohl die Anzahl der Haftplätze in jüngerer Zeit erheblich ausgebaut wurde; so gab es 1997 nur 888 Haftplätze und 2022 immerhin schon 2.339 Haftplätze. Und auch in den sozialtherapeutischen Anstalten wird zumeist keine aufwendige Individualtherapie durchgeführt. Und insbesondere für den Regelvollzug bleibt, schon aus ökonomischen Gründen, das Resozialisierungskonzept eher bescheiden. Es setzt bei so banalen Dingen wie bei Arbeit und Ausbildung an und kann unter günstigen Umständen durch das Erleben einer **problemlösenden Gemeinschaft** zu positiven Lerneffekten führen. Solch in der Tat bescheidenes Ansetzen entspricht zumindest im Ansatz der vernünftigen Erwägung, dass Straftäter nicht von vornherein als Kranke anzusehen sind. Gleichzeitig muss aber festgestellt werden, dass immer mehr Strafgefangene eine vielfältige Suchtproblematik und psychische Auffälligkeiten aufweisen und dies die Anstalten gerade im Normalvollzug vor erhebliche Herausforderungen stellt. **62**

Gefangenenbild des BVerfG (z.B. BVerfGE 35, 202 ff.)
Der normale Gefangene
– hat Sozialisations- und Ausbildungsdefizite
– ist nicht Täter einer ubiquitären Kriminalität.

b) Sicherung

Gem. § 2 S. 2 StVollzG bzw. Art. 2 S. 1 BayStVollzG dient der Strafvollzug „dem Schutz der Allgemeinheit vor weiteren Straftaten". Da die **63** angestrebte Fernwirkung des Vollzugs über dessen Resozialisierungseffekte vermittelt werden soll, meint die **Vollzugsaufgabe der Sicherung** nach h.M. nur eine für die Dauer des Strafvollzugs wirksame Dimension.

64 Den Vorrang des „Vollzugsziels" vor der bloßen „Vollzugsaufgabe" der Sicherung hatte der Bundesgesetzgeber mit der alleinigen Hervorhebung der Resozialisierung als Vollzugsziel und mit dem Wort „auch" bezüglich der Sicherungsaufgabe verdeutlicht. Dass es sich bei der Vollzugsaufgabe der Sicherung iSv § 2 S. 2 StVollzG um „keine zentrale Gestaltungsmaxime" handelt, wie bisher vertreten, dürfte nach den Vorgaben des BayStVollzG nur noch schwer vertretbar sein[32].

65 Zudem darf die **Programmatik** nicht über die **Realität** hinwegtäuschen. Nüchtern konstatierte der ehemalige Praktiker *Böhm*[33], dass in der Praxis im Zweifel die sichere Unterbringung als vorrangiges Ziel gewählt wird. Unstreitig stellt der Sicherungsgedanke mit seiner allgemeinen Zielrichtung einer temporären Rückfallverhinderung, wie auch unter dem vollzugsrechtlichen Thema „Sicherheit und Ordnung der Anstalt" (vgl. nur § 4 II 2, §§ 81 ff. StVollzG), eine **zentrale Entscheidungsdeterminante** vollzuglicher Entscheidungen dar. Die sensiblen Reaktionen der Bevölkerung bei Straftaten von Freigängern oder Hafturlaubern machen auch deutlich, welch schwierige Gratwanderung die Vollzugsbehörden vorzunehmen haben. Es erscheint im Übrigen gar nicht ausgeschlossen, dass unter der Flagge von „Sicherheit und Ordnung" Restriktionen ausgeübt werden, deren eigentlicher Hintergrund in nicht offengelegten und durch das Programm des StVollzG auch gar nicht legitimierten Vergeltungsbedürfnissen, die man in der Bevölkerung vermutet, wurzelt[34].

66 Angesichts von Sicherungserfordernissen ergeben sich **Kollisionen** mit den unter Resozialisierungsaspekten notwendigen Entscheidungsspielräumen. Für die **Freiheitsstrafe** ist dieser **Zielkonflikt** in § 2 StVollzG bzw. Art. 2 BayStVollzG offengelegt.

67 Der **Zielkonflikt zwischen Resozialisierung und Sicherung** stellt kein bloß abstraktes Problem auf der Ebene rechtlicher Normierung dar. Vielmehr ist die Stellungnahme dazu vielfach für die Entscheidung im konkreten Fall zu Lasten oder zu Gunsten des Gefangenen maßgeblich. Bei der Diskussion der einzelnen Gestaltungsbereiche des Vollzugs wird das immer wieder deutlich werden (lesenswert *Kudlich*, JA 2003,

---

[32] Vgl. auch *Streng*, Strafrechtliche Sanktionen, Rn. 233.

[33] *Böhm,* Strafvollzug, 3. Aufl., 2003, Rn. 20 am Ende.

[34] Vgl. *Müller-Dietz*, Vollzug freiheitsentziehender Maßnahmen unter besonderer Berücksichtigung der Rechtsstellung der Gefangenen bzw. Verwahrten, 1990, S. 220, 223 ff.

704 ff.). Allerdings wird der reale Konflikt gerne versteckt und allein als Resozialisierungsfrage behandelt.

Beispiele: Der Gefangene braucht noch Zeit und Ruhe, um seine Schuld aufzuarbeiten, deshalb kann er noch keinen Hafturlaub erhalten, oder: Die Resozialisierung des Gefangenen würde gefährdet, wenn man ihn schon jetzt den Versuchungen eines Urlaubs etc. aussetzen würde.

c) Sonstige Zwecke

Fall: Der NS-Täter N verbüßt eine lebenslange Freiheitsstrafe wegen vielfachen Mordes. Sein Antrag auf Urlaub wird mit dem Verweis auf seine besondere Schwere der Schuld abgelehnt. **68**

Ob die beiden Zielvorgaben Resozialisierung und Sicherung in § 2 StVollzG eine abschließende Aufzählung darstellen, ist nicht unumstritten. Das BVerfG[35] hat diese Frage für den Fall von Lockerungen bei lebenslanger Freiheitsstrafe ursprünglich verneint und es für zulässig gehalten, die **Schwere der Schuld** bei Gewährung von Hafturlaub (§ 13 StVollzG) zu berücksichtigen[36]. Denn anders als bei bloß vollzugsinternen Resozialisierungsmaßnahmen sah das BVerfG „bei der Gewährung von Regelurlaub ein besonderes Spannungsverhältnis zwischen den allgemeinen Strafzwecken, die sich in der Vollstreckung der Strafe verwirklichen sollen, und der Bestimmung des Vollzugsziels der sozialen Integration gem. § 2 S. 1 StVollzG“[37]. Die Entscheidung hat nicht nur in einem Sondervotum des Verfassungsrichters *Mahrenholz*[38], sondern auch in der Lit. und teils in der Rspr. Kritik erfahren. **69**

Erfreulicherweise hat das BVerfG seine Rechtsauffassung aufgegeben. In einer Entscheidung aus dem Jahr 2004 hat das Gericht hervorgehoben: „Gesichtspunkte der Vergeltung und des Schuldausgleichs haben auf die Ausgestaltung des Vollzugs keinen Einfluss“[39]. Betont wird, dass „Unrechtsgehalt der Tat und **Schwere der Schuld nur in der Dauer der Freiheitsstrafe Ausdruck**“ finden[40]. **70**

Im Ergebnis hat sich die Vollzugsbehörde für ihre Entscheidungen **zunächst allein am Vollzugsziel** der (Re-)Integration und **daneben am Gesichtspunkt der Sicherung** zu orientieren. Darüber hinaus soll der Strafvollzug aber auch eine Flucht des Gefangenen verhindern. Das **71**

---

[35] BVerfGE 64, 261 ff.

[36] Ausführlich *Kett-Straub*, Lebenslange Freiheitsstrafe 2010, S. 287.

[37] BVerfGE 64, 261 (276).

[38] BVerfGE 64, 285 ff.

[39] Vgl. BVerfGE 109, 133 (176).

[40] Vgl. BVerfGE 109, 133 (177).

ergibt sich zum einen aus der Natur der Freiheitsstrafe und wird obendrein etwa durch Einzelregelungen des StVollzG (vgl. § 10 I, § 11 II, § 13 I 2, § 39 I 2, § 85, § 87, § 88) bzw. des BayStVollzG (vgl. Art. 4, 12 II, 13 II, 92, 95, 96 III) verdeutlicht. Dies bedeutet im Falle besonders schwerer Schuld mit einem wegen § 57a I Nr. 2 StGB noch nicht hinlänglich genau bestimmten Entlassungszeitpunkt, dass der Gesichtspunkt der **Fluchtgefahr** im Regelfall einer Gewährung von Urlaub so lange entgegenstehen wird (vgl. § 13 I 2 iVm § 11 II StVollzG bzw. Art. 14 I 2 iVm Art. 13 II BayStVollzG), bis eine Strafrestaussetzung in absehbarer Zeit zu erwarten ist.

72 **Merke:** Allgemeine Strafzwecke wie Schuldschwere, Sühne und Vergeltung sind für das Erkenntnisverfahren von Bedeutung, nicht aber für die Gestaltung des Strafvollzugs[41]. An diesen Vorgaben ändert sich auch nichts durch den Umstand, dass eine opferbezogene Vollzugsgestaltung anzustreben ist (vgl. Art. 5a BayStVollzG).

2. Die Gestaltungsgrundsätze des Vollzugs

73 Die Gestaltungsgrundsätze des § 3 StVollzG bzw. Art. 5 BayStVollzG konkretisieren das in § 2 S. 1 StVollzG bzw. Art. 2 S. 2 BayStVollzG genannte Vollzugsziel.

I. Angleichungsgrundsatz
„Das Leben im Vollzug soll den allgemeinen Lebensverhältnissen soweit als möglich angeglichen werden“
II. Gegensteuerungsgrundsatz (sog. nil-nocere-Prinzip)
„Schädlichen Folgen des Freiheitsentzugs ist entgegenzuwirken“
III. Integrationsgrundsatz bzw. Eingliederungsprinzip
„Der Vollzug ist darauf auszurichten, dass er dem Gefangenen hilft, sich in das Leben in Freiheit einzugliedern“
IV. Opferbezogene Vollzugsgestaltung (Art. 5a BayStVollzG)
Erst nachträglich wurde dieser Gestaltungsgrundsatz in das Gesetz aufgenommen. Demnach ist u.a. auf die Belange des Opfers bei der Vollzugsgestaltung Rücksicht zu nehmen (Abs. 1 S. 1)[42]. Zudem ist dem Schutzinteresse gefährdeter Dritter Rechnung zu tragen (Abs. 1 S. 2). Demnach soll klargestellt werden, dass sich Opferschutz nicht auf Opfer früherer Taten der Gefangenen beschränkt, sondern auch

---

[41] KG, Beschl. v. 16.2.2015 – 2 Ws 11/15 Vollz = BeckRS 2015, 08296.
[42] BeckOK Strafvollzug Bayern/*Arloth* Art. 5a Rn. 1: „begrüßenswerte“ Vorschrift.

den Interessen möglicher künftiger Opfer Rechnung zu tragen ist[43]. Abs. 2 sieht außerdem vor, dass die **Einsicht der Gefangenen in die Verantwortung für die Tat geweckt werden soll** und die Gefangenen anzuhalten sind, den verursachten Schaden wiedergutzumachen. In geeigneten Fällen ist ein **Täter-Opfer-Ausgleich** anzustreben. Gerade die Wiedergutmachungsaspekte erfahren in der Praxis – soweit ersichtlich – aber kaum Umsetzung.

Seit 2019 wurden zudem zusätzliche **Opferinformationsrechte** gesetzlich geregelt. So muss gem. § 406d StPO dem Verletzten auf Antrag u.a. mitgeteilt werden, wenn freiheitsentziehende Maßnahmen gegen den Beschuldigten beendet oder erstmalig Vollzugslockerungen gewährt werden, sofern hieran ein berechtigtes Interesse dargelegt werden kann. Der Begriff des Verletzten ist inzwischen in § 373b StPO legal definiert.

Die **Bedeutung dieser Grundsätze** wird deutlich, wenn man den Straf- 74
vollzug daraufhin untersucht, welche Belastungen er – trotz seiner Behandlungs- bzw. Resozialisierungsorientierung – für das Leben des Gefangenen gerade auch nach Entlassung mit sich bringt. Denn diesbezüglich ergeben sich **ausgesprochen problematische Befunde** (dazu folgende Übersicht von *Streng*, Strafrechtliche Sanktionen, Rn. 268):

– Strafvollzug stempelt den Betroffenen in deutlichster Form als „Kri- 75
minellen“ ab. Diese **Stigmatisierung**, vielfach in Konsequenz einer wiederholt „fehlgeschlagenen Interaktion zwischen Delinquenten und Sanktionsinstanz“, ruft gesellschaftliche Reaktionen hervor, welche die (Re-)Integration des Bestraften gefährden.
– Das Herausreißen des Verurteilten aus dem bisherigen Lebensbe- 76
reich mag im Einzelfall eine sinnvolle Herausnahme aus einem schädlichen Milieu bedeuten. Dieser gelegentliche Vorteil wird im Regelfall aber mehr als nur aufgewogen durch den nachteiligen Effekt der **Zerstörung von sozialen Bindungen**, die dem Gefangenen nach der Entlassung Halt geben könnten.
– Der Vollzug von Freiheitsstrafe führt zudem zum **Verlust von Ar- 77
beitsplatz oder Lehrstelle** – soweit vorher vorhanden gewesen. Die Möglichkeiten zur Verbesserung der Berufsperspektive durch Ausbildung im Strafvollzug sind demgegenüber sehr begrenzt.
– Die **Reglementierung des Lebens** im Strafvollzug behindert in er- 78
heblichem Maße das Erlernen von Selbstverantwortung. Langer Freiheitsentzug kann auch zu einem Verlernen von Lebenstüchtigkeit führen. Man spricht sogar von einem Persönlichkeitszerfall als Folge sehr langer Freiheitsstrafen. Jedoch sind die Forschungsergebnisse

[43] BeckOK Strafvollzug Bayern/*Arloth* Art. 5a Rn. 3.

hierzu widersprüchlich[44]. Eine differenzierende Betrachtungsweise je nach „Einlieferungszustand“ wird man jedenfalls für angebracht halten dürfen[45].

79 – Der Vollzug der Freiheitsstrafe führt hinein in die **„hohe Schule des Verbrechens“**, denn der Kontakt mit den in der kriminellen Karriere schon weiter fortgeschrittenen Mitinsassen birgt eine Gefahr des Erlernens krimineller Techniken sowie der Übernahme antisozialer Orientierungen aus der **Gefängnissubkultur**.

80 **Subkultur und Extremisten im Strafvollzug:** Der Generalstaatsanwalt Brandenburgs beklagte schon vor längerer Zeit, dass rechtsextreme Gefangene Mitgefangene anwerben oder einschüchtern. Die Bundesregierung teilt auf eine parlamentarische Anfrage hin mit, dass man das Problem ernst nähme, aber es hierzu kaum Erkenntnisse gäbe[46]. Allerdings würde in Brandenburg der Anteil der Jugendstrafgefangenen mit rechtsextremistischer Orientierung auf 25 bis 30% geschätzt; vgl. BT-Drs. 17/8983 v. 14.3.2012, S. 1. Immer wieder versuchen offenbar auch Islamisten bzw. gewaltbereite Salafisten im Vollzug potentielle „Kandidaten“ für den Dschihad anzuwerben. Die Mitarbeiter der JVAs sind angehalten, auf Radikalisierungstendenzen von Gefangenen zu achten[47]. Es wurde in Bayern eine Zentrale Koordinierungsstelle für Maßnahmen gegen Extremismus in den Justizvollzugsanstalten an der JVA Nürnberg eingerichtet[48]. Nachteilig wirkt sich aus, dass die muslimische Seelsorge im Vollzug nach wie vor vernachlässigt wird (vgl. Exkurs auf S. 45)[49]. Im Übrigen gibt es auch immer wieder Probleme mit rechtsextremen JVA-Bediensteten. 2022 wurden bspw. fünf Mitarbeiter der JVA Dresden zu Bewährungsstrafen verurteilt, weil sie ausländische Gefangene aus rassistischen Motiven geschlagen und sich über ihre Taten in einer gemeinsamen WhatsApp-Gruppe lustig gemacht haben[50].

---

[44] *Kett-Straub*, Lebenslange Freiheitsstrafe, 2011, S. 47 ff.

[45] Vgl. für einen Überblick BVerfGE 45, 187 (230 ff.); *Laubenthal*, Lebenslange Freiheitsstrafe, 1987, S. 113 ff.

[46] BT-Drs. 19/17626 v. 5.3.2020.

[47] Vgl. Vollerhebung zur Radikalisierung in Sozialtherapeutischen Anstalten *Hatton/Moosburner/Etzler/Rettenburger*, MschKrim 2023, 314 ff.

[48] https://www.justiz.bayern.de/justizvollzug/extremismusbekaempfung/.

[49] *Laubenthal*, Gefangenensubkulturen, in: Aus Politik und Zeitgeschichte (APUZ) 7/2010, online verfügbar unter: http://www.bpb.de/apuz/32977/gefangenensubkulturen.

[50] https://www.saechsische.de/dresden/lokales/bewaehrungsstrafen-fuer-gewalt-gegen-auslaendische-gefangene-5713923-plus.html.

Unter Berücksichtigung dieser Problempunkte des Strafvollzugs wird man sich vom Behandlungsgedanken im modernen Strafvollzug kaum mehr versprechen können als eine **Begrenzung des vom Vollzug selbst produzierten Schadens** – und vor allem darum geht es bei § 3 StVollzG bzw. Art. 5 BayStVollzG. Allenfalls in seltenen Fällen kann die Herausnahme aus einem kriminogenen Milieu oder die im Strafvollzug ermöglichte bzw. aufoktroyierte Schul- oder Berufsausbildung oder Therapie zu positiven Wirkungen führen, welche man außerhalb erzwungenen Freiheitsentzugs so hätte nicht erzielen können. Diese skeptische Sicht wird erhärtet durch Befunde von Meta-Evaluationen von Kriminaltherapie-Studien, wonach Therapie in Unfreiheit niedrigere Erfolgsquoten aufweist als vergleichbare ambulante Therapie. **81**

Bei diesen „Mindestgrundsätzen" für die Gestaltung eines zumindest nicht allzu sehr entsozialisierenden Vollzugs handelt es sich um Anweisungen an die Vollzugsbehörden. Die Grundsätze sind für die **Auslegung von konkreten Einzelbestimmungen** von großer Bedeutung; besonders bei unbestimmten Rechtsbegriffen und Ermessensspielräumen. Die Gefangenen können aus ihnen aber **keine unmittelbaren Rechte** herleiten. Auf Umwegen immerhin kann der Gefangene sich auf § 3 StVollzG bzw. Art. 5 BayStVollzG stützen. Er kann u.U. geltend machen, eine Vollzugsentscheidung sei ermessensfehlerhaft, da die in § 3 StVollzG bzw. Art. 5 BayStVollzG konkretisierten Dimensionen des Resozialisierungsprinzips nicht berücksichtigt wurden. **82**

Fall („Abzocke"; LG Stendal, Beschl. v. 30.12.2014 – 509 StVK 179/13 = BeckRS 2015, 00992): Die Gefangenen der JVA B im Bundesland Sachsen-Anhalt dürfen aus der JVA auf Guthaben-Basis telefonieren. Eine private Firma ist mit der Organisation beauftragt. Die Kosten betragen pro Minute z.B. 0,10 € für Ortsgespräche und 0,70 € für Mobilfunkgespräche. Ein Gefangener begehrte die Senkung dieser Kosten; die Anstalt lehnte ab. Die Strafvollstreckungskammer verpflichte die Anstalt – unter Beachtung der Rechtsauffassung des Gerichts – über den Antrag zu entscheiden, denn es liege ein Verstoß gegen den **Grundsatz** vor**, dass die Verhältnisse im Strafvollzug so weit wie möglich den allgemeinen Lebensverhältnissen angeglichen werden sollen.** Da die Telefongebühren außerhalb des Vollzugs nur einen Bruchteil der Gebühren im Vollzug ausmachen würden, könne sich die Anstalt nicht darauf berufen, die Preise könnten wegen des Vertrages mit dem privaten Anbieter nicht gesenkt werden. Es gäbe auch unter den Anbietern von Gefangenentelefonie günstigere Anbieter. **83**

Hinweis: Auch in Bayern sind inzwischen Telefongespräche nicht nur in dringenden Fällen erlaubt (Art. 35 BayStVollzG). Allerdings gibt es in den Anstalten keine frei zugänglichen Telefonapparate (vgl. S. 145).

3. Zur Effizienz des Strafvollzugs

a) Sicherung

84 Die Vollzugsaufgabe der **Sicherung** für die Dauer des Vollzugs wird effizient erfüllt, was den Schutz der Bevölkerung außerhalb des Strafvollzugs angeht. Allerdings kann ein Behandlungsvollzug, der der Entsozialisierung entgegenwirken will und Resozialisierungschancen eröffnen soll, nicht alle Risiken vermeiden. Die Behandlungsmaßnahmen Urlaub, Freigang und Ausgang sind Lockerungen ohne Aufsicht durch Vollzugsbeamte und werden daher wegen befürchteter erneuter Straftaten oder Nichtrückkehr des Gefangenen ablehnend betrachtet. In der Tat liegt hier ein **Versagensrisiko.** Neuere Zahlen besagen aber, dass in durchschnittlich weniger als 1% aller Ausgänge oder Beurlaubungen nicht oder nicht freiwillig zurückgekehrt wurde.

85 – **Überblick: Lockerungen und Versagerquote**

Nichtrückkehrerquote nach Urlaub (= nicht oder zu spät zurückgekehrt)

Hafturlaube	195.723
Nichtrückkehrer	253
Missbrauchsquote	**0,1%**

Statistik des Bundesamts für Justiz, Strafvollzugsforschung, 2016

Dieselbe Untersuchung kam zu dem Ergebnis, dass nur 0,1% aller Lockerungen (nicht nur Urlaub) dazu missbraucht werden, dass **Straftaten** begangen werden. Die Wahrscheinlichkeit schwerer Straftaten liegt dabei noch geringer (Mord bzw. Vergewaltigung hatten nur einen Anteil von je 0,4% der gesamten Deliktsskala); überwiegend werden leichte bis mittelschwere Delikte wie Diebstahl, Unterschlagung, Betrug, Straßenverkehrsdelikte und BtM-Verstöße begangen. Es ist im Übrigen schwierig aktuelles Zahlenmaterial zu präsentieren, da keine laufend geführten Statistiken existieren. Vielmehr veröffentlichen die Länder ihre Zahlen nur sporadisch und unregelmäßig. Zudem sind die „Corona"-Jahre auch nicht mit anderen Jahren vergleichbar, denn zeitweise wurden damals alle Lockerungen vorsichtshalber gestrichen, um Ansteckungen zu vermeiden. Festzustellen ist aber, dass die Entscheidungspraxis zunehmend restriktiver geworden ist.

– **Bayern 2014, 2020 und 2021** 86

Lockerungsart	Jahr	Anzahl	Nichtrückkehrer
Ausgang	2014	14.939	11 = 0,07%
Urlaub	2014	17.884	24 = 0,13%
Ausgang	2020	4.486	2 = 0,04%
Urlaub	2020	2.485	3 = 0,12%
Ausgang	2021	2.550	1 = 0,04%
Urlaub	2021	1.473	0 = 0,00%

Diese **niedrigen Missbrauchsraten** können als Erfolg bewertet werden. Schwere Straftaten werden zwar in den Medien herausgestellt, sind aber selten. Zudem gilt, dass auch in diesen Fällen ein Verzicht auf Lockerungen oft einen nur kriminalitätsverzögernden Effekt gehabt hätte. Besonders aber ist der unter Resozialisierungsgesichtspunkten nachteilige Effekt eines Ausschlusses aller denkbaren Risiken durch eine extrem restriktive Lockerungspolitik zu beachten: Es würden dann für viele Gefangene wesentliche Integrationshilfen unterbleiben. 87

Fahrlässige Tötung durch Gewährung von Lockerungen? 88

Ein tragischer Fall erschütterte 2015 die „Vollzugswelt" und teilweise wurde befürchtet, dass dies das Aus für alle Vollzugslockerungen bedeuten könnte. Ein Strafgefangener hatte bei seinem Ausgang eine junge Frau auf der Flucht vor der Polizei zu Tode gefahren. Er wurde daher wegen Mordes verurteilt. Die für seine Vollzugslockerung verantwortlichen Beamten, die stellvertretende Anstaltsleiterin und ein Abteilungsleiter, wurden vom LG Limburg zu einer Freiheitsstrafe zu neun Monaten wegen fahrlässiger Tötung verurteilt. Der BGH (NJW 2020, 2124) hat diese Entscheidung Ende 2019 aufgehoben. Der Gefangene war ein 45-jähriger Mann, der eine Freiheitsstrafe wegen wiederholten Fahrens ohne Fahrerlaubnis verbüßen musste. Er war nicht drogenabhängig, die begangenen Delikte waren nicht schwerwiegend, er lebte in fester Beziehung, hatte keine offenen Ermittlungsverfahren, zeigte ein beanstandungsfreies Vollzugsverhalten und auch die Bereitschaft, endlich den Führerschein zu erwerben. Er hatte sogar schon die ersten Fahrstunden absolviert. Letztlich war er der perfekte Kandidat für den offenen Vollzug und hatte als Freigänger einen Arbeitsplatz „draußen". Ein Kollege holte ihn jeden Tag ab und brachte ihn in die Anstalt zurück, damit er nicht in Versuchung kam, selbst zu fahren. Was allerdings keiner ahnte: Längst war er heimlich immer wieder Auto gefahren. Der BGH war der Ansicht, dass bei diesem komplexen Geschehensablauf, insbesondere bei selbst- und fremdgefährdetem Verhalten eines Drittens, die tödliche Folge für die Beamten, die die Lockerung gewährten, nicht vorhersehbar war. In einem früheren Verfahren waren Klinikärzte wegen fahrlässiger Tötung verurteilt worden, weil sie einem erkennbar tatgeneigten Patienten, der im Maßregelvollzug untergebracht war, Ausgang gewährten. Dieser hatte die Vollzugslockerung zur Begehung von Tötungs- und Körperverletzungsdelikten missbraucht (BGH NJW 2004, 237).

b) Resozialisierung

89 Deutlich problematischer und letztlich enttäuschend fällt die quantitative **Erfolgsmessung hinsichtlich des Resozialisierungsziels** aus. Es bietet sich an, die Effizienz des Strafvollzugs anhand der Rückfallquoten zu messen. Indes gilt, dass hier niemals Zahlen vorschnell miteinander verglichen werden dürfen. Insbesondere darf man nicht unterschiedliche Risikozeiträume gegenüberstellen. Zwangsläufig erhöht sich bei längerem Beobachtungszeitraum die Rückfallquote. Außerdem muss geklärt werden, ob die jeweilige Studie jeden Rückfall oder nur qualifizierte Rückfälle berücksichtigt hat.

90 Nach der großen **Rückfallstudie des Bundesministeriums für Justiz** (Legalbewährung nach strafrechtlichen Sanktionen), im Rahmen derer zuletzt im Februar 2021 neue Ergebnisse präsentiert wurden, ergibt sich eine **allgemeine Rückfallquote von 33%**[51]. Hierzu wurden inzwischen die Jahrgänge 2004, 2007, 2010, 2013 und 2016 erfasst. Das Projekt wird laufend ergänzt.

- Die letzte Erhebung erfasste Straftäter, die 2016 sanktioniert oder aus der Haft entlassen wurden.
- Dies waren 837.530 Personen (Erwachsene und Jugendliche)
- 3-jähriger Beobachtungszeitraum (= Risikozeitraum)

91 **Auszüge aus der Erhebung**

Nach dem Konzept der Rückfalluntersuchung werden alle in einem sog. Bezugsjahr strafrechtlich Sanktionierten oder aus der Haft Entlassenen während eines festgelegten Risikozeitraums daraufhin überprüft, ob sie wieder straffällig werden. Datenbasis hierfür sind die personenbezogenen Eintragungen im Zentral- und Erziehungsregister, die in der Regel mindestens fünf Jahre erhalten bleiben. Bei freiheitsentziehenden Maßnahmen wird am Vollstreckungsende bzw.

---

[51] *Jehle*, Strafrechtspflege in Deutschland, 8. Aufl. 2023, S. 63 ff.

am Entlassungsdatum angesetzt, bei ambulanten Sanktionen – einschließlich Strafaussetzung zur Bewährung – und jugendstrafrechtlichen Reaktionsformen am Entscheidungsdatum. Die Daten des Zentralregisters werden in drei Erhebungswellen erfasst, so dass für die Bezugsjahre 2004, 2007, 2010, 2013 und 2016 das Rückfallverhalten in einem jeweils 3-jährigen Beobachtungszeitraum untersucht werden kann. Außerdem können die Daten der einzelnen Erhebungswellen so miteinander verknüpft werden, dass man jetzt schon verlässliche Aussagen über einen sehr langen Zeitraum machen kann.

- Für die meisten der im Jahr 2016 sanktionierten oder aus der Haft entlassenen Personen (67%) bleibt die strafrechtliche Ahndung innerhalb eines 3-jährigen Beobachtungszeitraums ein einmaliges Ereignis. Nur jeder Dritte wird innerhalb dieses Zeitraums erneut straffällig. Es erfolgt aber überwiegend eine Verurteilung zu einer milden Sanktion. **92**
- Konkret werden Straftäter zu folgenden Sanktionen erneut verurteilt: **93**

Freiheits- bzw. Jugendstrafe ohne Bewährung	4%
Freiheits- bzw. Jugendstrafe mit Bewährung	6%
Geldstrafe	17%
Sonstige jugendrichterliche Entscheidungen	3%
Jugendstrafrechtliche Einstellung des Verfahrens (Diversion)	3%
Allgemeine Rückfallquote/Gesamt	**33%**

Dabei sind folgende Auffälligkeiten erwähnenswert: **94**

- **Hohe Alters- und Geschlechtsabhängigkeit**
- Jugendliche werden zu 40% rückfällig; über 60-jährige dagegen nur zu 14%;
- bei Frauen ist die Quote deutlich niedriger als bei Männern
- **Große Abhängigkeit vom Sanktionstyp** (nach Jugendstrafe ohne Bewährung beträgt die Rückfallquote 62%)
- **Abhängigkeit von der Straftat (**die niedrigsten Rückfallquoten gibt es bei Straßenverkehrs- und Tötungsdelikten; die höchsten Quoten bei Diebstahl und Raub)

Rückfälligkeit in Abhängigkeit von der ersten Verurteilung (= Bezugsentscheidung)

95

Sanktionsart	Rückfallquote
Freiheitsstrafe ohne Bewährung	42%
Freiheitsstrafe mit Bewährung	39%
Jugendstrafe ohne Bewährung	62%
Jugendstrafe mit Bewährung	56%
Jugendarrest	61%
Geldstrafe	30%

96 Die Gegenüberstellungen stellen den stationären Sanktionen unter spezialpräventivem Aspekt ein schlechtes Zeugnis aus. Allerdings ist eine **zurückhaltende Interpretation angebracht**: Die vollstreckbare Freiheitsstrafe hat wegen der häufigen Anwendung auf Täter mit schlechter Prognose von vornherein die größten Chancen, eine hohe Rückfallquote aufzuweisen; es beeinflussen also **Selektionseffekte** aus der Sanktionsauswahl die Rückfallquoten. Zudem ist zu berücksichtigen, dass auch entsprechende, zunächst „nicht-kriminelle" Bevölkerungsgruppen innerhalb eines Zeitraumes von z.B. fünf Jahren mit einer nennenswerten Verurteilungsquote belastet werden[52].

97 **Kosten des Vollzugs**

Einer Effizienz im Vollzug dürfen auch die Kosten gegenübergestellt werden. Die Haftkosten sind nicht ganz klar zu beziffern und zu vergleichen, weil die Länder unterschiedliche Rechnungsweisen haben (mit und ohne Baukostenanteil), bzw. keine Zahlen veröffentlichen. In Bayern betrugen im Jahr 2021 die durchschnittlichen Kosten des Haftvollzugs für einen Gefangenen 157,56 € pro Hafttag. In Abzug gebracht sind jeweils schon die Einnahmen des Vollzugs durch die Arbeitsleistungen der Gefangenen 38 Mio. €). Kostenintensiver ist die Unterbringung eines Strafgefangenen in der Sozialtherapie; günstiger sind dagegen die Haftkosten im offenen Vollzug.

Quelle: https://www.justiz.bayern.de/media/pdf/justizvollzug/jvib_broschuere_2022.pdf

---

[52] *Streng*, Strafrechtliche Sanktionen, Rn. 326.p

VII. System und Organisation des Strafvollzugs

1. Justizvollzugsanstalten und Aufsichtsbehörden

Vollzogen werden Freiheitsstrafen (einschließlich der „Unterbringung" in einer sozialtherapeutischen Anstalt) in den **Justizvollzugsanstalten** (§ 139 StVollzG bzw. Art. 165 BayStVollzG). Die Aufsicht über Justizvollzugsanstalten führen gem. § 151 I StVollzG bzw. Art. 173 BayStVollzG die **Landesjustizverwaltungen**; d.h. regelmäßig nimmt die Strafvollzugsabteilung in dem jeweiligen Landesjustizministerium die Aufsichtsbefugnisse gegenüber den Justizvollzugsanstalten wahr. Von der prinzipiellen Möglichkeit, ein Landesjustizvollzugsamt als Mittelbehörde einzurichten (vgl. § 151 I 2 StVollzG), wird kein Gebrauch mehr gemacht. Eine vergleichbare Bestimmung findet sich in keinem der Landesstrafvollzugsgesetze. Demnach besteht nun einheitlich ein **zweistufiger Aufbau**. **98**

„Aufsicht" meint die **Rechts- und Fachaufsicht**. Diese Aufsichtsfunktion ändert jedoch nichts daran, dass für die Einzelfallentscheidungen im Vollzug der **Anstaltsleiter** zuständig ist (§ 156 II StVollzG bzw. Art. 177 II BayStVollzG). Die Aufsichtsbehörde erstellt insbesondere den „Vollstreckungsplan" gem. § 152 StVollzG bzw. Art. 174 BayStVollzG, der die sachliche und örtliche Zuständigkeit der Justizvollzugsanstalten bestimmt. Diese Selbstbindung der Verwaltung soll Willkür vermeiden und derart rechtsstaatliche Prinzipien wahren; wichtig ist dies etwa, weil gem. § 110 StVollzG (hier Gesetzgebung des Bundes) die Zuständigkeit der Strafvollstreckungskammer sich nach dem Ort der JVA richtet (vgl. Art. 101 I 2 GG: gesetzlicher Richter). **99**

Die Aufsichtsbehörde hat schließlich gem. § 153 StVollzG eine besondere Entscheidungskompetenz für **Verlegungen**, da diese besonders einschneidende Folgen für den Betroffenen haben. Die **Festsetzung der Belegungsfähigkeit** der Justizvollzugsanstalten erfolgt durch die Aufsichtsbehörde (§ 145 StVollzG bzw. Art. 171 BayStVollzG). Gem. § 111 II StVollzG ist die Aufsichtsbehörde anstelle der JVA **Beteiligte im Rechtsbeschwerde-Verfahren** (§§ 116 ff. StVollzG). **100**

Private Gefängnisse **101**

Es ist zulässig, dass Gefängnisneubauten von privaten Trägern errichtet werden und sich der Staat quasi nur einmietet. Ebenso wäre es zulässig, gewisse Teilbereiche des Vollzugsalltags privaten Trägern zu übertragen: Denkbar wäre demnach eine Versorgung der Gefangenen mit Essen oder medizinischen Leistungen durch private Anbieter. Eine gänzliche Privatisierung des Vollzugs – eine Idee, die aus Gründen einer erhofften Kostenersparnis immer wieder diskutiert wird – wäre aber verfassungswidrig. Art. 104 I GG ist der Ausgangspunkt, der es dem Staat erlaubt, u.a. in das Grundrecht der Handlungsfreiheit eines Menschen einzugreifen. Diese spezielle Ausgestaltung des staatlichen Gewaltmonopols ist auch der Grund dafür, dass Strafvollzugsanstalten nur in öffentlich-rechtlicher Organisationsform betrieben werden können. Im Übrigen ist die Idee, eine Haftanstalt von privaten Investoren errichten zu lassen und sich dann nur einzumieten, keineswegs immer finanziell vorzugswürdig. Von der in dieser Weise erbauten JVA Waldeck in Mecklenburg-Vorpommern spricht man inzwischen als „Millionen-Grab".

2. Die Vollzugsanstalten

a) Allgemeines

102 Bezüglich der Anstalten gelten das Trennungsprinzip (§ 140 StVollzG bzw. Art. 166 BayStVollzG) und das Differenzierungsprinzip (§ 141 StVollzG bzw. Art. 167 BayStVollzG).

103 – Das **Trennungsprinzip** sieht vor, dass Strafgefangene nach **Geschlecht** (§ 140 II StVollzG bzw. Art. 166 II BayStVollzG) getrennt unterzubringen sind, nämlich entweder in besonderen Anstalten oder zumindest in besonderen Abteilungen einer Justizvollzugsanstalt. Ausnahmen regelt § 140 III StVollzG bzw. Art. 166 III BayStVollzG zugunsten von Behandlungsmaßnahmen (z.B. Ausbildung, Freizeitgestaltung, Therapie).

104 – Gem. Art. 166 I BayStVollzG ist Jugendstrafe in besonderen **Jugendstrafanstalten** zu vollziehen. Ausnahmen gelten, wenn es sich um mindestens 18-jährige Gefangene handelt, die sich für den Jugendvollzug nicht eignen (§ 89b I 1 JGG), oder um schon 24-Jährige, bei denen die Jugendstrafe regelmäßig in Erwachsenenanstalten vollzogen werden soll (§ 89b I 2 JGG). Vgl. auch § 85 VI JGG zum Abgeben der Vollstreckung bei mindestens 24-jährigen Verbüßern von Jugendstrafe. Gem. § 89c JGG ist **Untersuchungshaft** in besonderen Anstalten oder Abteilungen zu vollziehen.

105 – Das **Differenzierungsprinzip** bedeutet, dass nach Behandlungs- und Sicherungsbedürfnissen differenzierend Haftplätze vorzuhalten sind. § 141 I StVollzG bzw. Art. 167 I BayStVollzG betrifft die Behandlungsbedürfnisse der Gefangenen, also Therapie, Ausbildung oder Wiedereingliederung. § 141 II StVollzG bzw. Art. 167 II BayStVollzG betrifft die Differenzierung nach Sicherungsbedürfnissen, was sich in der Unterscheidung von geschlossenem und offenem (bzw. halboffenem) Vollzug niederschlägt.

Verwaltungsvorschrift (VV) zu Art. 167 BayStVollzG 106

Nr. 2: Im geschlossenen Vollzug sind die Gefangenen außerhalb der Hafträume … in angemessener Weise zu beaufsichtigen. Beim Zusammenkommen in größeren Gemeinschaftsräumen, auf den Höfen und sonst im Freien sind die Gefangenen ständig und unmittelbar zu beaufsichtigen. (…)
Nr. 3: Im offenen Vollzug können bauliche und technische Sicherungsvorkehrungen, insbesondere Umfassungsmauer, Fenstergitter und besonders gesicherte Türen, entfallen. Innerhalb der Anstalt entfällt in der Regel die ständige und unmittelbare Aufsicht.

§ 142 StVollzG bzw. Art. 168 BayStVollzG regelt als spezielle Dif- 107
ferenzierung für den Frauenvollzug, dass es auch Frauenanstalten geben soll, in denen **Mütter mit ihren Kindern** untergebracht werden können (vgl. Exkurs S. 18).

§ 152 II 1 StVollzG ermächtigt zur Einrichtung von **Einweisungsan-** 108
stalten, in denen die Entscheidung über die für den einzelnen Gefangenen geeignete Anstalt getroffen wird. Dies wird in einigen Bundesländern wie z.B. Nordrhein-Westfalen praktiziert. Auch dies ist Teil des Differenzierungskonzeptes. **Hierzu gibt es keine Regelung im BayStVollzG**.

Um insbesondere auch kleineren Ländern eine hinreichende Diffe- 109
renzierung des Vollzugs zu ermöglichen, erlaubt § 150 StVollzG die Bildung von **Vollzugsgemeinschaften** benachbarter Länder. Relevant ist dies nicht nur für eine differenzierende Behandlung, sondern auch für die Einrichtung von Anstalten mit verschiedenen Sicherheitsgraden. Denn es sind nur wenige Anstalten mit höchstem Sicherheitsgrad notwendig und zugleich mindern übertriebene Sicherheitsstandards für alle die Resozialisierungsmöglichkeiten. Für große Bundesländer wie Bayern bedarf es keiner länderübergreifenden Kooperation.

Diverse Gefangene (OLG Saarbrücken NStZ 2021, 443) 110

Die antragstellende Person ist seit 2016 inhaftiert und wurde der JVA als „männlicher Gefangener“ zugeführt. Aufgrund einer von der antragstellenden Person 2019 vor dem Standesamt abgegebenen Erklärung zur Geschlechtsangabe, mit der sie die Änderung der bisherigen Angaben zum Geschlecht („männlich“) in „divers“ erklärte, wurde dies in die Geburtsurkunde eingetragen. Noch am selben Tag teilte sie der JVA die erfolgte Änderung mit und beantragte ihre Verlegung in eine Haftanstalt für Personen des dritten Geschlechts. Eine daraufhin durchgeführte Länderumfrage ergab, dass bundesweit keine Anstalt für die Unterbringung von Gefangenen mit diversem Geschlecht existiert. Allerdings ergriff die JVA mehrere Maßnahmen, um dem

Trennungsgebot möglichst gerecht zu werden (u.a. Einzelbad, Einzelfreistunde und Einzelsportstunde). Die von der antragstellenden Person begehrte Unterbringung in einem eigenen Bereich für Strafgefangene diversen Geschlechts lehnte die JVA hingegen ab, woraufhin die antragstellende Person Klage erhob. Die JVA vertrat die Auffassung, dass die von ihr ergriffenen Maßnahmen dem analog anwendbaren Trennungsgebot des § 10 SLStVollzG, das Durchbrechungen zulasse, gerecht würden. Dem folgte das zuständige LG. Gegen diesen Beschluss legte die antragstellende Person erfolglos Rechtsbeschwerde ein. Das OLG war ebenfalls der Ansicht, dass sich das Erfordernis der getrennten Unterbringung männlicher und weiblicher Gefangener nicht undifferenziert auf Strafgefangene mit dem Geschlecht „divers" übertragen lässt. Inzwischen regeln erste Landesstrafvollzugsgesetze den Umgang mit trans-, intergeschlechtlichen und nicht-binären Gefangenen (vgl. z.B. § 98 HmbStVollzG). Einzelfallentscheidungen sollen darüber bestimmen, in welcher Anstalt ein Gefangener unterzubringen ist. Nicht zu erwarten ist, dass künftig eigene Anstaltsbereiche für diverse Strafgefangene geschaffen werden. Die zu erwartende Anzahl solcher Gefangenen ist gering und eine getrennte Unterbringung wäre mit einem großen Aufwand verbunden. Ende 2023 startete das erste Forschungsprojekt „Trans Personen im Strafvollzug" beim Kriminologischen Forschungsinstitut Niedersachen (KFN), um genauere Erkenntnisse zu erlangen.

b) Gestaltung und Gliederung der Anstalten

111 Gem. § 143 I StVollzG (Art. 169 I BayStVollzG) sind die Justizvollzugsanstalten „so zu gestalten, dass eine auf die Bedürfnisse der einzelnen abgestellte Behandlung gewährleistet ist".

112 Die geschlossenen Anstalten stammen oft noch aus der Zeit vor 1918 und spiegeln die damalige Strafvollzugsphilosophie wider: Gemeinsam arbeiten, ansonsten Einzelunterbringung. Es handelt sich um **Zellengefängnisse**, die weithin nach dem Muster des sternförmigen Eastern State Penitentiary errichtet worden waren (S. 11).

113 Der Aspekt des therapeutischen Nutzens von **überschaubaren Betreuungs- und Behandlungsgruppen** wurde damals noch nicht gesehen. Das StVollzG hingegen schreibt in § 143 II StVollzG (Art. 169 II BayStVollzG) die Berücksichtigung solcher Behandlungskonzepte nach Art der „problemlösenden Gemeinschaft" schon bei der baulichen Gestaltung neu zu errichtender Anstalten vor.

114 Dass **kleinere Anstalten** als günstig für die Resozialisierung gelten, hat sich in § 143 III StVollzG für die sozialtherapeutischen Anstalten und die

Frauenanstalten niedergeschlagen, deren Belegung nicht mehr als 200 Plätze betragen soll. Im BayStVollzG findet sich keine entsprechende Vorgabe.

Zur **Größe und Ausgestaltung der Hafträume wie der Gemeinschaftsräume** nennt Art. 170 BayStVollzG (ähnl. § 144 I StVollzG) als Leitgesichtspunkte „wohnlich und sonst ihrem Zweck entsprechend" sowie für eine „gesunde Lebensführung" tauglich. Auf eine fixe Mindestquadratmeterangabe hat der bayerische Gesetzgeber wohl im Hinblick darauf verzichtet, dass diese oft nicht eingehalten werden könnte. In der neuen VV zu Art. 170 BayStVollzG sind aber nun ausdrücklich Mindestgrößen für Hafträume genannt (genauer S. 85). **115**

Wann aber eine Verletzung der Menschenwürde etwa durch Unterschreiten einer Bodenfläche anzunehmen ist, kann nicht eindeutig taxiert werden, denn hier sind mehrere Faktoren ausschlaggebend (etwa wie es um die Belüftung der Toilette bestellt ist und ob diese baulich abgetrennt ist). Jedenfalls ist die Belegung einer Zelle von 11,5 m^2 mit drei Gefangenen **ungesund** und auch menschenunwürdig. Die Unterbringung eines Strafgefangenen in einem Einzelhaftraum (ohne abgetrennte Toilette) mit einer Grundfläche von 6 m^2 läge zwar an der „Grenze des Hinnehmbaren", verstößt aber nicht gegen die Menschenwürde (BVerfG NStZ-RR 2013, 91); eine 5,25 m^2 große Einzelzelle ohne abgetrennte Toilette in Kombination mit einer Einschlusszeit zwischen 15 und fast 21 Stunden würde aber die Menschenwürde verletzen[53]. Zudem spielt die **Temperatur** des Haftraumes eine Rolle; überschreitet bspw. die Temperatur „nicht nur an einzelnen Tagen für mehrere Stunden 30° C", so muss von Seiten der Anstalt Abhilfe geschaffen werden[54]. Unter dem Stichwort „gesund" ist des Weiteren zu beachten, dass Fenster nicht mit Sichtblenden verbarrikadiert sein dürfen, da gerade bei längerer Haftzeit der Blick nach draußen für die psychische Gesundheit bedeutsam sein kann. Zur **„Wohnlichkeit"** ist erforderlich, dass das WC vom Schlafraum abgetrennt ist; menschenwürderelevant ist dies bei Gemeinschaftsunterbringung. **116**

3. Der Vollzugsstab

Der Vollzugsstab besteht aus dem **Anstaltsleiter** (vgl. § 156 I StVollzG; Art. 177 I BayStVollzG)[55], den Angehörigen des **Verwaltungsdienstes**, des **Werkdienstes** und des **allgemeinen Vollzugsdienstes** sowie dem **Sozialstab**, nämlich Seelsorgern, Ärzten, Pädagogen, **117**

---

[53] BVerfG, Beschl. v. 14.7.2015 – 1 BvR 1127/14.

[54] OLG Stuttgart, Beschl. v. 7.7.2015 – 4 Ws 38/15 (V) = BeckRS 2015, 13084.

[55] Wenn in diesem Lehrbuch von dem „Anstaltsleiter" die Rede ist, wird der Begriff als generisches Maskulinum verwendet, um Sätze nicht unnötig zu komplizieren. Viele Anstalten werden inzwischen sehr erfolgreich von Frauen geführt.

Psychologen und Sozialarbeitern (vgl. § 155 II StVollzG; Art. 176 II, 178–182 BayStVollzG).

118 In den 1960er Jahren kamen in der Bundesrepublik auf einen Vollzugsbediensteten ca. fünf Gefangene; inzwischen hat sich der **Personalschlüssel** auf durchschnittlich ca. **1:2** verbessert.

Personalsituation in Bayern:[56]

Vollzugs- und Verwaltungsdienst – 4. Qualifikationsebene	69
Seelsorger	32
Ärzte	49
Psychologen	124
Lehrer	57
Sozialarbeiter	182
Vollzugs- und Verwaltungsdienst – 3. Qualifikationsebene	203
Vollzugs- und Verwaltungsdienst – 2. Qualifikationsebene	336
Allgemeiner Vollzugsdienst (einschl. Krankenpflegedienst)	4.507
Werkdienst	520
Beschäftigte (frühere Arbeiter)	36
Sonstige (z.B. medizinische Hilfskräfte, Erzieherinnen)	12
Insgesamt	**6.127**

119 Neben Ärzten, Geistlichen, Psychologen und Lehrern stehen ferner nebenamtliche Kräfte zur Verfügung, die vor allem in Anstalten eingesetzt werden, bei denen die Gefangenenzahl den Einsatz einer hauptamtlichen Kraft nicht trägt. Hinzu kommen noch Stellen für Beamte auf Widerruf im Vorbereitungsdienst.

120 Von großer Bedeutung für die Leistungsfähigkeit unter dem Aspekt der Resozialisierung ist naturgemäß die Stellensituation im Bereich der **therapeutischen und betreuenden Tätigkeit**. Hier haben sich in den letzten Jahrzehnten zwar deutliche Verbesserungen ergeben[57], dennoch betreut in Bayern auch derzeit ein Psychologe im Schnitt immerhin 80 Gefangene und ein Sozialarbeiter 54 Gefangene (der Rechnung ist eine tatsächliche Belegung mit 10.000 Gefangenen zugrundegelegt).

---

[56] Justizvollzug in Bayern, 2022, S. 48, online verfügbar unter: https://www.justiz.bayern.de/media/pdf/justizvollzug/jvib_broschuere_2022.pdf.

[57] Vgl. *Hohage/Walter/Neubacher,* Die Entwicklung der personellen Ausstattung der Justizvollzugsanstalten in Abhängigkeit von kriminalpolitischen Strömungen, ZfStrVo 2000, 136 (145); *Streng*, Strafrechtliche Sanktionen, Rn. 255.

a) Die Anstaltsleitung

Gem. § 156 I StVollzG (Art. 177 I BayStVollzG) ist im Regelfall ein **Beamter des höheren Dienstes** zum hauptamtlichen Leiter zu bestellen; zumeist handelt es sich um einen Volljuristen. Allerdings gibt es kein „Juristenmonopol"; es finden sich auch durchaus (vereinzelt) Psychologen unter den zuständigen Anstaltsleitern. Gem. § 156 II StVollzG (Art. 177 II BayStVollzG) vertritt der Leiter die Anstalt nach außen und trägt die Verantwortung für den gesamten Vollzug. Allerdings gestattet § 156 II 2 StVollzG (Art. 177 II 2 BayStVollzG) die **Übertragung von bestimmten Verantwortungsbereichen** auf andere Vollzugsbedienstete (wenn auch VV Nr. 4 zu § 156 StVollzG die Zustimmung der Aufsichtsbehörde hierfür erforderlich macht). Für die Übertragung besonders sensibler Entscheidungsbereiche schreibt das Gesetz selbst (§ 156 III StVollzG bzw. Art. 177 III BayStVollzG) das Zustimmungserfordernis fest. Überhaupt nicht delegierbar ist der Erlass der Hausordnung gem. § 161 StVollzG bzw. Art. 184 BayStVollzG, die obendrein durch das Ministerium zu genehmigen ist. 121

Trotz der nach dem (Bay)StVollzG weitgehend **hierarchischen Verantwortungsstruktur** mit dem Anstaltsleiter an der Spitze, enthält das StVollzG doch auch wesentliche Ansätze zu **kooperativer Struktur**. Erwähnenswert sind neben den Delegationsmöglichkeiten des § 156 II 2 StVollzG (Art. 177 II 2 BayStVollzG) insbesondere das Konferenzsystem des § 159 StVollzG (Art. 183 BayStVollzG) und die allgemeine Verpflichtung aus § 154 I StVollzG (Art. 175 I BayStVollzG), dass alle Vollzugsbediensteten zusammenarbeiten sollen. 122

Der ehemalige Vollzugspraktiker *Böhm* hat zur Stellung des Anstaltsleiters angemerkt: Diese **problematische Allverantwortlichkeit** führe leicht zu extremen Absicherungsbemühungen des Anstaltsleiters, mit der Folge, dass jede Kreativität erstickt wird: „Vermutlich ist der Anstaltsleiter, der nach Aktenlage nie einen Fehler macht, kein besonders guter Anstaltsleiter …"[58]. 123

b) Der Verwaltungsdienst

Zum Verwaltungsdienst gehören u.a. die Stellvertreter des Anstaltsleiters. Beamte des (zumeist) gehobenen Dienstes leiten den Verwaltungsbereich, den Personalbereich, die Arbeitsverwaltung, die Hauswirtschaft und die Vollzugsgeschäftsstelle. Unterstützt werden die Beamten von denen des mittleren Verwaltungsdienstes. 124

---

[58] *Böhm*, Strafvollzug, 3. Aufl., 2003, Rn. 88.

c) Der Werkdienst

125 Im Werkdienst sind zumeist Handwerksmeister tätig, die die Arbeitsbetriebe, vor allem Ausbildungsbetriebe und Werkstätten, leiten.

Dienst- und Sicherheitsvorschriften für den Strafvollzug (DSVollz) für den Geltungsbereich des Bundesgesetzes:

13. Werkdienst

(1) Zur Leitung der Betriebe der Arbeitsverwaltung und für die Anleitung der Gefangenen in diesen Betrieben (...) werden Bedienstete des Werkdienstes oder fachlich vorgebildete Bedienstete des allgemeinen Vollzugsdienstes bestellt.

(2) Zu den Aufgaben dieser Bediensteten gehören

1. die Erledigung der Arbeitsaufträge nach Weisung des Leiters der Arbeitsverwaltung,
2. die rechtzeitige Zuteilung der Arbeit, der Rohstoffe und der Arbeitsgeräte an die Gefangenen,
3. die Abnahme der Arbeit und der Arbeitsgeräte am Ende der täglichen Arbeitszeit,
4. die Feststellung des Maßes der von den Gefangenen an jedem Tage geleisteten Arbeit sowie die Prüfung der abgegebenen Arbeit auf ihre Güte,
5. die Meldung nicht sorgfältiger oder ungenügender Arbeit,
6. die unverzügliche Meldung von Betriebsunfällen,
7. die Belehrung der Gefangenen über die Arbeitsschutz- und Unfallverhütungsvorschriften, sowie die Gewährleistung der Einhaltung dieser Vorschriften,
8. die berufliche Ausbildung und Weiterbildung der Gefangenen,
9. die Instandhaltung der Arbeitsgeräte und Maschinen,
10. nach örtlichen Bestimmungen die manuelle oder elektronische Führung von Büchern, Listen und Nachweisungen sowie die Entgegennahme von Anträgen,
11. die Mitwirkung bei der Behandlung, Beurteilung und Freizeitgestaltung der Gefangenen,
12. die Mitwirkung bei der Beaufsichtigung der ihnen zugeteilten Gefangenen.

d) Der Allgemeine Vollzugsdienst

126 Der **Allgemeine Vollzugsdienst**, früher realistisch „Aufsichtsdienst“ („Schließer“ im Gefangenenjargon) genannt, ist mit dem Grundhandicap

versehen, dass selten jemand diesen Beruf aus Neigung wählt. Von wenigen Funktionsstellen abgesehen, besteht der Aufgabenbereich überwiegend in der Bewachung und täglichen Versorgung der Gefangenen. In Zeiten wirtschaftlicher Hochkonjunktur ist es daher schwierig, qualifizierte Bewerber zu gewinnen. Es lockt allenfalls der Beamtenstatus. Zu Zeiten hoher Arbeitslosigkeit hingegen sieht es mit der Personalsituation besser aus.

Problematisch war früher die sehr **kurze Ausbildung** (vier bis acht Monate theoretische Ausbildung), die qualifizierte Kräfte für den Behandlungsvollzug natürlich nicht hervorbringen konnte. Inzwischen dauert die Ausbildung immerhin 20 Monate. Sie besteht in Bayern aus einer praktischen Einführung sowie praktischen Ausbildungs- und Erprobungsphasen an zwei bayerischen Ausbildungsanstalten und aus fachtheoretischen Ausbildungsblöcken an der Bayerischen Justizvollzugsakademie in Straubing. **127**

Als prekär erscheint, dass von den Vollzugsbediensteten keine systematische therapeutisch geprägte Tätigkeit erwartet werden kann, obwohl der angestrebte moderne Resozialisierungsvollzug (z.B. Wohngruppenvollzug) spezifisch vorbereitetes Aufsichtspersonal mit therapeutischen Basiskompetenzen voraussetzt. Weithin muss man damit zufrieden sein, wenn therapeutische Prozesse, die von anderer Seite angeregt werden, von den Angehörigen des Vollzugsdienstes immerhin organisatorisch gefördert werden. Günstigstenfalls kann individuelles Geschick des Bediensteten im Umgang mit den Gefangenen positiv wirken (und aus dem „Schließer“ wird ein Betreuer[59]). **128**

Dienst- und Sicherheitsvorschriften für den Strafvollzug (DSVollz) für den Geltungsbereich des Bundesgesetzes:

12. Allgemeiner Vollzugsdienst

(1) Die Beaufsichtigung, Betreuung und Versorgung der Gefangenen obliegen vor allem den Bediensteten des allgemeinen Vollzugsdienstes.

[59] Doch die professionelle Distanz zu den Gefangenen muss gewahrt werden. Man darf sich nicht etwa zu Botengängen missbrauchen lassen. Immer wieder kommt es zu entsprechenden Vorfällen, die dienst- und strafrechtliche Folgen nach sich ziehen. Auch Liebesbeziehungen zwischen Mitarbeitern und Gefangenen führen zu dienstrechtlichen Konsequenzen; vgl. https://www.lto.de/recht/nachrichten/n/ovg-koblenz-3a11024-19-jva-beamtin-liebesbeziehung-gefangener-schweres-dienstvergehen/.

Die Aufsichtsbehörde bestellt für jede Anstalt einen von ihnen oder einen Beamten des gehobenen Dienstes zum Leiter des allgemeinen Vollzugsdienstes.

(2) Zu den Aufgaben des allgemeinen Vollzugsdienstes gehören
1. die Mitwirkung bei der Aufnahme und Entlassung der Gefangenen,
2. die sichere Unterbringung der Gefangenen,
3. die Mitwirkung bei der Behandlung, Beurteilung und Freizeitgestaltung der Gefangenen,
4. die Sorge für die Ordnung und Sauberkeit in allen Räumen mit ihren Einrichtungs- und Lagerungsgegenständen,
5. die Sorge für die Reinlichkeit der Gefangenen, ihrer Wäsche und Kleidung,
6. die Mitwirkung bei der Pflege erkrankter Gefangener,
7. nach örtlichen Bestimmungen die manuelle oder elektronische Führung von Büchern, Listen und Nachweisungen sowie die Entgegennahme von Anträgen.

e) Der „Sozialstab“

129 Das Gesetz spricht nicht vom **„Sozialstab“**, sondern zählt die hierzu zu rechnenden Beschäftigtengruppen in § 155 II StVollzG (Art. 178-182 BayStVollzG) auf: Seelsorger, Ärzte, Pädagogen, Sozialarbeiter und Psychologen. Gem. § 154 I StVollzG (Art. 175 I BayStVollzG) sollen die verschiedenen Untergruppen des Sozialstabs nicht isoliert in ihrem Fachgebiet tätig sein, sondern zur Erfüllung der Vollzugsaufgaben mit allen anderen Vollzugsbediensteten zusammenwirken. Dies geschieht zum einen in den Konferenzen (§ 159 StVollzG bzw. Art. 183 BayStVollzG), zum anderen aber auch durch Teilnahme an Gruppenarbeit mit Gefangenen sowie durch Beratung und „Supervision“ der Wohngruppenbeamten aus dem Allgemeinen Vollzugsdienst.

(1) Seelsorger (§ 157 StVollzG bzw. Art. 178 BayStVollzG)

130 Das Strafvollzugsgesetz (§§ 53, 54 StVollzG bzw. Art. 55, 56 BayStVollzG) hebt Religionsausübung als Rechtsposition besonders hervor. Dies ist wegen der in Art. 4 II GG gewährleisteten freien Religionsausübung und wegen der in Art. 140 GG iVm Art. 137 ff., 141 Weimarer Reichsverfassung (WRV) garantierten Rechte der Religionsgemeinschaften geboten (Art. 140 GG: „Die Bestimmungen der Artikel 136, 137, 138, 139 und 141 der deutschen Verfassung v. 11.8.1919 sind Bestandteil dieses Grundgesetzes“).

Unabhängig von Fragen der Religionsausübung sind die **Gefängnisseelsorger** wichtige Ansprechpartner bei Nöten und Problemen jeder Art; zum einen unterliegen sie der **Schweigepflicht**, zum anderen fühlen sie sich – im Unterschied zu den meisten anderen Bedienstetengruppen – weniger dem Funktionieren des Anstaltsbetriebs als vielmehr der Einzelfallhilfe verpflichtet. Über die rein seelsorgerische Funktion hinaus nehmen die Seelsorger traditionell **auch andere Betreuungsaufgaben** wahr. Zu nennen sind: Freizeit- und Sportveranstaltungen, Erwachsenenbildung, Hilfe bei familiären Problemen einzelner Gefangener, therapeutische Gespräche und Gruppenarbeit. 131

Gem. § 157 I StVollzG (Art. 178 I BayStVollzG) werden die Seelsorger **im Einvernehmen mit der jeweiligen Religionsgemeinschaft bestellt**; entweder hauptamtlich als Gefängnispfarrer oder als „externer" Vertragspfarrer; Abs. 3 erlaubt die Zuziehung von (ehrenamtlichen) Helfern, falls der Anstaltsleiter zustimmt. 132

Muslime im Strafvollzug 133

Zum Stichtag 31.3.2023 befanden sich unter den 9.339 Gefangenen in bayerischen Anstalten 1.886 Gefangene islamischen Glaubens (20%). Eine bessere muslimische Anstaltsseelsorge wäre dringend notwendig, auch um Radikalisierungstendenzen durch Islamisten vorzubeugen[60]. Derzeit fehlen aber nach wie vor entsprechend ausgebildete Imame. Einige Bundesländer haben inzwischen aber endlich muslimische Seelsorger eingestellt. Mittlerweile kommen die JVAs muslimischen Inhaftierten in ihren religiösen Bedürfnissen zudem in vielen Dingen entgegen: Wenigstens einmal im Monat, teilweise öfter, findet ein Freitagsgebet statt, normalerweise noch mit einem eingeladenen Imam. In der Fastenzeit wird versucht, auf die Speisevorschriften Rücksicht zu nehmen und generell enthält die Kost für muslimische Inhaftierte kein Schweinefleisch. Es besteht aber kein Anspruch auf besondere Kost, wie bspw. geschächtetes Fleisch. Die Einbringung eines Gebetsteppichs wird erlaubt und während des Gebets wird der Inhaftierte von Beamten nicht gestört. Ein

[60] *Stelly/Lutz/Thomas/Bergmann/Bartsch*, KrimOJ (Kriminologie – Das Online-Journal) 2021, 228 haben zu dem Thema in baden-württembergischen Jugendanstalten geforscht und sind zu dem Ergebnis gekommen, dass ein Ausbau der islamischen Gefängnisseelsorge dringend notwendig ist. Online verfügbar unter: https://www.kriminologie.de/index.php/krimoj/article/view/136/89; allgemein zu dem Thema und seinem verfassungsrechtlichen Hintergrund vgl. *Plesker*, Islamische Gefangenenseelsorge, 2022.

Exemplar des Korans kann in der Bibliothek ausgeliehen werden. Vgl. zur Gefahr der Radikalisierung S. 28.

134 Angesichts der **Sonderstellung** der Seelsorger als einerseits Vollzugsbediensteter, aber andererseits Seelsorger mit Bindung an die Zielvorgaben der jeweiligen Religionsgemeinschaft kann es in bestimmten Konstellationen zu Schwierigkeiten mit der Anstalt(sleitung) kommen[61]. Auch das Verhältnis zu den anderen Vollzugsbediensteten ist nicht immer einfach, da von diesen etwa eine besondere Zuwendung gerade gegenüber schwierigen Gefangenen nicht gerne gesehen wird.

135 In ihrer unmittelbar seelsorgerischen Tätigkeit besitzen sie ein **Zeugnisverweigerungsrecht** aus beruflichen Gründen aus § 53 I Nr. 1 StPO. Die Rspr. erkennt ein Zeugnisverweigerungsrecht jedoch nicht an, soweit es lediglich um karitative, fürsorgerische, erzieherische oder verwaltende Tätigkeit des Geistlichen geht[62]. Im Bereich der eigentlichen Seelsorge ist es für die Frage eines Zeugnisverweigerungsrechts unerheblich, ob diese Funktion von einem ordinierten Geistlichen ausgefüllt wird oder von einem seitens der Religionsgemeinschaft mit dieser Aufgabe betrauten Laien. Art. 178 IV BayStVollzG beschreibt neben der Seelsorge **weitere Aufgabenfelder** des Seelsorgers, etwa die Mitwirkung bei der Behandlungsuntersuchung und bei der Freizeitgestaltung der Gefangenen. Eine solche Beschreibung findet sich im StVollzG nicht, obschon die Regelung des BayStVollzG lediglich das wiedergibt, was ohnehin seit jeher Praxis ist.

(2) Ärzte (§ 158 StVollzG bzw. Art. 179 BayStVollzG)

136 Grds. sollen **hauptamtliche Anstaltsärzte** die ärztliche Versorgung sicherstellen (§ 158 I 1 StVollzG bzw. Art. 179 I 1 BayStVollzG). Dies ist nur unzulänglich gelungen, weil diese Tätigkeit in mancherlei Hinsicht nicht attraktiv ist. Auch in Bayern sind nicht alle Stellen besetzt[63]. So behilft man sich teilweise mit **vertraglich verpflichteten Teilzeitärzten.** Gem. § 158 II 1 StVollzG (Art. 179 II 1 BayStVollzG) soll die Krankenpflege von ausgebildetem Pflegepersonal ausgeübt werden. In der Praxis regiert jedoch S. 2, d.h. diese Aufgabe wird vom Allgemeinen Vollzugsdienst mit abgedeckt. Inzwischen steht auch ein telemedizinischer Bereitschaftsdienst für Anstalten ohne eigenen Anstaltsarzt zur Verfügung.

---

[61] Vgl. dazu *Kleinert*, Seelsorger oder Bewacher?, 1977, S. 62 ff., 103 ff.

[62] BGH NJW 2007, 307 (308); BVerfG NJW 2007, 1865 (1866 f.); hins. der Unterscheidbarkeit skeptisch *de Wall*, NJW 2007, 1856 ff.

[63] Drs. des Bay. Landtags 18/5660 v. 20.3.2020, S. 3.

(3) Psychologen (Art. 182 BayStVollzG)

Psychologen haben im Resozialisierungsvollzug viele wichtige Aufgaben: **Therapie** (Einzel- oder Gruppentherapie); **Supervision** der anderen Gruppen (Allgemeiner Vollzugsdienst, Werkdienst etc.); **Aufnahmeuntersuchungen** bzw. Behandlungsuntersuchungen gem. § 6 StVollzG (Art. 8 BayStVollzG) und **Mitarbeit am Vollzugsplan** gem. § 7 StVollzG (Art. 9 BayStVollzG); **Begutachtungen** für Lockerungen, Urlaub oder vorzeitige Entlassung; Begutachtung von Einstellungsbewerbern. 137

Entsprechend dieser Aufgabenvielfalt ist die **Anzahl der Psychologen** im Vollzug ab den 1960er Jahren stark gestiegen. Dies ist eine durchaus erfreuliche Entwicklung. Bei der Interpretation der Zahlen ist aber auch zu berücksichtigen, dass die Psychologen über die verschiedenen Arten des Strafvollzugs sehr ungleich verteilt sind. Im **sozialtherapeutischen Vollzug** entfallen auf einen Psychologen sehr viel weniger Probanden als im **Normalvollzug**, der dementsprechend noch schlechter besetzt ist, als es die Durchschnittszahl anzeigt. Zieht man dann noch die vielfältigen Aufgaben des Psychologen neben den therapeutischen in Betracht, nämlich Krisenintervention, Ausbildung der Vollzugsbediensteten, Begutachtung für Lockerungs- und Urlaubsentscheidungen etc., dann wird sehr schnell deutlich, dass für ernsthafte Psychotherapie im Normalvollzug so gut wie keine Zeit bleibt. Besonders bedenklich ist dies deshalb, weil sich auch im Regelvollzug viele Gefangene mit Persönlichkeitsstörungen befinden, weshalb auch hier erheblicher Bedarf an Therapieressourcen besteht. 138

(4) Pädagogen (Art. 180 BayStVollzG)

Pädagogen bieten Unterricht an, um Gefangenen das Nachholen von Schulabschlüssen zu ermöglichen. Weiterhin kümmern sie sich um allgemeine Erwachsenenbildung, betreuen die Anstaltsbücherei und sorgen für Sportveranstaltungen sowie für sonstige Freizeitbeschäftigung. Sie wirken außerdem bei der Behandlungsuntersuchung und bei dem Erstellen des Vollzugsplans mit (Art. 180 II 2 BayStVollzG). Das BayStVollzG geht davon aus, dass diese Aufgaben in der Regel von hauptamtlichen Kräften erfüllt werden (Art. 180 I 1 BayStVollzG). Gem. Art. 40 I, II BayStVollzG bieten die Lehrer bei entsprechenden Defiziten der Gefangenen nun auch noch verpflichtende Deutsch- und Integrationskurse an. 139

(5) Sozialarbeiter (Art. 181 BayStVollzG)

Die für ihre Aufgabe im Vollzug gut ausgebildeten Sozialarbeiter sind ebenfalls hauptamtlich tätig (Art. 181 I 1 BayStVollzG). Ihnen obliegen sehr arbeitsintensive Aufgaben, nämlich **soziale Betreuung** des Gefangenen und auch seiner (durch den Freiheitsentzug mitbestraften) 140

Familie (vgl. §§ 71 f. StVollzG bzw. Art. 74, 77, 181 II 1 BayStVollzG) sowie **Vorbereitung der Entlassung** bzw. Wiedereingliederung (vgl. § 74 StVollzG bzw. Art. 79 BayStVollzG). Landesrechtliche Regelungen beschreiben die Aufgaben der Sozialarbeiter noch näher (Art. 181 II 1, 2 BayStVollzG): Soziale Hilfe, Mitwirkung bei der Behandlungsuntersuchung und bei der Erstellung des Vollzugsplans, Abgabe von Stellungnahmen zu Gesuchen auf Strafunterbrechung, vorzeitige Entlassung, Urlaub oder Lockerungen, Aus- und Fortbildung der Vollzugsbediensteten; daneben sind erfahrungsgemäß relevant die Leitung von Wohn- und Behandlungsgruppen, die Förderung der Beziehung des Gefangenen zu Angehörigen und anderen nahestehenden Personen, die Mitwirkung bei der Gewinnung und Anleitung ehrenamtlicher Betreuer und Mitarbeiter. Entsprechend der vielfältigen Aufgaben dieser Berufsgruppe sind in den letzten Jahren die **Stellen für Sozialarbeiter** im Vollzug zwar aufgestockt worden, doch eine noch bessere personelle Ausstattung wäre wünschenswert.

141 Ganz unabhängig von der Personalausstattung stehen die Sozialarbeiter im Strafvollzug aber in einem **Rollenkonflikt**: Von seiner Berufsausbildung und Motivation her sieht sich der Sozialarbeiter primär als Helfer, andererseits ist er jedoch Vollzugsmitarbeiter, der an der Realisierung des staatlichen Strafanspruchs mitzuwirken hat; also ist Hilfe nur im Rahmen des durch die Strafe Erlaubten möglich. Dies beeinträchtigt vielfach von vornherein die Vertrauensbeziehungen des Gefangenen zum Sozialarbeiter. So werden die Wirkmöglichkeiten von Sozialarbeit, soweit diese im therapeutischen Sinne über unmittelbare technische Hilfen hinausgehen sollen, gefährdet. Ein **Zeugnisverweigerungsrecht** iSd § 53 StPO für den Bereich der sozialen Arbeit wird derzeit wieder diskutiert. Sozialarbeiter im Vollzug sollten indes ausgenommen werden, auch wenn diese jedenfalls bei personenbezogenen Daten gegenüber der Anstalt grds. einer Schweigepflicht unterliegen (vgl. Art. 201 I 1 Nr. 3 BayStVollzG, genauer hierzu, insbesondere zu den Ausnahmen vgl. S. 55). Sie würden sich bei der innerbehördlichen Offenbarung eines Geheimnisses im Zweifel aber nicht gem. § 203 I Nr. 6 StGB strafbar machen, da ihr Verhältnis zu den Gefangenen vergleichbar mit dem eines Bewährungshelfers nicht allein durch Vertrauen geprägt ist, sondern von vornherein einen Kontrollcharakter hat.

142 Eine gänzlich andere Sachlage ist gegeben, wenn ein Justizvollzugsbeamter interne sicherheitsrelevante Informationen über Gefangene an Dritte weitergibt. Dieser macht sich wegen **Geheimnisverrats** gem. § 353b I 1 Nr. 1 StGB (und eventuell auch wegen § 203 II Nr. 1 bzw. Nr. 2 StGB im Falle eines Anstaltsbeirats) strafbar und zerstört bei schweren Dienstvergehen auch unwiderruflich das Vertrauensverhältnis zu seinem Dienstherrn, so dass er aus dem Dienst zu entfernen ist[64].

4. Vollzugshelfer und Anstaltsbeirat

Neben den Vollzugsbediensteten sind in den Anstalten auch Vollzugshelfer und der Anstaltsbeirat tätig. 143

a) Die Vollzugshelfer

§ 154 II 2 StVollzG (Art. 175 II BayStVollzG) gibt die rechtliche Basis für die Tätigkeit als **„Gefangenenhelfer"** oder als **„Anstaltshelfer"**. Die freiwilligen Helfer ergänzen das Therapie-, Resozialisierungs- und Freizeitangebot der Anstalten[65]. Probleme ergeben sich aus der Tätigkeit der freiwilligen Helfer zum einen wegen der **mangelnden Ausbildung** für diese Tätigkeit und auch – teils damit zusammenhängend – wegen des **Misstrauens** vieler Anstaltsbediensteter gegenüber zumeist jungen, idealistischen Leuten. Vielfach sind **Enttäuschungen** bei den betreuten Gefangenen unausweichlich, wenn sie in Freiheit von ihren Vollzugshelfern nicht die erwartete Unterstützung erhalten; hier spielen auch die Schichtunterschiede eine Rolle, die dann außerhalb der Anstalt die angebahnten Kontakte erschweren. Letztlich ist die Arbeit der Vollzugshelfer aber **positiv** zu bewerten, da sie die Resozialisierungschance fördert. 144

b) Der Anstaltsbeirat (§§ 162–165 StVollzG bzw. Art. 185–188 BayStVollzG)

Gem. Art. 185 BayStVollzG werden bei den einzelnen JVAs Anstaltsbeiräte gebildet. Der jeweilige Vorsitzende und sein Stellvertreter werden „aus der Mitte des Bayerischen Landtags gewählt" (Art. 185 II BayStVollzG). Für alle Mitglieder ist die Tätigkeit ehrenamtlich. § 163 StVollzG (Art. 186 BayStVollzG) beschreibt die **Aufgaben der Anstaltsbeiräte**: Sie wirken bei der Gestaltung des Vollzugs und bei der Betreuung der Gefangenen mit, beraten die Anstaltsleitung und unterstützen die Wiedereingliederung der Gefangenen. 145

Die Beiratsmitglieder haben aber nicht nur diese Aufgaben, sondern sie sollen auch eine **Brücke zwischen Strafvollzug und Gesellschaft** bzw. 146

---

[64] VG Regensburg, Urt. v. 27.7.2020 – RN 10A DK 19.302, BeckRS 2020, 21534 im Fall einer geheimen Verlegung eines Kronzeugen aus dem Rockermilieu.

[65] Vgl. auch die Broschüre „Ehrenamt im Justizvollzug" der Bayerischen Staatsregierung, online verfügbar unter: https://www.justiz.bayern.de/media/pdf/broschueren/ehrenamt_im_justizvollzug_barrierefreie_pdf_stand_august_2021.pdf.

Öffentlichkeit bilden. Man befürwortet es daher, dass insbesondere in der Gesellschaft aktive und als „Fürsprecher" und „Sprachrohr" taugliche Persönlichkeiten Mitglieder der Beiräte werden. Die Beiratsmitglieder haben gem. § 164 StVollzG (Art. 187 BayStVollzG) eine sehr **weitreichende Informationsbefugnis** gegenüber der Anstalt; zudem können sie die Gefangenen in den Zellen aufsuchen und können mit diesen schriftlich oder mündlich ohne Überwachung kommunizieren (§ 164 II StVollzG bzw. Art. 187 II BayStVollzG). Diesen Rechten entspricht eine Pflicht zur **Verschwiegenheit** aus § 165 StVollzG (Art. 188 BayStVollzG). Wichtig ist die Tätigkeit der Beiräte etwa, weil sie die aus „Betriebsblindheit" der Anstaltsbediensteten herrührenden **Missstände feststellen** und dem Anstaltsleiter mitteilen können bzw. der Aufsichtsbehörde oder anderen verantwortlichen Stellen vortragen können. Die Beiratsmitglieder können als **neutrale Mittler** zwischen Gefangenen und Anstalt auftreten.

VIII. Grundsätze der Stellung des Gefangenen

1. Der Mitwirkungsgrundsatz des § 4 I StVollzG (Art. 6 I BayStVollzG)

147 Für § 4 I StVollzG hat der Gesetzgeber eine merkwürdige Normierung gewählt, indem er nämlich eine **deskriptive Aussage** trifft: „Der Gefangene wirkt an der Gestaltung seiner Behandlung und an der Erreichung des Vollzugszieles mit." Gemeint ist hier eine für einen Behandlungsvollzug gegebene **Mitwirkungsnotwendigkeit**. Dass keine rechtliche Pflicht zur Mitwirkung normiert werden sollte, ist unstreitig. Schon die **Motivierungspflicht** der Anstalt, die sich aus § 4 I 2 StVollzG ergibt, weist darauf hin. Außerdem war dem historischen Gesetzgeber bewusst, dass der Gefangene nur als Subjekt, d.h. mit eigenem Willen handelnd, erfolgversprechend an der Erreichung des Vollzugsziels beteiligt sein kann, nicht aber als unterworfenes Objekt; Zwang und Einsicht bzw. Besserung sind nicht zu vereinbaren, vielmehr führt Zwang zu Widerstand und Trotz. Obendrein steht der Grundsatz der Achtung der Menschenwürde (Art. 1 I GG) einer Zwangsbehandlung entgegen.

148 Art. 6 I 1 BayStVollzG ist da weniger „zimperlich" und formuliert eine Art **unvollkommene Pflichtenstellung** mithilfe einer Sollens-Formel: „Die Gefangenen sollen an der Gestaltung ihrer Behandlung und an der Erfüllung des Behandlungsauftrags mitwirken"[66].

---

[66] BeckOK Strafvollzug Bayern/*Arloth* Art. 6 Rn. 1: Die positive Mitwirkungspflicht des Abs. 1 drückt einen Integrationsstatus aus, während Abs. 2 einen Abwehrstatus beinhaltet.

Aus der Mitwirkungsnotwendigkeit des Gefangenen, das Vollzugsziel der Resozialisierung zu erreichen, kann keine Mitwirkungspflicht geschlossen werden. Demzufolge scheiden **Disziplinarmaßnahmen** bei Therapieverweigerung aus.

Dass es sich bei der Mitwirkung des Gefangenen nicht um eine rechtliche Pflicht handelt, bedeutet nicht, dass eine Mitwirkungsverweigerung ohne Folgen bleiben müsste. Auch wenn insoweit **Disziplinarmaßnahmen unzulässig** sind, wird man aus einer fehlenden Mitwirkung aber immerhin **Konsequenzen für Vollzugsentscheidungen**, etwa über die Gewährung von Lockerungen, ziehen dürfen und gelegentlich auch müssen. Allerdings sollte die Anstalt dabei nicht schematisch im Sinne einer „Trotzreaktion“ vorgehen, sondern immer im Auge behalten, dass gerade auch eine verständnisvolle, geduldige Reaktion im Einzelfall der Motivierungspflicht aus § 4 I 2 StVollzG (Art. 6 I 2 BayStVollzG) gerecht werden mag[67]. **149**

Das OLG Karlsruhe hat aus § 4 I 2 StVollzG (Art. 6 I 2 BayStVollzG) sogar eine **Pflicht der Anstalt** gefolgert, bei Kommunikationsproblemen zwischen dem Gefangenen und dem ihn betreuenden Psychologen eine ernsthafte Untersuchung vorzunehmen, ob ein anderer Anstaltspsychologe besser tauglich erscheint, die für eine vorzeitige Entlassung des Gefangenen wichtige therapeutische Arbeit mit ihm voranzubringen. Zwar habe der Gefangene kein Recht auf einen Psychologen seiner Wahl, andererseits erfülle die Anstalt ihre Pflicht zur Förderung von Behandlung noch nicht damit, dass sie überhaupt eine psychologische Betreuung zur Verfügung stelle[68]. **150**

Wenn § 4 I StVollzG (Art. 6 I BayStVollzG) eine Mitwirkung an der „Behandlung“ einfordert, bezieht sich das Gesetz auf einen nicht klar definierten Begriff. Aus den Regelungen, die das Erreichen des Vollzugsziels iSv § 2 I StVollzG (Art. 2 I BayStVollzG) zum Gegenstand haben, lässt sich aber entnehmen, dass es sich um einen sehr weit gefassten **Behandlungsbegriff** handeln muss. Es geht nicht um Behandlung i.S. einer ärztlichen Behandlung bzw. Therapie. Vielmehr geht es um das Ingangsetzen von Lernprozessen und Reifungsvorgängen, die Rückfällen vorbeugen können. Bei Behandlung geht es um „Chancenverbesserung und Hilfe zur Selbsthilfe bei der Lösung wirtschaftlicher, **151**

[67] Sinnvoll differenzierend *Laubenthal*, Rn. 240.
[68] Vgl. OLG Karlsruhe NStZ-RR 2005, 122 ff.

persönlicher und sozialer Probleme“[69]. Dies geschieht mittels Arbeit, Ausbildung/Fortbildung und Kommunikation in Gemeinschaften[70]. Art. 3 BayStVollzG, der die Behandlung im Vollzug etwas näher umschreibt, bezieht den **Opferschutz** in den Begriff mit ein.

152 **Begriff des Behandlungsvollzugs**

OLG Karlsruhe NStZ-RR 2005, 122

Leitsätze:

1. Der Begriff der Behandlung im Strafvollzugsgesetz ist weit auszulegen. Er umfasst sowohl die besonderen medizinischen und individual- wie sozialtherapeutischen Maßnahmen als auch diejenigen allgemeiner Art, die den Gefangenen durch Ausbildung und Unterricht sowie Beratung bei der Lösung persönlicher und wirtschaftlicher Probleme und Beteiligung an gemeinschaftlichen Aufgaben der Anstalt in das Sozial- und Wirtschaftsleben einbeziehen und so zur Behebung krimineller Neigungen dienen.

2. Zur Behandlung eines Strafgefangenen im Strafvollzug gehört es auch, diesen zu befähigen, sich mit der Tat, ihren Ursachen und Folgen auseinander zu setzen.

KG, Urteil vom 17.2.2015 – 9 U 129/13 = BeckRS 2015, 02996

Leitsatz:

Der Vollzug der Strafhaft unter täglichem Einschluss von 23 Stunden ohne Ausbildungs- oder Arbeitsmöglichkeiten, ohne Gruppenangebote im weiteren Sinne und ohne jeden sozialen Austausch widerspricht den gesetzlichen Vollzugszielen in eklatanter Weise und verhindert jede Form der Resozialisierung. Er verletzt den Gefangenen in seiner Menschenwürde und macht ihn zum Objekt staatlichen Handelns.

[69] *Arloth/Krä*, § 4 Rn. 3; KG ZfStrVo 2005, 379 f. Ausführlich zum Behandlungsbegriff und seinen unterschiedlichen Facetten *Endres/Suhling* (Hrsg.), Behandlung im Strafvollzug, 2023, online verfügbar unter: file:///C:/Users/ap23ilac/Downloads/978-3-658-36046-7.pdf.

[70] Vgl. zum Ganzen *Laubenthal*, Rn. 158 ff.

2. Der Rechtsstaatsgrundsatz des § 4 II StVollzG (Art. 6 II BayStVollzG)

a) Kein besonderes Gewaltverhältnis

§ 4 II 1 StVollzG (Art. 6 II 1 BayStVollzG) verkörpert die Abkehr von dem vom BVerfG abgelehnten Legitimationsprinzip des „besonderen Gewaltverhältnisses“ (BVerfGE 33, 1). In Übereinstimmung mit rechtsstaatlichen Anforderungen sind nur solche **Rechtsbeschränkungen** zulässig, die **im StVollzG auch vorgesehen** sind; man spricht vom „Enumerationsprinzip“[71]. **153**

Dies bedeutet, dass die Gewährleistungen durch **Grundrechte** auch im Strafvollzug gelten, soweit sie nicht speziell durch das StVollzG eingeschränkt sind. Das **Zitiergebot** von Art. 19 I 2 GG wird durch § 196 StVollzG (Art. 207 BayStVollzG) erfüllt. Dass im BundesStVollzG hier nur Art. 2 II GG (körperliche Unversehrtheit; Freiheit der Person) und Art. 10 I GG (Brief-, Post- und Fernmeldegeheimnis) genannt sind, rührt daher, dass immanente Grundrechtsschranken (aus dem Zusammenwirken verschiedener Verfassungsnormen), ausdrückliche Beschränkungen im GG (verfassungsunmittelbare Schranken), Einschränkungen aufgrund Regelungsvorbehalt im GG (z.B. Art. 5 II GG: Allgemeine Gesetze, Jugendschutz, Recht der persönlichen Ehre) und Beschränkungen des Art. 2 I GG, da dieser praktisch durch jedes Gesetz tangiert wird, nicht genannt werden müssen. **154**

Die ungeschmälerten Grundrechte eines Gefangenen sind: **155**
- Menschenwürdegrundsatz, Art. 1 I GG
- Persönlichkeitsrecht, Art. 1 I iVm Art. 2 I GG
- Gleichbehandlungsgrundsatz, Art. 3 I GG
- Glaubens-, Gewissens- und Bekenntnisfreiheit, Art. 4 I, II GG
- Recht der Staatsangehörigkeit und Schutz vor Auslieferung, Art. 16 GG
- Petitionsrecht, Art. 17 GG
- Grundrechte vor Gericht, Art. 103 GG

Die Anstalt hat dafür Sorge zu tragen, dass die **existentiellen Standards** für ein menschenwürdiges Leben in einer Haftanstalt eingehalten werden. Dies betrifft gerade die Ausgestaltung des Haftraums, die Gesundheitsfürsorge, die Bekleidung und die Ernährung.

Spezifische **Grundrechtsbeschränkungen** ergeben sich als notwendige Folge des Freiheitentzugs, der in Übereinstimmung mit Art. 104 GG durch das StGB und das (Bay)StVollzG geregelt ist. Der durch diese **156**

---

[71] Vgl. *Laubenthal,* Rn. 241.

Gesetze legitimierte Eingriff in die Freiheitsrechte des Verurteilten zieht als **Annexwirkung** die Einschränkung weiterer Grundrechte nach sich, z.B. Rechte bezüglich Ehe, Familie und Erziehung (Art. 6 GG) sowie der Versammlungsfreiheit (Art. 8 GG).

b) Die Vorrats- oder Angstklausel

157 Die Vorrats- oder Angstklausel des § 4 II 2 StVollzG (Art. 6 II 2 BayStVollzG) nimmt die Gewährleistung des Abs. 2 S. 1 teilweise zurück. Der Gesetzgeber konnte sich nicht sicher sein, alle denkbaren notwendigen Rechtseinschränkungen im Gesetz hinreichend geregelt zu haben. Aus der gesetzlichen Zielrichtung und aus dem rechtsstaatlich begründeten Vorrang des Abs. 2 S. 1 ergibt sich, dass die Angstklausel nur ausnahmsweise herangezogen werden darf, um Rechtseinschränkungen zu ermöglichen. Sie ist als **ultima-ratio-Klausel** eng auszulegen. Es kann sich allein um die Bewältigung von echten Ausnahmesituationen handeln, die der Gesetzgeber nicht bedacht hatte.

158 § 4 II 2 StVollzG (Art. 6 II 2 BayStVollzG) setzt voraus, dass eine Maßnahme „unerlässlich" ist zur Aufrechterhaltung der Sicherheit oder zur Abwendung einer schwerwiegenden Störung der Anstaltsordnung und das Gesetz eine besondere Regelung aber nicht enthält. Der Begriff der Sicherheit ist weit auszulegen; gemeint ist nicht nur die Anstaltssicherheit, sondern auch die der Allgemeinheit.

159 **Trennscheibe bei Besuchen**

Eine Trennscheibenanordnung bedeutet, dass sich Gefangener und Besucher durch eine Trennscheibe getrennt gegenübersitzen. So soll der Austausch von verbotenen Gegenständen (z.B. Drogen) unterbunden werden. Eine Trennscheibenanordnung ist vor allem keine Disziplinarmaßnahme[72]. Die Trennscheiben sind halbhoch (auf Kopfhöhe sitzt man sich ohne Scheibe gegenüber) oder raumhoch (man spricht durch die Scheibe – wahlweise durch ein Telefon oder durch kleine Öffnungsschlitze).

In der Rspr. wird § 4 II 2 StVollzG (Art. 6 II 2 BayStVollzG) restriktiv ausgelegt. Der BGH hat etwa bzgl. der Frage einer Trennscheibenanordnung für Verteidigerbesuche die Regelungen der §§ 24 ff. StVollzG für abschließend angesehen und den Rückgriff auf die Angstklausel für unzulässig erklärt[73]. Dies gilt jedenfalls für die vom

---

[72] OLG Frankfurt NStZ 2020, 140.

[73] BGHSt 30, 38 ff.

Gesetzgeber bedachten Fälle eines verteidigungsfremden Zusammenwirkens von Verteidiger und Gefangenem als Missbrauchsform (bspw., wenn vom Anwalt nicht erlaubte Gegenstände heimlich an den Gefangenen übergeben werden). Hier spricht die Bedeutsamkeit ungestörter Rechtswahrnehmung durch den Gefangenen für das Einräumen eines auch missbrauchbaren Freiraums. Art 30 V BaySt-VollzG stellt nun klar, dass Besuche von Verteidigern nicht überwacht werden. (Eine Ausnahme sieht nur § 129a StGB vor, der auch bei Anwaltsbesuchen über § 148 II 3 StPO Vorrichtungen erlaubt, die vermeiden sollen, dass Gegenstände übergeben werden. Die Vorschrift ist eine Folge der schlechten Erfahrungen, die man mit Strafverteidigern der RAF-Terroristen machte.) Anders sieht der BGH das nur für den Fall einer vom Gefangenen drohenden Geiselnahme zu Lasten des Verteidigers[74] (siehe Fall S. 136). Zur Trennscheibe bei Privatbesuchen siehe S. 138.

3. Recht auf informationelle Selbstbestimmung – Datenschutz

In der Folge des 1983 ergangenen Volkszählungsurteils des BVerfG[75] **160** hat der Gesetzgeber mit einiger Verzögerung auch für den Strafvollzug Regelungen zur **Sicherung des „Rechts auf informationelle Selbstbestimmung“** der Gefangenen erlassen. Dies geschah 1998 durch das **4. StVollzÄndG**[76], durch welches in den §§ 179–186 der „Datenschutz“ in einem eigenständigen Titel zusammengefasst wurde. Entsprechendes gilt für Bayern, das diesen Bereich in den Art. 196–205 BayStVollzG regelt. Einige Bundesländer – darunter aber nicht Bayern – haben inzwischen spezielle Landesjustizvollzugsdatenschutzgesetze erlassen.

Mit der Einführung der DS-GVO wurde das Datenschutzrecht insbe- **161** sondere im nicht-öffentlichen Bereich umfassend geregelt. Dies hat auch bei Gefangenen zu einem größeren Bewusstsein in Bezug auf mögliche Datenschutzverstöße im Strafvollzug geführt, was die Tätigkeitsberichte der Datenschutzbeauftragten der Länder aufzeigen[77]. Insbesondere besteht mit Art. 33 DS-GVO auch eine Pflicht des Verantwortlichen (in

---

[74] BGHSt 49, 61 ff.

[75] BVerfGE 65, 1 ff.

[76] BGBl. I, 1998, S. 2461 ff.

[77] So enthält der nicht abschließende 31. Tätigkeitsbericht (2021) vier Datenverarbeitungen innerhalb des Strafvollzugs, die von dem Bayerischen Landesbeauftragten für den Datenschutz überprüft worden sind. Insbesondere die Videoüberwachung in und außerhalb der Strafvollzugsanstalten und auch die Überwachung von Gefangenenpost sind regelmäßig Bestandteil dieser Prüfungen (online unter: https://www.lda.bayern.de/de/taetigkeitsberichte.html).

diesem Kontext die Anstalt) mögliche Datenschutzverstöße bei der Aufsichtsbehörde zu melden.

162 Die Regelungsmaterie ist gerade für den Strafvollzug komplex und letztlich auch unübersichtlich, da – wenig überraschend – der Datenschutz im Strafvollzug nach wie vor weniger durch seine Realisierung, als vielmehr durch seine **Einschränkung bzw. Durchbrechung** gekennzeichnet ist. Schon die Durchführung des Strafvollzugs als solchem erfordert Einschränkungen des Rechts auf informationelle Selbstbestimmung auf der Ebene der Datenerhebung (vgl. § 179 I StVollzG bzw. Art. 196 I BayStVollzG); dabei können auch Daten von Außenstehenden betroffen sein (§ 179 III StVollzG bzw. Art. 196 II BayStVollzG). Naheliegenderweise ist die Verarbeitung und Nutzung von Daten soweit zulässig, wie dies zur Erfüllung der Aufgaben der Anstalt erforderlich ist (§ 180 I StVollzG bzw. Art. 197 I BayStVollzG).

163 Grds. benötigt jede Erhebung und auch Verarbeitung von personenbezogenen Daten der Gefangenen eine Ermächtigungsgrundlage. Sofern die §§ 179 ff. StVollzG bzw. Art. 196 ff. BayStVollzG keine Rechtsgrundlage hierfür enthalten, ist die Erhebung und Verarbeitung nur zulässig, wenn der betroffene Gefangene bzw. die betroffene Person einwilligt. Bei der Einwilligung sind im Strafvollzug insbesondere an deren Freiwilligkeit hohe Anforderungen zu stellen.

164 Für andere Zwecke, nämlich Gefahrenabwehr, Strafverfolgung, Hilfe für die Familie des Gefangenen, Wiedereingliederung des Gefangenen, Erstellung der Rechtspflegestatistik, Wahrung von Opferinteressen ist gleichermaßen die Verarbeitung und Übermittlung personenbezogener Daten des Gefangenen zulässig (§ 180 II–V StVollzG bzw. Art. 197 II–V BayStVollzG). Restriktive Regelungen gelten für die Überlassung von Gefangenenakten an andere Behörden (§ 180 V, VI, StVollzG bzw. Art. 197 VI BayStVollzG) und auch für die Verwertung der bei der Überwachung der Besuche oder des Schriftwechsels bekanntgewordenen Daten (§ 180 VII bzw. Art. 197 VII BayStVollzG). § 181 StVollzG bzw. Art. 198 IV BayStVollzG sieht eine **Zweckbindung** für die Nutzung der von der Anstalt an andere übermittelten Daten vor.

165 § 182 StVollzG bzw. Art. 201 BayStVollzG betrifft den **„Schutz besonderer Kategorien personenbezogener Daten“**. Damit sind Daten gemeint, die im Zusammenhang mit dem religiösen oder weltanschaulichen Bekenntnis des Gefangenen stehen, bei ärztlichen Untersuchungen oder dienstlich von Anstaltspsychologen oder Sozialarbeitern erhoben oder diesen vom Gefangenen anvertraut wurden. § 182 II 1 StVollzG bzw. Art. 201 I 1 BayStVollzG postuliert hier zunächst eine **Schweigepflicht** auch gegenüber der Anstalt (vgl. auch § 203 I Nr. 1, 2 u. 5 StGB). Allerdings wird eine **Offenbarungspflicht** der Ärzte, Psychologen und Sozialarbeiter gegenüber der Anstaltsleitung vorgegeben, „soweit dies für die Aufgabenerfüllung der Vollzugsbehörde oder zur Abwehr von erheblichen Gefahren für Leib oder Leben des Gefangenen oder Dritter erforderlich ist" (§ 182 II 2 StVollzG bzw. Art. 201 I 2 BayStVollzG). Nur für Ärzte wird in § 182 II 3 StVollzG bzw. Art. 201 I 3 BayStVollzG dann lediglich eine **Offenbarungsbefugnis** vorgegeben, wenn die Daten im Rahmen der „allgemeinen Gesundheitsfürsorge" gewonnen wurden: Diese Befugnis zur Durchbrechung des Arztgeheimnisses besteht nur, wenn die in S. 3 genannten Interessen dies unerlässlich bzw. erforderlich machen. Damit soll das Arztgeheimnis für die Fälle, in denen der Gefangene freiwillig den Arzt aufsucht, besser geschützt werden als bei sonstigen Arztkontakten, z.B. bei der Aufnahme- oder einer verpflichtenden Routineuntersuchung[78]. Die Gefangenen sind vorab von diesen Offenbarungsbefugnissen zu unterrichten.

(Fiktiver) **Fall:** Bei der Aufnahmeuntersuchung des G wird festgestellt, dass er HIV-positiv ist. Daraufhin wird auf dem Namensschild an seinem Haftraum vermerkt: „AIDS!". G befürchtet, dadurch Nachteile zu erleiden und verlangt von der Anstaltsleitung die Entfernung des stigmatisierenden Eintrags. Seine Erfolgsaussichten wären gut. Denn § 182 I 1 StVollzG bzw. Art. 201 I 1 BayStVollzG gibt nicht nur für das religiöse oder weltanschauliche Bekenntnis, sondern gerade auch für ärztliche Befunde vor, dass diese „in der Anstalt nicht allgemein kenntlich gemacht werden" dürfen. Man geht in der Lit. teils davon aus, dass das Ergebnis des HIV-Tests auch im Strafvollzug der ärztlichen Schweigepflicht unterliege, also nur unter besonderen Voraussetzungen – etwa einer bekannten Aggressionsneigung des Gefangenen – der Anstaltsleitung zu offenbaren sei[79]. Tatsächlich wissen die Beamten im Vollzug aber durch den internen Vermerk „Blutkontakt vermeiden", dass ein Gefangener infiziert ist – dies muss nicht notwendig HIV, sondern kann auch eine der ansteckenden Hepatitisarten sein. So sind fast 21% der Gefangenen mit Hepatitis C und 1% der Gefangenen mit HIV infiziert[80]. Es wird dann regelmäßig Einzelunterbringung angeordnet. Die skurrile bayerische VV, wonach infizierte Gefangene nicht als Frisöre oder bei der Herstel- 166

[78] *Ofterdinger*, Vom Schweigen und Reden des Anstaltsarztes, 2023.

[79] Vgl. AK-StVollzG/*Stöver* Teil VII Kap. 4 Rn. 45 ff.

[80] Vgl. Betreuung im Strafvollzug. Ein Handbuch, 5. Aufl., 2014, S. 5; http://www.aidshilfe.de/sites/default/files/Betreuung_im_Strafvollzug_2014.pdf.

lung von Kinderspielzeug arbeiten dürfen, wurde gestrichen. Im Übrigen können Aids-Tests auch ohne Einwilligung des Gefangenen vorgenommen werden (BayObLG StV 2020, 537).

IX. Rechtsbehelfe und gerichtliches Verfahren

1. Allgemeines

167 Die Gefangenen haben eine ganze Reihe von Rechtsbehelfen zur Verfügung, mit denen sie ihre Rechte wahren können.

168 Der Gefangene hat ein **Beschwerderecht**; er kann sich gem. § 108 I 1 StVollzG bzw. Art. 115 I 1 BayStVollzG persönlich oder schriftlich „mit Wünschen, Anregungen und Beschwerden“ **an den Anstaltsleiter** wenden. Gem. Abs. 1 S. 2 sind regelmäßige Sprechstunden des Anstaltsleiters einzurichten, damit dieses Beschwerderecht auch wahrgenommen werden kann. Es kann die Zuständigkeit für solche Gespräche vom Anstaltsleiter auf hinsichtlich des Beschwerdegegenstands Entscheidungsbefugte übertragen werden[81]. Ergänzend hierzu regelt Art. 115a S. 1 BayStVollzG, dass eine Maßnahme dann zu beenden ist, wenn ihr Zweck nicht dauerhaft erreicht werden kann. Zudem gibt Art. 115a S. 2 BayStVollzG im Vergleich zum Bundesstrafvollzugsgesetz eine weitergehende **Möglichkeit des Widerrufs und der Rücknahme von vollzuglichen Maßnahmen** (mit Verweis auf Art. 48 bis 49a BayVwVfG).

169 Gem. § 108 II StVollzG bzw. Art. 115 II BayStVollzG kann sich der Gefangene mit **Beschwerden an den** die Anstalt besuchenden **Vertreter der Aufsichtsbehörde** wenden. Diese Gelegenheit wird aber praktisch kaum genutzt.

170 Daneben besteht, wie § 108 III StVollzG bzw. Art. 115 III BayStVollzG klarstellt, auch das allgemeine Recht zum Stellen von **Dienstaufsichtsbeschwerden**, die aber nur in wenigen Fällen zu disziplinarrechtlichen Konsequenzen führen (Merke: drei f = „frist-, form- und fruchtlos“).

171 Der Gefangene kann sich gem. §§ 109 ff. StVollzG mit einem **Antrag auf gerichtliche Entscheidung** an die Strafvollstreckungskammer wenden, wenn es um eine Strafvollzugssache geht. Dies ist Konkretisierung der Rechtsweggarantie des Art. 19 IV GG für den Strafvollzug. Für den **Jugendstrafvollzug** hingegen galt bis in jüngste Zeit hinein der Rechtsweg gem. § 23 EGGVG an das Oberlandesgericht. Seit 2008 gelten gem. § 92 I 2 JGG die Regelungen der §§ 109 ff. StVollzG entsprechend.

---

[81] Vgl. OLG Hamburg ZfStrVo 2004, 371 f.

Gem. § 164 I StVollzG bzw. Art. 187 I BayStVollzG kann der Gefangene sich mit **Wünschen, Anregungen und Beanstandungen an Mitglieder des Anstaltsbeirats** wenden. 172

Der Gefangene kann sich an die Petitionsausschüsse des Bundestages 173 und der Länder wenden (**Petitionsrecht** aus Art. 17 GG).

Der Gefangene kann, regelmäßig erst nach Erschöpfung des Rechts- 174 weges, **Verfassungsbeschwerde** gem. Art. 93 I Nr. 4a GG, §§ 90 ff. BVerfGG erheben und geltend machen, durch die öffentliche Gewalt in seinen durch das GG gewährten Rechten verletzt zu sein (vgl. § 90 I BVerfGG).

Nach Erschöpfung des innerstaatlichen Rechtsweges kann gem. 175 Art. 34 EMRK innerhalb von sechs Monaten beim EGMR **Individualbeschwerde** eingelegt werden. Gem. Art. 35 EMRK müssen vorher alle innerstaatlichen Rechtsbehelfe genutzt worden sein, also auch die Verfassungsbeschwerde.

Jenseits des Verfolgens eigener Rechte besteht die Möglichkeit, **Gna-** 176 **dengesuche** zu stellen. Gem. § 452 StPO liegt das Gnadenrecht bei den Ländern, soweit im ersten Rechtszug ein Landesgericht entschieden hat; das ist zumeist der Fall. Die Gnadenbefugnis des Ministerpräsidenten ist durch Landes-Gnadenordnungen an die Justizbehörden (Staatsanwaltschaften) delegiert. Relevant ist der Gnadenweg für Vollstreckungsverzicht und für (Massen-)Abolition von schwebenden Strafverfahren. Quantitativ besonders relevant waren Gnadenentscheidungen lange Zeit für den Vollzug der Unterbringung in psychiatrischen Krankenhäusern, da hierfür gem. § 138 I 1 StVollzG Landesrecht gilt, und die Regelungen in den jeweiligen Unterbringungsgesetzen unzulänglich waren (vgl. aber hierzu S. 203). Die Frage der Justiziabilität von Gnadenakten ist außerdem heillos umstritten[82].

Schließlich kann der Gefangene, wie jeder Bürger, **Strafanzeige** er- 177 statten, wenn er meint, dass auf strafbare Weise gegen ihn oder gegen andere vorgegangen worden ist. Dieses Vorgehen ist gar nicht so selten und in den allermeisten Fällen unbegründet.

Dieses breitgefächerte Instrumentarium an Rechtsbehelfen und ähn- 178 lichen Möglichkeiten, rechtliche Verfahren in Gang zu setzen, dient nicht nur der **Wahrung von Rechten** der Gefangenen. Die Gefangenen nutzen diese Möglichkeiten auch, „um es der Anstalt mal zu zeigen“, um sich Erfolgserlebnisse zu verschaffen oder um die Isolierung in der Anstalt zu durchbrechen. Doch der Vorwurf des Querulantentums darf auch nicht vorschnell erhoben werden; zu bedenken ist immer, dass sich die Wichtigkeit mancher Dinge im Strafvollzug anders darstellt als „draußen“.

---

[82] Vgl. dazu *Streng*, JR 1997, 257 ff.

Beispiele für Extremfälle von Querulantentum: Ein Strafgefangener aus Baden-Württemberg hatte gleichzeitig mehrere tausend Verfahren laufen; allein vor dem Sozialgericht Karlsruhe führte er von 2005 bis 2012 660 Verfahren. Hinzu kommen rund 1.240 weitere Verfahren beim Landessozialgericht Baden-Württemberg. Von mehreren hundert Anträgen, die im ersten Halbjahr 2001 in der JVA Dietz gestellt worden sind, fielen mehr als die Hälfte auf drei (von insgesamt 600) Gefangene.

179 Paradox wirkt in diesem Zusammenhang, dass § 73 StVollzG bzw. Art. 78 BayStVollzG die **Anstalt zur Rechtsberatung verpflichtet**, damit der Gefangene seine Rechte wahrnehmen kann. Doch zielt diese Regelung eigentlich auf den Aspekt der Wiedereingliederung, hier etwa auf das Erlernen einer Interessendurchsetzung mit legalen Mitteln. Sinnvollerweise sollten die Vollzugsbehörden darauf hinwirken, dass die Rechtsberatung von den örtlichen Anwaltsvereinen durchgeführt wird, wie dies teils auch geschieht. Ansonsten kann gem. §§ 1 ff. Beratungshilfegesetz (BerHG) kostenlose Rechtsberatung durch Rechtsanwälte oder das Amtsgericht in Anspruch genommen werden.

180 § 185 I 2 StVollzG und gleichermaßen Art. 204 BayStVollzG regeln ein **Akteneinsichtsrecht** für den Fall, dass der Gefangene darauf „für die Wahrnehmung seiner rechtlichen Interessen ... angewiesen ist". Allerdings muss der Gefangene laut Gesetz deutlich machen, weshalb eine Auskunft der Behörde für die Wahrnehmung seiner Rechte nicht ausreicht[83]. Dieses Einsichtsrecht beinhaltet auch die Möglichkeit, sich von umfangreichen Dokumenten bzw. Dokumenten schwer verständlichen Inhalts (z.B. Gutachten) Fotokopien anzufertigen bzw. anfertigen zu lassen[84].

2. Antrag auf gerichtliche Entscheidung

a) Grundsätzliches

181 Von den strafvollzugsrechtlichen Rechtsbehelfen verdient der Antrag auf **gerichtliche Entscheidung** gem. §§ 109 ff. StVollzG besondere Aufmerksamkeit[85]. Dieser Rechtsbehelf konkretisiert die Rechtsweggarantie aus Art. 19 IV 1 GG und hat für den Bereich der Geltung des Strafvollzugsgesetzes den Rechtsbehelf der §§ 23 ff. EGGVG ersetzt. Auch bei Vollzug von Jugendstrafe ist nun gem. § 92 I 2 JGG der Rechtsbehelf der §§ 109 ff. StVollzG zu nutzen. Trotz Föderalismusre-

---

[83] Vgl. OLG Hamm NStZ-RR 2002, 256.
[84] Vgl. OLG Koblenz ZfStrVo 2003, 302.
[85] Überblick bei *Baier*, JA 2001, 582 ff.

form (S. 3) gelten die §§ 109 ff. StVollzG fort, da dem Landesgesetzgeber die entsprechende Gesetzgebungskompetenz fehlt (vgl. zum Regelungsumfang des Landesgesetzes Art. 208 BayStVollzG).

Das Verfahren nach §§ 109 ff. StVollzG ist für den Antragsteller **182** gem. § 121 II 1 StVollZG mit einem **Kostenrisiko** verbunden. Jedoch kann der Gefangene gem. § 120 II StVollzG Prozesskostenhilfe nach den Vorschriften der ZPO beantragen[86]. Bei Jugendstrafgefangenen kann gem. § 92 V JGG iVm § 74 JGG von der Auferlegung der Kosten und Auslagen abgesehen werden.

Zuständig für das Verfahren nach §§ 109 ff. StVollzG sind gem. **183** § 110 **Strafvollstreckungskammern**, die gem. § 78a GVG bei den Landgerichten gebildet werden, in deren Bereich einschlägige Strafvollzugseinrichtungen existieren. (Im Bereich des Jugendstrafvollzugs entscheiden gem. § 92 II–IV JGG die Jugendkammern.) Die Einrichtung dieser Strafvollstreckungskammern sollte dazu dienen, besonders qualifizierte, fachlich kompetente Spruchkörper für den Bereich Strafvollzug und Strafvollstreckung zu schaffen. Die Landesjustizverwaltung unterläuft die gesetzgeberische Intention, indem sie oft die Strafkammern einfach auch zu Strafvollstreckungskammern erklärt, so dass diese Aufgabe als unbeliebter Annex zur eigentlichen strafrichterlichen Tätigkeit nebenher miterledigt wird.

Wie ihr Name schon sagt, ist die Strafvollstreckungskammer nicht **184** nur für Vollzugs-, sondern **auch für Vollstreckungssachen zuständig** (§ 78a I 2 Nr. 1 GVG iVm §§ 462a, 463 StPO), mit Ausnahme von Strafvollstreckung gegen Jugendliche und Heranwachsende (vgl. § 82 I 2 JGG: Jugendrichter). Die Vollstreckungssachen sind zahlenmäßig bedeutsamer als die Vollzugssachen.

§ 109 III StVollzG sieht für Angelegenheiten des Vollzugs der Siche- **185** rungsverwahrung und der ihr vorausgehenden Freiheitsstrafe die Beiordnung eines Rechtsanwaltes vor. § 119a StVollzG verpflichtet bei angeordneter oder vorbehaltener Sicherungsverwahrung zudem schon während des Vollzugs der Freiheitsstrafe zu einer frühzeitigen und regelmäßigen Kontrolle der Betreuung des Gefangenen, u.a. dahingehend, ob diesem Therapieangebote in einem ausreichenden Umfang unterbreitet wurden (vgl. § 66c StGB, siehe S. 110). Diese Überprüfung findet von Amts wegen statt.

---

[86] Vgl. auch BVerfG ZfStrVo 2001, 187 f.

Im Verfahren nach §§ 109 ff. StVollzG gilt natürlich nicht wie im Zivilprozess der Beibringungsgrundsatz, sondern das **Amtsermittlungsprinzip**. Die Beweiserhebung erfolgt nach den Regeln des Freibeweisverfahrens.

b) Zulässigkeit des Antrags

186 Gem. § 109 I, II StVollzG muss der Antragsteller (Gefangener oder sonstiger Betroffener) geltend machen, durch eine vorgenommene, abgelehnte oder unterlassene Maßnahme zur Regelung einzelner Angelegenheiten auf dem Gebiet des Strafvollzugs in seinen Rechten verletzt zu sein. Es muss demnach zum einen gem. § 109 I StVollzG der **Rechtsweg eröffnet** sein und zum anderen gem. § 109 II StVollzG der Antragsteller **antragsbefugt** sein.

187 Gegenstand des Antrags muss gem. § 109 I StVollzG eine **Vollzugsmaßnahme** sein. Der Begriff der Vollzugsmaßnahme ist weiter als der des Verwaltungsakts, denn hierunter fällt auch schlicht hoheitliches Handeln, etwa in Form eines Realaktes[87].

Beispiele: Vollzugsmaßnahme ist z.B. die Art der Essensausgabe oder der Zellendurchsuchung, eine Eintragung in die Personalakten, die Weiterleitung von durch Besuchsüberwachung erzielten Informationen über den Gefangenen, die Aufnahme einer bestimmten Behandlungsmaßnahme in den Vollzugsplan wie auch die Art der Erstellung des Vollzugsplanes an sich[88] und – natürlich – die Versagung eines beantragten Hafturlaubs. Zwischenzeitlich ist auch anerkannt, dass einzelne medizinische Behandlungsmaßnahmen des Anstaltsarztes gerichtlich überprüfbar sind (BVerfG NStZ 2013, 168).

188 Voraussetzung ist, dass ein **behördliches (hoheitliches) Handeln** zur **Regelung eines Einzelfalles** vorliegt, das unmittelbare Rechtswirkungen aufweist. D.h., eine Hausordnung kann nicht unmittelbar angefochten werden. Von einer Anfechtbarkeit sind also Maßnahmen ausgeschlossen, die erst durch Konkretisierung seitens der Anstalt **unmittelbare Auswirkungen auf die Rechtsstellung des Betroffenen** gewinnen. Etwa stellt eine rein innerorganisatorische Maßnahme wie die Durchführung einer Vollzugsplankonferenz (vgl. Art. 9 iVm Art. 183 BayStVollzG) keine Vollzugsmaßnahme dar[89], dasselbe gilt auch für die Entscheidung über das Erfordernis einer Begutachtung[90]. Dass aber eine Vollzugsmaßnahme mit unmittelbarer Auswirkung für die Gefangenen

---

[87] Ausführlich hierzu BeckOK Strafvollzug Bund/*Euler* § 109 Rn. 7–9.

[88] Vgl. BVerfG NStZ 1993, 301 f.

[89] Vgl. OLG Celle StraFo 2010, 260 f.

[90] OLG Celle NStZ 2009, 577; OLG Brandenburg, *Beschl. v.* 25.9.2013 – 2 Ws (Vollz) 148/13 = BeckRS 2014, 07702.

auch ohne einen umsetzenden Einzelakt vorliegen kann, ist hinsichtlich belastender Anordnungen oder Veränderungen in der Hausordnung (§ 161 StVollzG bzw. Art. 184 BayStVollzG) immerhin dann anerkannt, wenn es sich um eine Allgemeinverfügung handelt[91]. Schwieriger zu begründen ist das bei verwaltungsinternen Regelungen. Im Einzelfall sind aber auch solche Maßnahmen zur Regelung einer einzelnen Angelegenheit auf dem Gebiet des Strafvollzugs solche mit **Außenwirkung**.

Fall („Brandmarkung"; KG NStZ-RR 2002, 125 f.): Durch „interne Verfügung" über den Umgang mit dem Gefangenen G wird auf dessen Gefährlichkeit hingewiesen und zu „äußerster Vorsicht" gemahnt. G will mittels gerichtlicher Entscheidung gegen diese interne Verfügung vorgehen. Trotz des Grundsatzes, dass innerdienstlichen Vermerken eine unmittelbare Rechtswirkung nach außen hin fehlt, bejahte das Gericht hier die Frage der Einzelfallregelung, da der Gefangene in eine bestimmte Kategorie von Straftätern eingeordnet wird. Die darin liegende „Brandmarkung" berühre seine Rechtsstellung, da sich dies auf den täglichen Umgang mit dem Gefangenen und auch auf die Reaktion der Vollzugsbediensteten im Falle außergewöhnlicher Vorkommnisse (z.B. Schusswaffengebrauch) auswirken würde. 189

Im Regelfall können nur die dem Anstaltsleiter und damit **der Vollzugsbehörde zurechenbaren Maßnahmen** mit dem Antrag nach § 109 StVollzG angefochten werden. Unschädlich ist es, wenn der unmittelbar vom Gefangenen für eine Anfrage angesprochene Beamte einen ablehnenden Bescheid erteilt, obwohl er in der Sache nicht zuständig gewesen ist. Vielmehr darf ein Gefangener darauf vertrauen, dass der Antrag weitergeleitet wurde[92]. 190

Der Antragsteller muss geltend machen, **in seinen Rechten verletzt** zu sein (§ 109 II StVollzG). Geltendmachung heißt, schlüssig Tatsachen vorzutragen, die eine Rechtsverletzung als möglich erscheinen lassen. Die Anforderungen an den Inhalt des Vortrages dürfen nicht überspannt werden[93]. „Seine Rechte" bedeutet, dass er nicht für andere Gefangene oder für alle Gefangenen Rechte geltend machen kann. Die fraglichen Rechte können sich aus dem GG, dem StVollzG oder aus den allgemeinen Gesetzen ergeben. Auch dann, wenn das StVollzG keine eindeutige 191

---

[91] Vgl. OLG Frankfurt NStZ 2001, 669 ff.; Laubenthal/Nestler/Neubacher/Verrel/*Bachmann* Kap. P § 109 Rn. 30.

[92] BVerfG NStZ-RR 1999, 28.

[93] BVerfG NStZ 2013, 168; OLG Hamm, Beschl. v. 27.11.2012 – III–1 Vollz (Ws) 533–12, III–1 Vollz (Ws) 541/12 = BeckRS 2013, 07645.

Rechtsposition des Gefangenen beschreibt, sondern der Vollzugsbehörde Ermessen einräumt, kann der Antragsteller die Verletzung eigener Rechte geltend machen, nämlich seines **Rechts auf ermessensfehlerfreie Entscheidung**.

192 Unverkennbar kommt als **Klagebefugter** iSv § 109 II StVollzG ein Gefangener in Betracht. Hinsichtlich ihrer eigenen Befugnisse ist auch die Insassenvertretung (§ 160 StVollzG bzw. Art. 116 BayStVollzG: Gefangenenmitverantwortung bzw. Art. 158 BayStVollzG: Gefangenenvertretung im Jugendstrafvollzug) aktivlegitimiert[94]. Antragsteller kann auch ein Außenstehender sein, dem etwa eine Besuchserlaubnis verweigert wurde oder dessen Briefverkehr mit einem Gefangenen untersagt wird. Auch Anstaltsbeiräte können Antragsteller sein.

193 **Zuständiges Gericht** ist gem. § 110 StVollzG diejenige Strafvollstreckungskammer, in deren Bezirk die beteiligte Behörde, also die JVA, ihren Sitz hat.

194 Mögliche **Antragsarten** sind:

1. **Anfechtungsantrag** gegen belastende Maßnahme (§§ 109 I 1, 115 II 1 StVollzG) und erforderlichenfalls als Annexantrag dazu Folgenbeseitigungsantrag (§ 115 II 2 StVollzG),
2. **Verpflichtungsantrag** bei ablehnender Entscheidung (§§ 109 I 2, 115 IV StVollzG),
3. **Vornahmeantrag** bei Untätigkeit trotz Antrags (§§ 109 I 2, 113 StVollzG),
4. vorbeugender **Unterlassungsantrag** gegen angedrohte Maßnahme oder bei Wiederholungsgefahr als dritte Variante der allgemeinen Leistungsklage und
5. **Feststellungsantrag** (als subsidiäre Antragsart) bei während des erstinstanzlichen gerichtlichen Verfahrens erledigten Maßnahmen, wenn ein besonderes Feststellungsinteresse zu bejahen ist (§ 115 III StVollzG); der Feststellungsantrag kann (praeter legem) aber auch dann gestellt werden, wenn die Erledigung vor Stellung eines Antrags auf gerichtliche Entscheidung eingetreten ist oder wenn sonst ein Rechtsschutzinteresse an der Feststellung der Rechtswidrigkeit von Vollzugsmaßnahmen zu bejahen ist.

195 **Fall** („Feststellungsinteresse"; BVerfG NStZ-RR 2013, 225): Der inhaftierte G beantragte bei der Anstaltsleitung eine Ausführung, um seinen im Krankenhaus im Sterben liegenden Vater zu sehen. Die JVA lehnte den Antrag ab, weil ihrer Meinung nach der Nachweis für die Schwere der Krankheit nicht ausreichend erbracht war. Der

[94] Vgl. OLG Hamburg ZfStrVo 2002, 181 f.

Vater starb darauf, ohne dass ihn der Sohn noch hatte besuchen dürfen. Das LG verneinte das Feststellungsinteresse. Das BVerfG stellte dagegen klar, dass **„bei gewichtigen Grundrechtseingriffen“** ein **Feststellungsinteresse iSd § 115 III StVollzG trotz zwischenzeitlicher Erledigung** des ursprünglichen Rechtsschutzanliegens anzuerkennen ist, wenn sich dieses **typischerweise** vor Erlangbarkeit gerichtlichen Rechtsschutzes erledigt. Hier stand ein schwerer Eingriff in das Grundrecht aus Art. 6 GG im Raum und die Entscheidung musste schnell erfolgen. Selbst wenn die Anstalt berechtigte Zweifel an der Richtigkeit der Behauptung des A gehabt hatte, wäre es ohne größeren Aufwand möglich gewesen, die Sachlage zu überprüfen (etwa durch einen Anruf im Krankenhaus).

Das Rechtschutzinteresse trotz Erledigung hat das BVerfG auch im Fall eines nichtrauchenden Gefangenen, der in einem Haftraum mit rauchenden Mitgefangenen untergebracht war, angenommen. Hier liegt ein gewichtiger Grundrechtseingriff vor, der systematisch ungeschützt bliebe, wenn die Anstalten es in der Hand hätten, mit einer Verlegung die Erledigung der Sache herbeizuführen (BVerfG NJW 2013, 1943; OLG Hamm, Beschl. v. 3.7.2014, 1 Vollz Ws 135/14 = BeckRS 2014, 15172). Ein fortbestehendes Rechtsschutzinteresse hat das BVerfG auch im Fall einer zeitlich befristeten Änderung von Aufschlusszeiten angenommen (BVerfG, Beschl. v. 26.1.2021 – 2 BvR 676/20 = BeckRS 2021, 2068).

Die **Antragsfrist** beträgt bei Anfechtungs- und Verpflichtungsanträgen gem. § 112 I StVollzG zwei Wochen. Eine Wiedereinsetzung in den vorigen Stand ist gem. § 112 II, III StVollzG binnen zweier Wochen nach Wegfall des Hindernisses zur ursprünglichen Fristwahrung möglich. Fehlt es an einer Zustellung oder schriftlichen Bekanntgabe der Maßnahme[95], dann gilt analog § 113 III StVollzG eine 1-Jahres-Frist. 196

Wendet sich der Antragsteller gegen das **Unterlassen** einer Maßnahme, dann ist dies nicht vor Ablauf von drei Monaten (§ 113 I StVollzG) und längstens bis Ablauf eines Jahres seit Stellen des Vornahmeantrags (§ 113 III StVollzG) möglich. Bezüglich **Feststellungsklagen** besteht keine gesetzliche Frist, doch kann man eine Analogie zur Jahresfrist des § 113 III StVollzG ins Auge fassen[96]. Wenn ein Gefan- 197

[95] Einen Anspruch auf schriftliche Bescheidung hat man nur im Ausnahmefall einer besonders schwierigen Sach- und Rechtslage, OLG Hamm, Beschl. v. 23.5.2013 – 1 Vollz (Ws) 166/13 = BeckRS 2013, 10663.

[96] Vgl. OLG Frankfurt ZfStrVo 2004, 106 (107).

gener erst Jahre nach belastenden Vorkommnissen einen Feststellungsantrag stellen will, lässt sich eine Unzulässigkeit des Antrags auch auf den Gedanken der Verwirkung stützen[97].

198 Der Antrag auf gerichtliche Entscheidung ist **schriftlich oder zur Niederschrift** der Geschäftsstelle des Gerichts zu stellen (§ 112 I 1, Hs. 2 StVollzG).

Fall („Rechtsverlust"; BVerfG StV 2004, 277 f.): Ein Gefangener weigert sich, eine Urinprobe abzugeben und erhält Arrest. Die Strafvollstreckungskammer weist seinen Feststellungsantrag als unbegründet ab. Daraufhin erhebt er Rechtsbeschwerde beim OLG Nürnberg, das diese als unzulässig zurückweist, da die Antragsschrift durch verbotene Rechtsberatung seitens eines Mitgefangenen zustande gekommen sei. Das BVerfG sieht darin einen Verstoß gegen die Rechtsweggarantie des Art. 19 IV GG. Es ergebe sich keine Unzulässigkeit des Antrags daraus, dass der Antragsteller sich ersichtlich von einem Mitgefangenen bei der Abfassung der Antragsschrift habe helfen lassen. Aus einem Verstoß gegen das Rechtsdienstleistungsgesetz durch den helfenden Mitgefangenen folge kein Rechtsverlust des Antragsstellers. Innervollzugliche Probleme verbotener Rechtsberatung seien mit den Maßnahmen des StVollzG, etwa mit Disziplinarmaßnahmen, zu ahnden.

c) Das Verfahren

199 **Beteiligte** des Verfahrens sind gem. § 111 I StVollzG der Antragsteller und die Vollzugsbehörde, die für die Maßnahme verantwortlich ist, also im Regelfall die Anstalt.

200 Gem. § 114 I StVollzG hat der Antrag **keine aufschiebende Wirkung**. Jedoch ist gem. § 114 II, III StVollzG **vorläufiger Rechtsschutz** in Form der „Aussetzung des Vollzugs" oder der „einstweiligen Anordnung" (wenn die Vollzugsbehörde eine erforderliche Maßnahme unterlässt) möglich. Bedeutsam ist dieses Instrument etwa bei Verhängung einer gem. § 104 I StVollzG (Art. 111 I BayStVollzG) sofort vollstreckbaren Disziplinarmaßnahme. Einer „Aussetzung des Vollzugs" (§ 114 II 1 StVollzG), z.B. eines Arrests gem. § 103 I Nr. 9 StVollzG (Art. 110 I Nr. 8 BayStVollzG), kann nicht entgegengehalten werden, es würde derart unzulässigerweise die Hauptsache vorweggenommen, da dies nur für den Fall der „einstweiligen Anordnung" (§ 114 II 2 StVollzG) zu beachten ist,

[97] Thür.OLG NStZ 2004, 229 f.; Frankfurt ZfStrVo 2004, 106 (107).

nicht aber für den Aufschub einer später ohne Weiteres nachholbaren Maßnahme[98].

Die Strafvollstreckungskammer, die als „große Strafvollstreckungskammer" mit drei Berufsrichtern besetzt ist, entscheidet in Strafvollzugssachen als **„kleine Strafvollstreckungskammer"** mit einem Richter (§ 78b I GVG). Bei Jugendstrafvollzugsachen ist die Jugendkammer gem. § 92 IV 1 JGG mit einem Richter besetzt. 201

Das Gericht entscheidet gem. § 115 I 1 StVollzG ohne mündliche Verhandlung durch **Beschluss**. Dies schließt jedoch eine vorherige mündliche Anhörung der Beteiligten nicht aus. Eine solche Anhörung des Gefangenen ist sogar empfehlenswert, sei es aus zum Zwecke der Sachverhaltsermittlung oder aus „pädagogischen" Gründen, um dem Antragsteller zu verdeutlichen, dass man sein Anliegen ernst nimmt. 202

d) Die Entscheidung gem. § 115 StVollzG

Justiziabilität unbestimmter Rechtsbegriffe 203

Der Grundsatz, dass unbestimmte Rechtsbegriffe anders als Ermessensentscheidungen voll gerichtlich nachprüfbar sind, gilt im Strafvollzugsrecht nicht durchgängig. Der Gesetzgeber hat in den §§ 10 ff. StVollzG (Art. 12 ff. BayStVollzG) unbestimmte Rechtsbegriffe (Frage der Eignung, Flucht- und Missbrauchsgefahr) mit einer Ermächtigung zu Ermessensausübung („soll", „kann") gekoppelt. Diese Spezialität des Strafvollzugsgesetzes (unbestimmter Rechtsbegriff auf der Tatbestandsseite und Ermessen auf der Rechtsfolgenseite) hat zur Folge, dass der Vollzugsbehörde schon für die Anwendung der unbestimmten Rechtsbegriffe ein Beurteilungsspielraum zuerkannt wird. Sie kann durch den täglichen Umgang mit dem Gefangenen die Situation besser einschätzen. Diese unmittelbaren Eindrücke aus dem Haftalltag fehlen dem Gericht. Vielmehr lassen sich die Beurteilung des unbestimmten Rechtsbegriffs nicht von der Ermessensausübung trennen. Dies bedeutet, dass z.B. der unbestimmte Rechtsbegriff der Flucht- oder Missbrauchsgefahr ermessensähnlich zu beurteilen ist (BGHSt 30, 320 ff.).

Soweit die angegriffene Maßnahme rechtswidrig ist und der Antragsteller durch sie in seinen Rechten verletzt ist, hebt das Gericht die Maßnahme gem. § 115 II StVollzG auf (**Aufhebungsbeschluss**). Es kann gem. § 115 II 2 StVollzG auch die Verpflichtung zur Folgenbeseitigung aussprechen. 204

[98] Vgl. BVerfG NStZ 2004, 223 ff.

205 Hat sich die Maßnahme vor der Entscheidung des Gerichts erledigt, kann der Antragsteller bei Darlegung eines berechtigten Interesses (Wiederholungsgefahr oder Basis für Schadensersatzforderungen) beantragen, dass das Gericht gem. § 115 III StVollzG die Rechtswidrigkeit der Maßnahme feststellt (**Feststellungsbeschluss**).

206 Bei Ablehnung oder Unterlassung einer beantragten Maßnahme:

- Das Gericht kann die Vollzugsbehörde nur dann verpflichten, die beantragte Amtshandlung vorzunehmen, wenn die Sache spruchreif ist, also zusätzliche Sachaufklärung nicht nötig ist und – etwa infolge einer „Ermessensreduzierung auf Null" – der Vollzugsbehörde kein Beurteilungs- oder Ermessensspielraum zusteht (**Verpflichtungsbeschluss** gem. § 115 IV 1 StVollzG).
- Ist weitere Sachaufklärung nötig oder hat die Behörde in concreto einen Beurteilungs- oder Ermessensspielraum, dann spricht das Gericht die Verpflichtung aus, „den Antragsteller unter Beachtung der Rechtsauffassung des Gerichts zu bescheiden" (**Bescheidungsbeschluss** gem. § 115 IV 2 StVollzG). Möglich ist auch, dass das Gericht die von der Vollzugsbehörde genannte Begründung für die Entscheidung zwar für rechtswidrig hält, eine andere tragfähige Begründung aber als denkbar einschätzt.

207 Für die Überprüfung von Ermessensentscheidungen bestimmt § 115 V StVollzG, dass das Gericht auf **Ermessensüberschreitungen, Ermessensunterschreitung und Ermessensfehlgebrauch** zu achten hat. Außerdem muss es die **Richtigkeit des Sachverhalts**, der von der Vollzugsbehörde zugrunde gelegt wurde, prüfen. Das Gericht darf aber sein Ermessen nicht an die Stelle des Ermessens der Behörde setzen. Dies wäre ein Verstoß gegen das Gewaltenteilungsprinzip.

e) Rechtsbeschwerde

208 Gegen die Entscheidung der Strafvollstreckungskammer ist Rechtsbeschwerde gem. §§ 116 ff. StVollzG möglich. Zulässig ist diese nicht schon zum Zwecke der Herstellung von Einzelfallgerechtigkeit, sondern sie muss **„zur Fortbildung des Rechts oder zur Sicherung einer einheitlichen Rechtsprechung."** (§ 116 I StVollzG) geboten sein. Es handelt sich um eine Zulassungsbeschwerde. Zuständig ist in Bayern seit 2019 nicht mehr das OLG, sondern das BayObLG[99]. Die Rechtsbeschwerde kann vom Antragsteller oder von der Vollzugsbehörde erhoben werden. Auf Seiten der Vollzugsbehörde ist Verfahrensbeteiligte gem. § 111 II

---

[99] § 54a Gerichtliche Zuständigkeitsverordnung Justiz (GZVJu).

StVollzG die zuständige Aufsichtsbehörde (in Bayern: das Justizministerium).

Zwangsgeld 209

§ 120 StVollzG ermöglicht außerdem die Anordnung eines Zwangsgeldes durch das Gericht gem. § 172 VwGO gegenüber der Vollzugsbehörde. Allzu zögerliche Vollzugsbehörden sollen so dazu gebracht werden, gerichtliche Vorgaben schneller umzusetzen[100]. Die Vorschrift kommt aber nach wie vor selten zum Einsatz.

Antrag auf gerichtliche Entscheidung (§§ 109 ff. StVollzG) 210

A. Zulässigkeit

I. Rechtswegeröffnung

- § 109 I: Maßnahme auf dem Gebiet des Strafvollzugs + Regelung einzelner Angelegenheit

II. Statthafter Antrag

- Anfechtungs-, Verpflichtungs-, Vornahme-, Unterlassungs- oder Feststellungsantrag?
  1. Auslegung des Rechtsschutzbegehrens; insb. Abgrenzung zu informellen internen Kontrollmöglichkeiten und Aufsichtsbeschwerden
  2. Feststellung des konkret verfolgten Ziels und Bestimmung der Antragsart (falsche Bezeichnung ist grds. unschädlich)

III. Beteiligtenfähigkeit

IV. Antragsbefugnis

- § 109 II: Darlegung der möglichen Verletzung subjektiver Rechte bzw. eines Anspruchs auf ermessensfehlerfreie Entscheidung ist ausreichend. Ob Verletzung oder Anspruch tatsächlich gegeben ist, ist dann Frage der Begründetheit

V. Zuständigkeit

1. sachlich: § 78a GVG
2. örtlich: § 110

---

[100] Vgl. auch BeckOK Strafvollzug Bund/*Euler* § 120 Rn. 1-12.; *Schäferskübper/Schmidt*, StV 2014, 184; BVerfG NStZ-RR 2013, 389; zur Beiordnung eines Rechtsanwalts vgl. OLG Koblenz, Beschl. v. 18.2.2013 – 2 Ws 886/12.

VI. Form, Frist

- schriftlich oder zur Niederschrift, § 112 I 1
- § 112 I 1 = binnen 2 Wochen (Anfechtungs- und Verpflichtungsantrag); längstens nach 1 Jahr (§ 113 III analog); § 113 I = erst nach Ablauf von 3 Monaten seit Antragstellung (Vornahmeantrag); längstens nach 1 Jahr (§ 113 III)

B. Begründetheit (z.B. bei Anfechtungsantrag)

Der Antrag ist begründet, wenn die Maßnahme rechtswidrig und der Antragsteller in seinen Rechten verletzt wird.

Beachte: Justiziabilität von Ermessensentscheidungen, § 115 V, das Gericht darf nicht eigenes Ermessen an Stelle des behördlichen Ermessens setzen, sondern die Behörde kontrollieren im Fall von

- Ermessensüberschreitung
- Ermessensfehlgebrauch
- Ermessensnichtgebrauch.

B. Der Prozess des Vollzugs

211 Der Prozess des Vollzugs besteht aus der besonders belastenden Eintritts- bzw. Aufnahmephase, der Hauptphase, die vom Vollzugsalltag geprägt ist und der Entlassungsphase.

I. Die Aufnahmephase

212 In welche Anstalt der Verurteilte zum Strafantritt geladen wird, richtet sich nach dem **Vollstreckungsplan** (§ 152 StVollzG bzw. Art. 174 BayStVollzG). Diejenigen Verurteilten, die freiwillig zum Strafantritt erscheinen, nennt man **Selbststeller**; in Bayern gibt es im Gegensatz zu anderen Bundesländern für sie keine Spezialbehandlung[101]. In Ländern mit **Einweisungsanstalten** (z.B. Nordrhein-Westfalen) werden die Verurteilten mit längerer Vollzugsdauer (mindestens 12 Monate) zunächst in die Einweisungsanstalten eingewiesen (§ 152 II StVollzG). Im Übrigen werden Verurteilte mit kürzerer Vollzugsdauer wegen der dann unrentablen

[101] In anderen Bundesländern werden Selbststeller direkt in den offenen Vollzug geladen, damit als Freigänger ihr Arbeitsplatz draußen erhalten bleiben kann.

Persönlichkeitserforschung gleich nach dem allgemeinen Klassifizierungsprinzip des Vollstreckungsplans den regulären Anstalten zugewiesen (§ 152 III StVollzG). Als solche „allgemeinen Merkmale“ iSv § 152 III StVollzG (Art. 174 BayStVollzG) sind zu nennen: Wohnsitz, Lebensalter, Vollzugsdauer, Ersttat oder Rückfall sowie Gefährlichkeit. Besondere Bedeutung haben die Klassifizierungsmerkmale in Ländern ohne Einweisungsanstalten (so z.B. in Bayern), wo sie auch über die Zuweisung der Langstrafler entscheiden.

Pro und contra eines Einweisungsverfahrens 213

Der Vorteil eines Einweisungsverfahrens in einer Spezialanstalt ist, dass eine gründlichere Behandlungsuntersuchung als in der Normalanstalt erfolgt, da hier das Personal besonders geschult ist. Der Nachteil einer zentralen Einweisungsanstalt ist, dass dies für viele Gefangene eine heimatferne Unterbringung bedeutet. Erschwerte Besuchskontakte gerade in der sensiblen, da besonders belastenden Aufnahmephase, können sich nachteilig auswirken.

1. Das Aufnahmeverfahren

Das Aufnahmeverfahren findet je nachdem entweder in der Einwei- 214
sungsanstalt oder – bei Kurzstrafen bzw. beim Fehlen einer Einweisungsanstalt – in der sonst nach dem Vollstreckungsplan (§ 152 StVollzG bzw. Art. 174 BayStVollzG) zuständigen Anstalt statt. § 5 StVollzG (Art. 7 BayStVollzG) regelt nicht die Einzelheiten der Aufnahme, aber die Essentialen der Rechtsstellung des Gefangenen.

Die Aufnahme beginnt mit der sog. **Aufnahmeverhandlung** in der 215
Vollzugsgeschäftsstelle. Es werden die **Identität festgestellt** (es kommt gelegentlich vor, dass zum Haftantritt ein ähnlich aussehender Familienangehöriger erscheint) und die Eintragungen in das **Zugangsbuch**, das **Gefangenenbuch** sowie in sonstige Karteien getätigt. Der Gefangene wird über wesentliche Dinge, etwa Besonderheiten der Anstalt, und über seine Rechte und Pflichten (§ 5 II StVollzG bzw. Art. 7 II BayStVollzG) **belehrt** und hat die Niederschrift der Aufnahmeverhandlung zu unterschreiben. Da eine nur mündliche Belehrung die Gefahr in sich birgt, dass der Gefangene später eine unzulängliche Belehrung über seine Pflichten geltend macht, wird ihm – wenigstens auf Antrag – ein **Gesetzestext** des StVollzG auszuhändigen sein[102]; überdies ist gem. § 161 III

[102] Die Kosten einer Kopie des Gesetzestextes dürfen zudem auch nicht auf den Gefangenen abgewälzt werden, OLG Naumburg NStZ 2014, 230.

StVollzG (Art. 184 III BayStVollzG) die **Hausordnung** in jedem Haftraum auszulegen[103].

216 Nach diesem formalen Aufnahmeakt findet der **Aufnahmevollzug** (Durchführung der Aufnahme) statt: Durchsuchung (§ 84 StVollzG bzw. Art. 91 BayStVollzG, jeweils Abs. 3); Ablieferung der privaten Habe (§ 83 StVollzG bzw. Art. 90 BayStVollzG) mit Ausnahme der ihm verbleibenden Sachen; Einkleidung (§ 20 StVollzG bzw. Art. 22 BayStVollzG); erkennungsdienstliche Maßnahmen (§§ 86, 86a StVollzG bzw. Art. 93 BayStVollzG); Versorgung mit Gegenständen des täglichen Gebrauchs; Reinigungs- und Desinfizierungsprozeduren (§ 56 II StVollzG bzw. Art. 58 II BayStVollzG).

217 § 5 III StVollzG (Art. 7 III BayStVollzG) gibt dem Gefangenen ein Recht auf **alsbaldige ärztliche Untersuchung**; zugleich ist er zu ihrer Duldung nicht nur verpflichtet, sondern muss sie sogar unterstützen (vgl. § 56 II StVollzG bzw. Art. 58 II BayStVollzG).

218 Die **Vorstellung des Gefangenen** beim Anstaltsleiter oder beim Leiter der Aufnahmeabteilung (§ 5 III StVollzG) schließt die Aufnahme ab. Durch dieses Recht auf persönliche Vorstellung soll dem Gefangenen das Gefühl genommen werden, er sei im Vollzug nur eine „Nummer“ ohne Individualität. Im BayStVollzG findet sich hierzu lediglich die recht allgemeine Erwähnung eines durchzuführenden „Zugangsgesprächs“ (Art. 7 II 2 BayStVollzG).

219 Die Erkenntnis, dass es gerade in einem Behandlungsvollzug wichtig ist, den Gefangenen als Individuum ernst zu nehmen, ist in der Regelung des § 5 I StVollzG verwurzelt: Beim Aufnahmeverfahren dürfen **andere Gefangene nicht zugegen** sein. Es soll eine Massenabfertigung vermieden werden. Dies ist auch deshalb wichtig, weil sonst ein offener Kontakt zu den Mitgliedern des Vollzugsstabes nicht zu erwarten ist und, weil die Mitgefangenen sonst Informationen erlangen können, die sie später gegen den Aufgenommenen verwenden könnten. Art. 7 I BayStVollzG verlangt indes nur „das Persönlichkeitsrecht der Gefangenen in besonderem Maße zu wahren“. Mit dieser offeneren Regelung wollte man es ermöglichen, bei Aufnahme eines Ausländers erforderlichenfalls einen inhaftierten Landsmann als Übersetzer heranzuziehen. Inzwischen gibt es im Übrigen die Möglichkeit eines per Video zugeschalteten Dolmetschers.

220 Trotz der Entschärfungen durch § 5 StVollzG (Art. 7 BayStVollzG) ist die Aufnahme – zumindest die erstmalige Aufnahme – in den Straf-

---

[103] Die Verurteilten können sich auch vorab auf den Homepages der Anstalten, aber auch auf Selbsthilfeseiten wie https://www.knast.net/ (einschließlich von Sternebewertungen der Anstalten im Stil eines Hotelführers) informieren.

vollzug ein **einschneidendes, psychisch nur schwer verkraftbares Erlebnis**. Man wird vom freien Bürger zum Teil einer „totalen Institution", von der bürgerlichen Gesellschaft quasi exkommuniziert. Ein **Degradations- und Entpersönlichkeitsritual** ist die Aufnahme in den Vollzug faktisch immer noch, also schwerlich eine gute Ausgangsbasis für einen echten Behandlungsvollzug.

2. Die Behandlungsuntersuchung

Nach dem Aufnahmeverfahren beginnt die Behandlungsuntersuchung (§ 6 StVollzG bzw. Art. 8 BayStVollzG), die sich auf die **Persönlichkeit** und die **Lebensverhältnisse** der Gefangenen erstreckt und an den Aufgaben der Behandlung und der Wiedereingliederung des Gefangenen orientiert ist. In den meisten Ländern erfolgt die **Behandlungsuntersuchung** in der für den anschließenden Vollzug vorgesehenen Anstalt in einer **speziellen Abteilung**. In Ländern mit **Einweisungsanstalten** erfolgt die Untersuchung zentral in diesen Anstalten. Bei den Gefangenen mit kürzeren Vollzugszeiten (unter 12, 18 oder auch 24 Monaten), die auch direkt in die Bestimmungsanstalt kommen, wird weithin gem. § 6 I 2 StVollzG (Art. 8 I 2 BayStVollzG) von der Behandlungsuntersuchung abgesehen (VV zu § 6 StVollzG bzw. Art. 8 BayStVollzG). Dies ist kritisch zu sehen. **221**

Für die Behandlungsuntersuchung gibt § 17 III Nr. 2 StVollzG (Art. 19 III Nr. 2 BayStVollzG) die Möglichkeit, den Gefangenen maximal zwei Monate lang **von gemeinsamer Unterbringung während Arbeitszeit und Freizeit auszuschließen**, um eine Beeinflussung durch Mitgefangene zu erschweren. Zudem ist § 6 II 2 StVollzG (Art. 8 II 2 BayStVollzG) zu beachten, wonach zu prüfen ist, ob eine **Verlegung in eine sozialtherapeutische Anstalt** angezeigt ist. **222**

3. Der Vollzugsplan

Aufgrund der Behandlungsuntersuchung wird in der zur Durchführung des Vollzugs zuständigen Anstalt der **Vollzugsplan** (§ 7 StVollzG; Art. 9 BayStVollzG) erstellt. Dieser ist laut BVerfG „*zentrales Element eines am Resozialisierungsziel ausgerichteten Vollzuges*" und „*dient der Konkretisierung des Vollzugsziels im Blick auf den einzelnen Gefangenen*"[104]. Gem. § 6 III StVollzG (Art. 9 IV BayStVollzG) hat der Gefangene ein Recht, dass die Planung der Behandlung mit ihm erörtert wird; allerdings steht ihm kein Recht darauf zu, dass seine Vorstellungen auch berücksichtigt werden. Er hat in jedem Falle aber ein Recht darauf, dass **223**

---

[104] BVerfG NStZ-RR 2008, 60 ff.; ferner BVerfG StraFo 2006, 429 f.

überhaupt ein Vollzugsplan erstellt wird. Der Gefangene hat ein Einsichtsrecht und evtl. einen Anspruch auf Aushändigung einer Kopie (OLG München StV 2009, 200).

224 Zur Aufstellung des Vollzugsplanes führt der Anstaltsleiter gem. § 159 StVollzG (Art. 183 BayStVollzG) eine **Konferenz** mit „an der Behandlung maßgeblich Beteiligten durch". Gleiches gilt für Überprüfungen und Änderungen. Diese **Offenheit der Vollzugsplanung** für Veränderungen ist in § 7 III StVollzG (Art. 9 II BayStVollzG) besonders betont und noch dadurch abgesichert, dass gem. § 7 III 2 StVollzG im Vollzugsplan selbst Fristen für seine Überprüfung und Anpassung festzulegen sind[105]; Art. 9 II BayStVollzG legt pauschal eine 1-Jahres-Frist fest.

225 In § 7 II StVollzG sind acht **Behandlungsmaßnahmen** aufgezählt, die als besonders wichtig anzusehen sind. Diese Aufzählung ist jedoch abschließend; sie stellt ein Minimalprogramm möglicher Maßnahmen dar:

1. die Unterbringung im geschlossenen oder offenen Vollzug (§§ 10, 141 II StVollzG);
2. die Verlegung in eine sozialtherapeutische Anstalt (§ 9 StVollzG);
3. die Zuweisung zu Wohn- und Behandlungsgruppen (§ 143 II StVollzG);
4. der Arbeitseinsatz sowie Maßnahmen der beruflichen Ausbildung oder Weiterbildung (§ 37 StVollzG);
5. die Teilnahme an Veranstaltungen der Weiterbildung (§ 37 III, § 67 StVollzG);
6. besondere Hilfs- und Behandlungsmaßnahmen (z.B. solche im Rahmen der sozialen Hilfe gem. §§ 71 ff. StVollzG sowie individual- oder gruppentherapeutische Behandlung);
7. Lockerungen des Vollzugs (§ 11 StVollzG);
8. notwendige Maßnahmen zur Vorbereitung der Entlassung (§§ 15, 74, 75 StVollzG).

226 Einen anderen Weg geht **Art. 9 I BayStVollzG**, wo eine Aufzählung im Gesetz fehlt, lediglich in Art. 9 I 2 BayStVollzG allgemein auf „vollzugliche, pädagogische und sozialpädagogische sowie therapeutische Maßnahmen" verwiesen wird. Das Nähere regelt die VV.

227 Der Gefangene hat nicht nur ein Recht auf Auskunft über den Inhalt des Vollzugsplans, sondern er kann auch **Einblick** in den Vollzugsplan verlangen (vgl. auch § 185 StVollzG; Art. 203 BayStVollzG). Dies dient dem Zweck, ihm die Informationen für ein Mitwirken an seiner Resozialisierung und zur Wahrung seiner Rechte zu verschaffen[106].

---

[105] Vgl. OLG Hamm ZfStrVo 1979, 63.

[106] Vgl. BVerfG NStZ 2003, 620 f. = StV 2003, 408 f. m. Anm. v. *Heischel.*

Eine **Anfechtung des Vollzugsplans** als solchen ist ausgeschlossen, es sei denn, es geht um Rechtsfehler im Aufstellungsverfahren, etwa um die Nichtberücksichtigung des Konferenzerfordernisses (§ 159 StVollzG; Art. 183 BayStVollzG) Der Gefangene hat einen einklagbaren Anspruch darauf, „dass über die konkreten Inhalte des Vollzugsplans ermessensfehlerfrei entschieden wird“[107]. Im Übrigen stellt eine **Änderung des Vollzugsplans** hinsichtlich vorgesehener Lockerungsmaßnahmen eine „Maßnahme zur Regelung einzelner Angelegenheiten auf dem Gebiete des Strafvollzuges“ iSv § 109 I 1 StVollzG dar[108]. Derartige Änderungen dürfen nicht beliebig erfolgen, sondern haben den Resozialisierungsbedürfnissen des Gefangenen unter Berücksichtigung der vorhandenen Ressourcen zu folgen. Der Vollzugsplan hat eine **Selbstbindung der Vollzugsbehörde** zur Folge; er begründet ein schutzwürdiges Vertrauen darauf, dass die Vollzugsbehörde sich (nach Möglichkeit) an den Plan hält. **228**

Fall („Selbstbindung“; OLG Karlsruhe, StraFo 2008, 524 f.): In den Vollzugsplan des Gefangenen G war als Behandlungsmaßnahme eine Ausbildung zum Koch aufgenommen worden, wenngleich nur nachrangig gegenüber etwaigen Mitbewerbern. Als eine entsprechende Ausbildungsstelle frei ist und der Gefangene sich darauf bewirbt, wird das von der Anstaltsleitung abgelehnt. Es sei zwar eine Ausbildungsstelle frei, doch sei nicht ausgeschlossen, dass diese in den nächsten Wochen noch mit einem anderen Bewerber besetzt werde. – Das OLG erklärt die Entscheidung der Anstalt für rechtswidrig. Zwar eröffne § 37 III StVollzG (Art. 39 IV BayStVollzG) der Anstalt ein Ermessen hinsichtlich der Gewährung beruflicher Ausbildungs- oder Weiterbildungsmaßnahmen, welches nur nach den Standards von § 115 V StVollzG überprüft werden könne. Im gegebenen Fall habe die Behörde aber ihre Selbstbindung durch den Vollzugsplan (§ 7 StVollzG; Art. 9 BayStVollzG), welche zu einer Begrenzung des Ermessensspielraums geführt habe, nicht angemessen berücksichtigt. Angesichts dessen sei ein Auswahlermessen nur dort gegeben, wo tatsächlich mehrere Mitbewerber sich um den Ausbildungsplatz bemühen – was hier nicht vorlag. **229**

---

[107] OLG Karlsruhe NStZ 2005, 53; BVerfG StraFo 2006, 429.
[108] Vgl. OLG Karlsruhe NStZ 2005, 53 f.

230 **Anfechtung des Vollzugsplans**[109]

(BayOblG Forum Strafvollzug 2023, 72; OLG München Forum Strafvollzug 2011, 1)

1. Der Vollzugsplan in seiner Gesamtheit stellt keine Maßnahme iSv § 109 StVollzG dar.

2. Dagegen stellt die Aufstellung des Vollzugsplans eine nach § 109 StVollzG überprüfbare Maßnahme dar.

II. Die Hauptphase des Vollzugs

1. Verlegung und Überstellung

231 Die Aufnahme in die nach dem Vollstreckungsplan zuständige oder die von der Einweisungskommission bestimmte Anstalt bedeutet nicht, dass die ganze Strafe der Gefangenen dort zu verbüßen ist. Gem. § 8 I StVollzG (Art. 10 I BayStVollzG) kann der Gefangene **in eine andere Anstalt verlegt** werden, d.h. dauerhaft dort untergebracht werden, auch wenn diese laut Vollstreckungsplan (§ 152 StVollzG bzw. Art. 174 BayStVollzG) für ihn eigentlich nicht zuständig ist. Die Verlegung stellt für den Gefangenen zumeist eine einschneidende Maßnahme dar; so wird er aus seinen Bezugsgruppen herausgenommen, wodurch begonnene Lernprozesse abgebrochen werden können. Weiterhin wird gem. § 110 StVollzG durch den Anstaltswechsel auch die Zuständigkeit des Vollstreckungsgerichts beeinflusst.

232 Deshalb bestimmt § 8 I StVollzG (Art. 10 I BayStVollzG), dass Verlegungen nur bei Vorliegen dieser **Voraussetzungen** zulässig sind:

- Abs. 1 Nr. 1: Förderung von Behandlung (Therapie, Berufsausübung) oder Eingliederung (Familienkontakte)
- Abs. 1 Nr. 2: „erforderlich“ aus Gründen der Vollzugsorganisation oder aus anderen wichtigen Gründen.

233 Bei auf § 8 I Nr. 1 StVollzG (Art. 10 I Nr. 1 BayStVollzG) gestützten Anträgen von Gefangenen auf Verlegung, die mit Verbesserung der Familienkontakte begründet werden, agierte man lange zurückhaltend. Nur bei ungewöhnlichen Schwierigkeiten des Besuchsverkehrs wurde hier positiv entschieden. Zwischenzeitlich lässt sich aber eine **Trendwende** beobachten: Auch in der obergerichtlichen Rspr. setzt sich zunehmend

---

[109] Zum Rechtsschutz vgl. BeckOK Strafvollzug Bayern/*Arloth* Art. 9 Rn. 9–11.

die Ansicht durch, dass eine **Verlegung zur Erleichterung von Besuchskontakten** dem Resozialisierungsinteresse dient[110].

Merke: Die Verlegung eines Gefangenen kommt nicht erst dann in Betracht, wenn sie zur Behandlung oder aus Resozialisierungszwecken **unerlässlich** ist, sondern bereits dann, wenn die Behandlung des Gefangenen oder seine Eingliederung nach der Entlassung hierdurch **gefördert** wird. Der Gefangene hat zwar keinen Rechtsanspruch auf eine Verlegung, aber auf fehlerfreien Ermessensgebrauch. Erfolgt eine Verlegung gegen seinen Willen, ist dies grundrechtsrelevant nach Art. 2 I GG und erfordert eine ausreichende Sachaufklärung. Die (Rück-)Verlegung in die nach dem Vollstreckungsplan zuständige JVA erfordert aber keine darüber hinausgehenden besonderen Gründe; solche dürfen nur nicht entgegenstehen. Dies beinhaltet, dass jeder Einzelfall geprüft werden muss und man nicht schematisch nach dem Vollstreckungsplan vorgehen darf (OLG Rostock NStZ-RR 2014, 95). **234**

Neben § 8 I StVollzG (Art. 10 I BayStVollzG) finden sich im Gesetz **besondere Regelungen für Verlegungen**: **235**

- § 9 StVollzG (Art. 11 BayStVollzG), Verlegung in oder aus einer sozialtherapeutischen Anstalt,
- § 10 StVollzG (Art. 12 BayStVollzG), Verlegung in den offenen oder den geschlossenen Vollzug,
- § 15 II StVollzG (Art. 17 II BayStVollzG), Verlegung zur Entlassungsvorbereitung,
- § 65 StVollzG (Art. 67 BayStVollzG), Verlegung bei Erkrankungen,
- § 76 III StVollzG (Art. 82 III BayStVollzG), Verlegung zur Entbindung,
- § 85 StVollzG (Art. 92 BayStVollzG), Verlegung zur sicheren Unterbringung,
- § 152 II 2 StVollzG (es gibt keine korrespondierende bayerische Vorschrift), Verlegung von der Einweisungsanstalt zum weiteren Vollzug.

§ 8 II StVollzG (Art. 10 II BayStVollzG) erlaubt mit der **Überstellung** die vorübergehende Unterbringung in einer anderen Anstalt (Verschubung). Das hier notwendige Vorliegen eines „wichtigen Grundes" zeigt, dass solche Anstaltswechsel grds. unerwünscht sind, da sie dem Behandlungsgedanken widersprechen. **236**

---

110 OLG Koblenz, Beschl. v. 26.2.2014 – 2 Ws 660/13 = BeckRS 2014, 008624; OLG Hamm, Beschl. v. 24.5.2012 – 1 Vollz (Ws) 192/12 = BeckRS 2012, 20315.

237 **Verschubung**

Um Strecken zurückzulegen, die normalerweise in wenigen Stunden bewältigt werden könnten, ist ein Strafgefangener oft viele Tage unterwegs. Das deutsche Verschubungswesen ist kompliziert: Es gibt ein Netz von Schubbussen, die zwischen den Justizvollzugsanstalten pendeln. Da diese Busse einem festen Fahrplan folgen, kann es durchaus sein, dass die Verlegung eines Gefangenen eine wenigstens mehrtägige Reise bedeutet. Sogar mehrere Stationen mit kurzen Aufenthalten in den jeweiligen Haftanstalten sind auf einer solchen Odyssee durch die Republik keine Seltenheit. Die Fahrten erfolgen in engen Omnibuskabinen mit kleinen Sehschlitzen und stoßen an die Grenzen der Menschenwürde. Die Belastung für die Betroffenen ist groß. Zu begrüßen ist daher die Möglichkeit, mündliche Anhörungen nun auch per Videoschaltung durchführen zu können (vgl. § 463e StPO). So können anstrengende Transporte vermieden werden. Vgl. auch die Gefangenentransportvorschrift des Landes Bayern (GTV).

238 Wichtige **Gründe** für eine Überstellung (gem. VV Nr. 1 zu § 8 bzw. VV Nr. 1 zu Art. 10 BayStVollzG) sind:
– Besuchszusammenführung, wenn ein Besuch in der zuständigen Anstalt nicht oder nur mit erheblichen Schwierigkeiten möglich ist[111];
– Ausführung und Ausgang am Ort oder in Ortsnähe einer anderen Anstalt;
– Vorführung und Ausantwortung (= befristete Übergabe eines Inhaftierten an eine Behörde, etwa an die Polizei zum Zwecke einer Gegenüberstellung) am Ort oder in Ortsnähe einer anderen Anstalt;
– Begutachtung und ärztliche Untersuchungen.

2. Unterbringung und Versorgung

a) Offener und geschlossener Vollzug

239 In jeder Anstalt, in die der Gefangene aufgenommen wird, ist zunächst darüber zu entscheiden, ob er im offenen oder im geschlossenen Vollzug (§ 10 I, II StVollzG bzw. Art. 12 II, I BayStVollzG) untergebracht wird. Dies geschieht – wie gezeigt – im Vollzugsplan (vgl. § 7 II Nr. 1 StVollzG bzw. Art. 9 BayStVollzG).

240 Die **Unterbringung im offenen Vollzug** ist als eine Konkretisierung des Vollzugsziels der Resozialisierung und der vollzuglichen Gestal-

[111] Ein solch wichtiger Grund liegt bspw. im Fall eines auf den Rollstuhl angewiesenen Gefangenen vor, OLG Celle NStZ 2013, 360.

tungsgrundsätze (Angleichung, Gegensteuerung, Integration) zu verstehen[112]. Der Nutzen des offenen Vollzugs unter dem Aspekt der Resozialisierung wird vor allem darin gesehen, dass dem Gefangenen ein gewisses Vertrauen entgegengebracht wird, um ihm seine **Selbstverantwortung** nicht ganz zu entziehen. Zudem wird wegen der geringeren Sicherungsvorkehrungen **das Behandlungskonzept nicht so sehr behindert** wie im geschlossenen Vollzug. Offener Vollzug ist daher nicht nur eine Unterbringungsart, sondern eine der wichtigsten Behandlungsmaßnahmen[113].

Nach der Formulierung des § 10 StVollzG ist der offene Vollzug als **241** **gesetzlicher Regelvollzug** anzusehen. Obwohl § 10 I StVollzG (nur) eine Soll-Vorschrift ist, kann man von einem juristischen Vorrang des offenen Vollzugs sprechen. Die gesetzliche Regelunterbringungsform des offenen Vollzugs gehört für **Bayern** der Vergangenheit an, wie Art. 12 BayStVollzG zeigt, der in Abs. 1 vom **geschlossenen Vollzug** als Regelunterbringungsform ausgeht.

In der **Praxis** wurde seit jeher schon so verfahren. Zur Statistik des **242** offenen Vollzugs: Im Jahr 2022 befanden sich zum Stichtag 31.3. immerhin **13,9%** der Strafgefangenen (5.933 von 42.492 – hierin sind die 604 Sicherungsverwahrten enthalten) **im offenen Vollzug**. Diese Zahl ist im Übrigen rückläufig. **Bayern** fährt hier eine noch restriktivere Praxis. Im Jahre 2022 befanden sich nur 4,5% der Gefangenen im offenen Vollzug.

Strafgefangene nach Art des Vollzugs **243**

	2009	**2011**	**2014**	**2022**
Offener Vollzug	9.259	9.760	8.933	5.933
Geschlossener Vollzug	55.043	53.464	45.582	42.492

Allerdings darf angesichts dieser Zahlen nicht übersehen werden, dass im Bereich der grds. aussetzbaren Freiheitsstrafen die **Eignung zum offenen Vollzug** und die **Eignung zur Strafaussetzung** zur Bewährung gem. § 56 StGB einander ähnlich sind. Das bedeutet, dass der Anteil der für den offenen Vollzug geeigneten Gefangenen umso kleiner wird, je größer der Anteil mit primärer Strafaussetzung unter den Verurteilten mit günstiger Legalbewährungsprognose ist.

---

[112] Allgemein zum offenen Vollzug *Meinen*, Forum Strafvollzug 2010, 75 ff.; *Preusker*, Forum Strafvollzug 2010, 65 ff.

[113] BeckOK Strafvollzug Bayern/*Arloth* Art. 12 Rn. 2.

244 In Anstalten des offenen Vollzugs bestehen „nur verminderte **Vorkehrungen gegen Entweichungen**“, Anstalten des geschlossenen Vollzugs sehen hingegen eine „sichere Unterbringung“ vor (§ 141 II StVollzG bzw. Art. 167 II BayStVollzG). Gem. § 100 I 2 StVollzG (Art. 107 I 2 BayStVollzG) dürfen keine Schusswaffen gebraucht werden, um die Flucht aus einer offenen Anstalt zu vereiteln.

245 Die in § 10 I StVollzG (Art. 12 II BayStVollzG) nur recht allgemein genannten **Voraussetzungen** für die Zulassung zum offenen Vollzug – speziell keine Fluchtgefahr, keine Missbrauchsgefahr – werden durch die VV Nr. 1 und 2 zum StVollzG bzw. VV Nr. 1 und Nr. 2 zu Art. 12 BayStVollzG konkretisiert:

246 Als **Ausschlussgründe** benennt VV Nr. 1 etwa: Verurteilung wegen Staatsschutzdelikten; angeordnete U-Haft, Auslieferungshaft u.a.; noch nicht vollzogene stationäre Maßregel.

247 **Fehlende Eignung** iSv VV Nr. 2 ergibt sich z.B. aus: Suchtgefährdung; Entweichen, Ausbruch oder Gefangenenmeuterei während des Freiheitsentzugs; Missbrauch von Lockerungen; anhängige Ausweisungs-, Auslieferungs- oder Strafverfahren; Anhaltspunkte für zu erwartende negative Beeinflussung anderer Gefangener. Dass bei Tätern spezifischer Deliktsformen, wie Gewalt-, Sexual- oder Drogenstraftaten oder Organisierter Kriminalität die Frage einer Zulassung zum offenen Vollzug **besonders gründlicher Prüfung** bedarf, wird in VV Nr. 2 III geregelt. **Tatleugnung** alleine begründet noch keine Missbrauchsgefahr; vielmehr müssen weitere Prognosegesichtspunkte herangezogen werden, die die aus der Tatleugnung hergeleitete fehlende Unrechtseinsicht und mangelnde Tatverarbeitung zu stützen vermögen[114].

248 Dass bei sich später erweisender fehlender Eignung der Gefangene **in den geschlossenen Vollzug zurückverlegt** werden kann (VV Nr. 3), bedarf an sich keiner besonderen Hervorhebung[115]. In Art. 12 III BayStVollzG findet sich gleichwohl eine ausdrückliche Regelung. Freilich ergeben sich Zweifelsfragen dann, wenn der Sachverhalt unklar ist, etwa ein Strafverfahren hinsichtlich einer möglichen Verfehlung des Gefangenen noch nicht abgeschlossen ist. Richtigerweise wird man hier nicht auf die Unschuldsvermutung abstellen können, sondern eine gründliche Sachaufklärung durch die Anstalt ausreichen lassen. Darauf aufbauend kommt es gemäß bzw. entsprechend § 14 II 1 Nr. 1 StVollzG (Art. 13 II BayStVollzG) darauf an, ob bei Einkalkulieren der ggf. unklaren Lage die für das Gewähren einer Lockerung erforderliche Überzeugung von fehlender Flucht- und Missbrauchsgefahr noch fortbesteht.

---

114 OLG Hamm NStZ-RR 2016, 32 bzgl. der Gewährung von Lockerungen.

115 Für die Voraussetzungen einer Rückverlegung aufgrund eines Prognosegutachtens vgl. OLG Frankfurt NStZ-RR 2001, 318 f.

(Die Rspr. zum StVollzG legt der Entscheidung teils § 10 II 2 StVollzG zugrunde[116] anstatt einer Analogie zu § 14 StVollzG) .Selbstverständlich ist der Verhältnismäßigkeitsgrundsatz zu beachten, etwa durch Berücksichtigung des Gewichts des erhobenen strafrechtlichen Vorwurfs[117].

Fall („Alkohol“; OLG Karlsruhe NStZ-RR 2009, 325): Allein eine einmalige und nur im geringen Umfang durchgeführte Alkoholaufnahme belegt auch bei einer ehemaligen Alkoholproblematik nicht die Besorgnis eines Rückfalls in die Sucht mit der Folge, dass die Zulassung zum offenen Vollzug widerrufen werden könnte. Vielmehr muss die Anstalt prüfen, ob nicht mildere Mittel als die Rückverlegung in den geschlossenen Vollzug in Betracht kommen. **249**

Zum Zwecke der **Entlassungsvorbereitung** sind nach Möglichkeit auch solche Gefangene in den offenen Vollzug zu verlegen, die wegen zweifelhafter Prognose oder wegen Fluchtgefahr infolge noch langer Verbüßungsdauer zunächst im geschlossenen Vollzug untergebracht worden waren. § 147 StVollzG fordert die Schaffung entsprechender „offener Einrichtungen“ zum Zwecke der Entlassungsvorbereitung nachdrücklich; im BayStVollzG hingegen fehlt eine derartige Norm. **250**

In den offenen Vollzug kann man nicht nur durch Verlegung gelangen, sondern auch schon durch **Ladung zum Strafantritt in den offenen Vollzug**. Die Entscheidung hierüber trifft dann die Vollstreckungsbehörde. In Bayern erfolgt die Ladung zum Strafantritt aber ausnahmslos in den geschlossenen Vollzug. Diese Praxis sollte überdacht werden (vgl. zu sog. Selbststellern S. 70). **251**

Strafvollzug zu Zeiten der Corona-Pandemie **252**

Um die Anstalten zu entlasten, wurde 2020 in Bayern die Ladung zum Strafantritt für kurze Freiheitsstrafen nach hinten verschoben und zudem die Vollstreckung von Ersatzfreiheitsstrafen vorübergehend ausgesetzt. Das hatte zur Folge, dass die Anstalten weniger von Überbelegung betroffen waren als in den Jahren zuvor. Die Anstalten haben dies begrüßt und konnten die Behandlungsangebote gezielter auf die verbliebenen Gefangenen ausrichten. Bei einem Vergleich der Belegungszahlen mit den Folgejahren, muss man aber diese Sonderkonstellation berücksichtigen. Zudem hat ein Umdenken hinsichtlich der Notwendigkeit von Ersatzfreiheitsstrafen eingesetzt. Zwar

[116] Vgl. OLG Celle StV 2005, 340 ff.; OLG Dresden StV 2005, 567.
[117] Vgl. KG StV 2003, 405 ff.; OLG Dresden StV 2005, 567.

wurde nicht gänzlich darauf verzichtet, aber der Umrechnungsschlüssel von Geld- zu Freiheitsstrafe geändert.

So belastend die Pandemie für unsere Gesellschaft war, so hat sie doch ein gewisses Umdenken im Strafvollzug eingeläutet. Plötzlich waren in den Anstalten Dinge möglich, die vorher unter Sicherheitsaspekten für nicht verantwortbar gehalten wurden. Um eine Verbreitung des Virus zu vermeiden, waren zeitweise die für die Resozialisierung so wichtigen Außenkontakte von einem auf den anderen Tag untersagt worden[118]. Es galt nun diese grundrechtsrelevante „Resozialisierungslücke" schnell zu schließen, denn diese Beschränkungen waren nicht nur sehr belastend für die Gefangenen und ihre Familien. Vielmehr sind extramurale soziale Kontakte ein wichtiger Baustein für die Wiedereingliederung der Inhaftierten in die Gesellschaft[119]. Selbst im restriktiven Bayern wurde den Gefangenen nun gestattet, mit ihren Angehörigen zu telefonieren, da man auch hier einsah, dass Briefe keine adäquate Alternative zu einem persönlichen Gespräch sind. Bislang gestattete in Bayern Art. 35 BayStVollzG nur „Ferngespräche" in dringenden Fällen zu führen. Die meisten Gefangenen wussten vermutlich nicht einmal, was genau unter diesem veralteten Begriff zu verstehen ist. Die Erfahrung mit den in der Krise erlaubten Telefonaten hat gezeigt, dass die Gefangenen ihre Gespräche mit den Angehörigen nicht dazu nutzten, Fluchtpläne zu schmieden, sondern sich einfach nur unterhalten und etwas Normalität erleben wollten. In anderen Bundesländern durften die Betroffenen auch skypen, andere Formen der Videotelefonie nutzen oder ihnen wurden sogar temporär Mobiltelefone überlassen, ohne dass es zu erwähnenswerten Sicherheitsproblemen gekommen wäre[120]. Im Juli 2022 entschied sich der bayerische Gesetzgeber dafür, Telefonate mit Angehörigen weiterhin unabhängig von der pandemischen Lage und nicht nur wie bislang aus dringendem Anlass zuzulassen. Art. 35 BayStVollzG wurde geändert und erlaubt nun auch ausdrücklich andere Formen der Telekommunikation (S. 145).

[118] Allgemein zu „Corona und Knast" vgl. *Feest,* NK 2020, 113 ff.; *Hefendehl,* NK 2020, 415 ff.; *Dünkel/Morgenstern,* NK 2020, 432 ff.; *Schaerff,* MschrKrim 2021, 27 ff.

[119] *Kawamura-Reindl,* NK 2019, 58 ff.

[120] Ausführlich zu den Kontaktbeschränkungen während der Pandemie *Dünkel/Morgenstern,* NK 2020, 432 (447 ff.); *Feest,* NK 2020, 113 (115).

b) Wohngruppen und Betreuungsgruppen

Gem. § 7 II Nr. 3 StVollzG (Vollzugsplanung) sind die Gefangenen in **„Wohngruppen“** unterzubringen. Ausführlicher zu Wohngruppen äußert sich Art. 140 BayStVollzG (Jugendstrafvollzug). Unter Wohngruppe ist nach allgemeiner Vorstellung eine räumliche Zusammenfassung von 10–12 oder maximal 20 Gefangenen zu **Interaktionseinheiten** zu verstehen. Das Wohngruppenkonzept des Gesetzes beruht auf der – gewiss optimistischen – Idee von der **„problemlösenden Gemeinschaft“**. In den Interaktionen mit den anderen Gruppenmitgliedern sollen soziale Lernprozesse gelingen, wobei ständigen Betreuungspersonen eine wichtige Aufgabe zukommt – speziell dem „Wohngruppenleiter“. Ganz nüchtern lässt sich immerhin zugunsten des Wohngruppenkonzepts festhalten, dass das Leben in solchen Einheiten eher als die althergebrachte, weitgehend isolierte Unterbringung, nämlich in Einzelzellen ohne damit in Verbindung stehenden Gemeinschaftsräumen, dem Angleichungsgrundsatz und dem Integrationsgrundsatz (vgl. § 3 StVollzG bzw. Art. 5 BayStVollzG) entspricht. **253**

Voraussetzung für eine echte Wohngruppe ist eine **räumlich zusammenhängende Unterbringung** ihrer Mitglieder zumindest während der Ruhezeit, also zwischen ca. 22.00–6.00 Uhr, und eines Teils der Freizeit, also ca. 16.00–22.00 Uhr (ein Teil davon während der Aufschlusszeit). Neben den Hafträumen gehören zum Bereich einer Wohngruppe also auch **Gemeinschaftsräume** (Sanitäre Einrichtungen, Teeküche, Fernsehraum etc.). **254**

In § 143 II StVollzG (Art. 169 II BayStVollzG) ist bezüglich der Gestaltung der Anstalten vorgesehen, dass die Gefangenen in „überschaubaren **Betreuungs- und Behandlungsgruppen** zusammengefasst werden können“. Inwieweit sich die Wohngruppe des § 7 II Nr. 3 von der **„Betreuungsgruppe“** des § 143 II StVollzG (Art. 169 II BayStVollzG) unterscheidet, ist im Gesetz nicht geklärt. Üblicherweise werden Wohngruppen als Untergliederungen von Betreuungsgruppen verstanden. Zu einer Betreuungsgruppe sollen nach einer Meinung ca. 40–60 Gefangene gehören, während andere eine Dimension von sogar 60-80 Gefangenen noch als hinnehmbar akzeptieren. Der **Leitung dieser Betreuungsgruppen** sollen etwa alle Wohngruppenleiter und Mitglieder des Sozialstabs angehören. Die Leitung der Betreuungsgruppen kann **Entscheidungskompetenz** für Behandlungsmaßnahmen erhalten und Freizeitangebote durch Delegation seitens des Anstaltsleiters gem. § 156 II 2 Alt. 2 StVollzG (Art. 177 II 2 BayStVollzG) schaffen. Auf der Betreuungsgruppen-Ebene kann auch **Gefangenenmitverantwortung** (§ 160 StVollzG) bzw. **Gefangenenvertretung** (Art. 158 BayStVollzG) organisiert sein, etwa durch Wahl von Gruppensprechern. **255**

256 Gem. § 201 Nr. 4 StVollzG mit seiner „Sollens"-Klausel (vgl. auch Art. 169 II BayStVollzG) kann in Altanstalten auf die Bildung von überschaubaren Betreuungs- und Behandlungsgruppen verzichtet werden, wenn **es die Räumlichkeiten nicht erlauben**. Hier liegt in der Tat ein wesentliches Hindernis für moderne Vollzugsgestaltung. Die Anstalten des Erwachsenenvollzugs entstammen oft noch dem 19. Jahrhundert und wurden **im Pennsylvanischen System als pan-optisch ausgelegte Zellengefängnisse errichtet**. Dies bedeutet, dass möglichst isolierte Unterbringung im Vordergrund stand. Gemeinschaftsräume finden sich nur wenige und dann nicht in der Nähe der Zellen. An einen Wohngruppenvollzug ist unter diesen baulichen Umständen nicht zu denken. Besser sieht es in den modernen Anstalten aus, die insbesondere für den **Jugendstrafvollzug** erbaut wurden.

c) Unterbringung in Freizeit und Ruhezeit

257 Gem. § 18 I StVollzG werden Gefangene im Wohngruppenvollzug wie auch sonst während der **Ruhezeit** (ca. zwischen 22.00–6.00 Uhr) grds. allein untergebracht (**Einzelunterbringung**). Art. 20 I BayStVollzG lockert dies durch eine Soll-Formulierung auf und beschreibt in Abs. 2 als Regelausnahmen vom Grundsatz die Fälle der Hilfsbedürftigkeit oder Leibesgefährdung eines Gefangenen oder auch Raumengpässe in der Anstalt.

258 Derzeit steht es um die Realisierung von § 18 I StVollzG (Art. 20 I BayStVollzG) noch schlecht. Art. 20 II BayStVollzG regelt eine Legitimierung gemeinsamer Unterbringung grds., d.h. nicht nur für eine Übergangszeit. Bei der oft erheblichen Überbelegung der Anstalten ist gemeinsame Unterbringung weithin der Fall. Schlafsäle für **bis zu acht Personen** sind gem. Art. 20 III BayStVollzG nach wie vor zulässig. Dass dies gem. Art. 139 I BayStVollzG sogar für den Jugendstrafvollzug gilt, erscheint unakzeptabel.

259 Für die Unterbringung in Anstalten mit Baubeginn nach Inkrafttreten des StVollzG (1.1.1977) gilt die Verpflichtung des § 18 I 1 StVollzG, wonach die Gefangenen in der Ruhezeit **immer einzeln unterzubringen** sind – es sei denn, der Gefangene ist hilfsbedürftig oder es besteht eine Gefahr für Leben oder Gesundheit eines Gefangenen (§ 18 I 2 StVollzG). Der Hinweis auf Überbelegung überzeugt angesichts dieser zwingenden Regelung nicht; auch die Ausnahmeregelung des § 18 II 2 StVollzG zur „vorübergehenden" gemeinsamen Unterbringung aus „zwingenden Gründen" kann sich nicht auf wochen- oder monatelange gemeinsame Unterbringung erstrecken und meint nicht eine allgemeine

chronische Überbelegung[121]. Diese Probleme hat der bayerische Gesetzgeber mit **Art. 20 II BayStVollzG** umgangen, in dem er die „Tür" für eine gemeinsame Unterbringung wegen Überbelegung der Anstalt weit aufgemacht hat.

§ 146 I StVollzG (Art. 172 BayStVollzG) enthält ein **Verbot der Überbelegung der einzelnen Hafträume**. Abs. 2 gibt eine restriktiv gehaltene Ausnahmemöglichkeit. Das Überbelegungsverbot soll eine menschenwürdige Unterbringung ermöglichen und den äußeren Rahmen der Behandlungsarbeit zu wahren helfen. Der Anstaltsleiter kann – theoretisch – unter Hinweis auf § 146 StVollzG (Art. 172 BayStVollzG) die Aufnahme weiterer Gefangener verweigern. Allerdings wird die Belegungsfähigkeit der Anstalt gem. § 145 StVollzG (Art. 171 BayStVollzG) von der Aufsichtsbehörde festgelegt, weshalb die Anstalt letztlich einen nur geringen Handlungsspielraum hat. 260

Wie der **Haftraum** gestaltet und ausgestattet sein muss bzw. darf, ergibt sich aus der Zusammenschau mehrerer Vorschriften: § 144 StVollzG bzw. Art. 170 BayStVollzG (allgem. Regelung) und § 19 StVollzG bzw. Art. 21 BayStVollzG (eigene Sachen) sowie § 53 II, III StVollzG bzw. Art. 55 II, III BayStVollzG (religiöse Schriften und Gegenstände), § 68 StVollzG bzw. Art. 70 BayStVollzG (Zeitschriften), § 69 II StVollzG bzw. Art. 71 I BayStVollzG (eigene Hörfunk- und Fernsehgeräte), § 70 StVollzG bzw. Art. 72 BayStVollzG (Gegenstände für die Freizeitbeschäftigung), § 83 StVollzG bzw. Art. 90 BayStVollzG (Eingebrachte Sachen; persönlicher Gewahrsam). 261

Gem. § 144 I 1 (Art. 170 BayStVollzG) muss der Haftraum **„wohnlich" und zweckentsprechend** sein. Herkömmlich gelten für eine Einzelzelle 22 m^3 Luftraum und bei Zellen für gemeinsame Unterbringung von Gefangenen pro Person 16 m^3 Luftraum oder 6–7 m^2 Bodenfläche als Minimum[122] bei einer Mindestfenstergröße von 1 m^2 (Nr. 106 DVollzO – nicht mehr gültig). Das BayStVollzG enthält keine Vorgaben für eine Mindestgröße von Hafträumen. In der VV zu Art. 170 BayStVollzG ist inzwischen aber niedergelegt, dass Einzelhafträume mindestens 9 m^2, Gemeinschaftshafträume mit einer Zweierbelegung wenigstens 15 m^2 und Gemeinschaftshafträume mit einer Dreierbelegung wenigstens 21 m^2 Bodenfläche aufweisen sollen. Die Fenster müssen den Blick ins Freie gestatten. Bett, Schrank, Stuhl und Tisch sind Mindestinventar. Zur Wohnlichkeit gehört mindestens ein abgetrenntes WC. 262

In Gemeinschaftszellen liegt bei Unterschreiten der genannten Zellenmindestgröße (16 m^3 Luftraum pro Person oder 12 m^2 Bodenfläche für zwei Personen) oder bei fehlender Abtrennung der Toilette oder bei 263

---

[121] Vgl. OLG Celle NStZ-RR 2003, 316 f.; ferner KG StV 2003, 400 f.

[122] BVerfG NStZ-RR 2013, 91; OLG Frankfurt NJW 2003, 2843 ff.

fehlender gesonderter Entlüftung der Toilette ein **Verstoß gegen die Menschenwürde** der Insassen vor (Art. 1 I GG, Art. 3 EMRK)[123]. Indes ist festzustellen, dass bei regelrechter räumlicher Abtrennung der Toilette von manchen OLGs durchaus Konzessionen an die erforderliche Raummindestgröße gemacht werden; akzeptiert wurde etwa die Unterbringung von zwei Gefangenen in 9,1 m^2 Haftraum + 1,3 m^2 Toilette[124]. Hingegen sieht das OLG Hamm bei Unterschreitung von 5 m^2 Bodenfläche pro Person, trotz Abtrennung des Toilettenbereichs, einen Menschenwürdeverstoß[125]. Bezüglich einer Einzelzelle von 5,25 m^2 (ohne abgetrennte Toilette) hat das Kammergericht angenommen, dass dieser Haftraum zwar nicht „wohnlich" (§ 144 StVollzG bzw. Art. 170 BayStVollzG) sei, woraus der Gefangene freilich keinen Rechtsanspruch ableiten könne, jedoch nicht menschenwürdewidrig[126]. Allgemein gilt, dass die Frage der Menschenwürdigkeit der Unterbringung aber stets von einer **Gesamtschau** der tatsächlichen, die Haftsituation bestimmenden Umstände abhängt[127]. So können bspw. längere Aufschlusszeiten bestimmte Defizite kompensieren.

264 **Fall** („Platzmangel"): Es verstößt gegen die Menschenwürde, wenn pro Gefangenen bei nicht nur kurzfristiger Unterbringung in einem Gemeinschaftsraum weniger als 5 m^2 Grundfläche zur Verfügung stehen (6 m^2 Grundfläche bei Einzelunterbringung sind dagegen gerade noch akzeptabel – BVerfG NStZ-RR 2013, 91). Außerdem liegt ein solcher Verstoß vor, wenn die Toilette in einem mit mindestens zwei Personen belegten Haftraum baulich nicht gegen Einblicke, Gerüche und Geräusche abgeschottet ist. Das Land ist nach § 839 BGB iVm Art. 34 GG schadensersatzpflichtig. Mit dem Urteil ist das Land Nordrhein-Westfalen verurteilt worden, an einen Gefangenen Schadensersatz in Höhe von 10 € pro Hafttag zu zahlen. Er war über mehrere Monate in einem Haftraum mit insgesamt vier Inhaftierten auf knapp 18 m^2 untergebracht (OLG Hamm, Forum Strafvollzug 2009, 206 ff.; *Kretschmer,* NJW 2009, 2406.

[123] Vgl. BGH NJW 2006, 306 (308); OLG Celle NJW 1967, 2024 ff. m. zust. Anm. von *Eb. Schmidt*; OLG Frankfurt StV 1986, 27 f.; NJW 2003, 2843 ff.; NStZ-RR 2005, 155 f.; OLG Naumburg NStZ 2005, 294 f.; OLG Hamm StV 2006, 152 f.; vgl. auch BVerfG NJW 2002, 2699 f. u. 2700 f.; ferner LG Oldenburg StV 2004, 610 f.

[124] OLG Karlsruhe ZfStrVo 2005, 299; OLG Celle NStZ-RR 2003, 316.

[125] Vgl. OLG Hamm NStZ-RR 2009, 326 f.

[126] Vgl. KG NStZ-RR 2008, 222 ff.

[127] BayObLG, Beschl. v. 19.7.2022 – 203 StObWs 249/22 = BeckRS 2022, 48387.

Fall („Toilette"; BVerfG, EuGRZ 2008, 83 ff.): Ein Gefangener, in dessen Haftraum die Toilette nicht mit einem Sichtschutz versehen ist, hat Anspruch darauf, dass sich das Personal zur Wahrung seiner Intimsphäre rücksichtsvoll benimmt. Ein Beamter muss bspw. sein Eintreten ankündigen. Nicht notwendig ist, dass in einer Einzelzelle die Toilette räumlich abgetrennt ist.

Gem. § 19 I 1 StVollzG (Art. 21 I 1 BayStVollzG) darf der Gefangene seinen **Haftraum „in angemessenem Umfang mit eigenen Sachen ausstatten"**; dazu gehört insbesondere die Aufstellung von Fotos nahestehender Personen und von Erinnerungsstücken (Abs. 1 S. 2). Dies entspricht nicht nur den vollzug-lichen Gestaltungsgrundsätzen, sondern auch dem Aspekt der Wahrung der Menschenwürde. Um welche „eigenen Sachen" es sich handeln kann, ergibt sich nicht nur aus § 19 I 2 StVollzG (Art. 21 I 2 BayStVollzG), sondern auch aus § 53 II, III StVollzG bzw. Art. 55 II, III BayStVollzG (religiöse Schriften und Gegenstände), § 68 StVollzG bzw. Art. 70 BayStVollzG (Zeitschriften), § 69 II StVollzG bzw. Art. 71 I BayStVollzG (eigene Hörfunk- und Fernsehgeräte), § 70 StVollzG bzw. Art. 72 BayStVollzG (Gegenstände für die Freizeitbeschäftigung), § 83 StVollzG bzw. Art. 90 BayStVollzG (eingebrachte Sachen). 265

Fall („Flachbildschirm"; OLG Nürnberg NStZ 2008, 345 ff.): Der Gefangene G beantragt, einen Flachbildschirm-Fernseher für ca. 900 € kaufen zu dürfen. Der Antrag wird abgelehnt, da in der Anstalt eine Wertobergrenze von 200 € für Anschaffungen gelte. Es würde anderenfalls die Ordnung der Anstalt gefährdet, wenn einzelne Gefangene sich mit Statussymbolen schmücken könnten. Die Strafvollstreckungskammer gab dem Antragsteller Recht, das OLG sah die Sache anders. Zentrale rechtliche Frage ist hier, ob der Begriff „**in angemessenem Umfange**" bezüglich des Besitzes von Sachen (§ 70 I StVollzG; Art. 72 I BayStVollzG) nur die Größe und Anzahl der Gegenstände betrifft, was unter dem **Aspekt der Übersichtlichkeit und Durchsuchbarkeit des Haftraums** (§ 19 StVollzG; Art. 21 BayStVollzG) bedeutsam ist[128]. Eine verbreitete Ansicht interpretiert die Angemessenheitsklausel weiter und berücksichtigt hierbei auch die **Geldwertfrage**; es solle zumindest zu keiner erheblichen Ungleichheit der materiellen Ausstattung kommen. Begründet wird dies damit, dass Neid und Missgunst unter den Gefangenen entgegengewirkt und subkulturelle Abhängigkeiten vermieden werden sollen. Es gehe hier 266

[128] Zu einzelnen Gegenständen vgl. BeckOK Strafvollzug Bayern/*Arloth* Art. 21 Rn. 9.

also um die Wahrung der Ordnung der Anstalt. Dafür spricht auch die egalitär angelegte Einkaufsregelung des § 22 I StVollzG (Art. 24 I BayStVollzG), die nur sehr begrenzte Konsumunterschiede erlaubt. Von daher ist es richtig, wenn im vorliegenden Fall das OLG bei der Angemessenheitsentscheidung den Wert der Sache berücksichtigt[129]. Am Rande sei angemerkt, dass Flachbildschirme auch im Vollzug schon lange kein Statussymbol mehr sind. Schon aus Sicherheitsgründen gibt es nur noch flache Geräte, in denen weniger leicht etwas versteckt werden kann.

267 **Fernsehen im Vollzug**

Die Zeiten, in denen die Strafgefangenen nur in einem Gemeinschaftsraum bis zum abendlichen Einschluss um 20.30 Uhr – Ausnahmen höchstens bei Fußballweltmeisterschaften – fernsehen durften, sind vorbei. Heute hat fast jeder Gefangene in seinem Haftraum ein Gerät stehen, das er bislang von einer durch die Anstalt vermittelten Firma gemietet oder gekauft hat. Seit 2024 gehört in Bayern nun aber ein Fernsehgerät zur Grundausstattung eines Haftraums und muss nicht mehr extra vom Gefangenen bezahlt werden. Vor dem Hintergrund, dass viele Gefangene zwar gerne arbeiten würden, ihnen aber keine Arbeit angeboten werden kann, laufen die Geräte dann oft viele Stunden am Tag. Die Stromkostenpauschale, die der Gefangene zu bezahlen hat, beträgt ca. 1 € pro Gerät monatlich (s. S. 94). Nach neuerer Rspr. dürfen die Anschaffungskosten für eine Satelliten-Empfangs-Anlage nicht auf die Gefangenen umgelegt werden (LG Regensburg StV 2023, 120). Die frühere Möglichkeit, eigene Geräte mitzubringen, die dann kostenpflichtig verplombt werden mussten, ist damit Geschichte.

268 Obwohl vom Gesetzeswortlaut nicht unmittelbar erfasst, da dieser auf die Ausstattung des Haftraumes Bezug nimmt, wird auch der **Besitz von sonstigen Gegenständen des Alltagsgebrauchs** über § 19 (iVm § 70) StVollzG bzw. Art. 21 (iVm Art. 72) BayStVollzG abgehandelt.

269 **Fall** („Armbanduhr“, BVerfG, StV 2001, 38): Der Gefangene G beantragte, seine defekte Armbanduhr durch eine Neuanschaffung ersetzen zu dürfen; er wollte über den Fachhandel eine Uhr im Wert von 50 € beziehen. Die Anstalt verweigerte dies mit der Begründung, dass lediglich eine Uhr im Wert bis 20 €, vermittelt über die Anstalt,

[129] Nachw. bei OLG Nürnberg NStZ 2008, 345 ff.; vgl. auch BVerfG StV 2001, 38 f.

bezogen werden dürfe. Die Wertbegrenzung diene der Eindämmung des Schwarzhandels und der vorgeschriebene Bezugsweg diene der Gefahrenabwehr, da das Einschmuggeln z.B. von Drogen unterbunden werden müsse. Nachdem das Verfahren gem. §§ 109 ff. StVollzG erfolglos war, obsiegte der Gefangene immerhin zur Hälfte beim BVerfG. Das Vorschreiben des Bezugswegs durch die Anstalt sei durch die notwendige Gefahrenabwehr gedeckt, da gem. §§ 19 II, 70 II Nr. 2 StVollzG (Art. 21 II iVm Art. 72 II Nr. 2 BayStVollzG) dieser Zweck sogar Besitzverbote legitimiere. Hingegen verstoße die Beschränkung auf einen Warenwert von 20 € gegen den Gleichheitssatz aus Art. 3 I GG. Da nach einer gültigen Allgemeinverfügung der Anstalt den Gefangenen beim Zugang ihre Uhr im Wert bis zu 150 € belassen werden kann, fehle eine hinreichende Begründung für die den G belastende Differenzierung, wonach ihm beim Ersatzkauf lediglich eine Uhr im Wert von 20 € zugebilligt werden könne.

§ 19 II, § 70 II Nr. 2 StVollzG (Art. 21 II, Art. 72 II Nr. 2 BayStVollzG) **270** beschränken die Möglichkeiten des Gefangenen zur „angemessenen" Ausgestaltung seiner Zelle (§ 19 I StVollzG bzw. Art. 21 I BayStVollzG) bzw. zum Besitz von Gegenständen zur Freizeitbeschäftigung in „angemessenem Umfange" (§ 70 I StVollzG bzw. Art. 72 I BayStVollzG) unter dem Obergesichtspunkt der **Wahrung von Sicherheit und Ordnung**. Insbesondere wird die Notwendigkeit betont, die „Übersichtlichkeit" des Haftraums zu erhalten. Dennoch ist aber eine Abwägung gegenüber den berechtigten Interessen des Gefangenen an sinnvoller Freizeitbeschäftigung und wohnlicher Ausgestaltung der Zelle vorzunehmen; die **Angemessenheit** ist „unbestimmter Rechtsbegriff" und voller gerichtlicher Nachprüfbarkeit unterworfen[130].

Eine wirksame **Durchsuchung** des Haftraumes (§ 84 I StVollzG **271** bzw. Art. 91 I BayStVollzG) muss aber immer möglich sein; nicht unbedingt gewahrt sein muss wohl die Übersichtlichkeit der Zelle von der Türe her. Als problematisch für Durchsuchungen unter dem Aspekt „Übersichtlichkeit" gelten nach der Rspr. etwa: Geräte mit schlecht einsehbaren Hohlräumen, gefütterte Tagesdecken, Kissen, Teppichböden oder Blumentöpfe. Als die Sicherheit und Ordnung der Anstalt gefährdend angesehen wurden von der Rspr. etwa: Elektrogeräte, die Brand- oder Verletzungsgefahr begründen; Briefmarken in größeren Mengen wegen ihrer Tauglichkeit als illegales Zahlungsmittel; elektronische Geräte die durch Manipulation zu Sendern oder Empfängern umgerüstet werden können; langstielige Reinigungsgeräte (Schrubber und Besen) wegen der Möglichkeit, diese bei einem Ausbruch aus der Anstalt dazu

[130] Vgl. OLG Karlsruhe StV 2004, 612.

zu benutzen, „auch moderne Mauerkronensicherungen zu überwinden“[131].

272 **Fall** („Salomonenkakadu“; OLG Karlsruhe ZfStrVo 2002, 373 ff.): Der eine lebenslange Freiheitsstrafe verbüßende Gefangene G beantragte, einen Salomonenkakadu halten zu dürfen. Dies wurde ihm verweigert. Die Anstalt begründete das damit, dass nach der Hausordnung nur Kanarienvögel und Wellensittiche zulässig seien. So große und lebhafte Vögel wie Salomonenkakadus seien laut und könnten artgerecht nur in einer großen Voliere gehalten werden. Auf Rechtsbeschwerde (§§ 116 ff. StVollzG) des G hin hob das OLG den Beschuss der Strafvollstreckungskammer auf. Der Antrag sei an § 19 StVollzG (Art. 21 BayStVollzG) zur Raumausstattung oder an § 70 StVollzG (Art. 72 BayStVollzG) zum Besitz von Gegenständen zur Freizeitbeschäftigung zu messen. Im Rahmen beider Vorschriften finde ein Besitzrecht des Gefangenen seine Grenze an einer möglichen Gefährdung der Sicherheit oder Ordnung der Anstalt. Da Sicherheitsbedenken nicht geltend gemacht worden seien, könne die Weigerung nur auf eine Gefährdung der Anstaltsordnung gestützt werden. Hierfür sei aber nicht genug Einzelfallbezogenes geltend gemacht worden. Der Hinweis auf eine Selbstbindung durch die nur bestimmte Vogelarten erlaubende Allgemeinverfügung per Hausordnung reiche nicht aus. Vgl. zum Halten eines Wellensittichs (in U-Haft) auch OLG Köln NStZ-RR 2013, 263.

273 **Tiere im Strafvollzug**

Die Möglichkeit, sich während des Freiheitsentzugs um ein Haustier zu kümmern, kann sich positiv auf den Gefangenen auswirken. Man stelle sich nur vor, welchen Stellenwert ein Tier für einen älteren Strafgefangenen ohne Außenkontakte haben kann. Bei jungen Strafgefangenen kann der Umgang mit Tieren deren Empathiefähigkeit stärken. So werden in der JVA Bremen Hühner, Hängebauchschweine und Ziegen gehalten, in der bayerischen Jugendvollzugsanstalt Ebrach ermöglicht man jungen Straftätern mit Hunden Gassi zu gehen, in die Jugendanstalt Berlin kommt zweimal die Woche eine Psychologin mit Therapiehunden und in der Jugendanstalt Neustrelitz (Mecklenburg-Vorpommern) züchten Straftäter Wollschweine. In der Osnabrücker Studie von *Schwind* „Tiere im Strafvollzug“ kam dieser zu dem Ergebnis, dass durch die Beziehung zu Tieren Verantwortungsbewusstsein aufgebaut, emotionale Bindungen gestärkt

[131] OLG Karlsruhe ZfStrVo 2001, 312 f.

bzw. Aggressionen abgebaut werden. Das Anstaltsklima würde sich positiv verändern[132].

Der Aspekt der Übersichtlichkeit von der Türe her hängt zusammen mit dem früher selbstverständlichen, jetzt aber eingeschränkten Gebrauch von Gucklöchern in den Zellentüren, sog. **Spionen**. Das Verhängen der Spione durch auf Schutz ihrer Intimsphäre bedachte Gefangene wurde in der Rspr. teils gebilligt, teils verboten. Inzwischen hat sich weitgehend die Erkenntnis durchgesetzt, dass die extreme Störung der Privatsphäre des Gefangenen durch den Spion in keinem vernünftigen Verhältnis zu seinem (geringen) Nutzen steht. Der BGH hat entschieden, dass eine Verpflichtung des Gefangenen, den Sichtspion offenzuhalten, entweder auf § 88 II Nr. 2 StVollzG (Art. 96 II Nr. 2 BayStVollzG) als „besondere Sicherungsmaßnahme" oder auf die Generalklausel des § 4 II 2 StVollzG (Art. 6 II 2 BayStVollzG) gestützt werden kann. In jedem Falle muss die Anordnung auf der Basis einer Prüfung des Einzelfalles ergehen[133]. **274**

Ähnlich wie die Frage einer Nutzung des „Spions", betrifft auch die Frage des unangemeldeten Betretens des Haftraumes die Privatsphäre der Gefangenen. Von Gefangenen war immer wieder reklamiert worden, das **Betreten des Haftraumes ohne vorheriges Anklopfen** verletze ihr Persönlichkeitsrecht (Menschenwürde und Recht auf Intimsphäre). Durchaus auf dieser Linie hatten zunächst OLGs entschieden, dass dies aus dem StVollzG nicht herleitbar sei, Vollzugsbedienstete dürften generell und ohne Weiteres ohne Anklopfen die Hafträume betreten; ein Recht zu unangemeldetem Eintreten könne nur aus § 4 II 2 StVollzG (Art. 6 II 2 BayStVollzG) und deshalb allein aufgrund einer Einzelfallprüfung abgeleitet werden[134]. Das BVerfG ist dem nicht gefolgt, obwohl es anerkannte, „*dass der gesonderte Haftraum für den Gefangenen regelmäßig die einzige verbleibende Möglichkeit bietet, sich eine gewisse Privatsphäre zu schaffen und ungestört zu sein*". Mit der pragmatischen Erwägung, dass das Schließgeräusch beim Öffnen der Zelle hinlängliche Vorwarnung darstelle, verneinte es jedoch eine Verletzung der Privat- und Intimsphäre bei fehlendem Anklopfen. Im Übrigen betonte es, dass der Schutzbereich des Art. 13 GG (Unverletzlichkeit der Wohnung) Hafträume einer Justizvollzugsanstalt nicht umfasst[135]. **275**

---

[132] *Schwind*, FS Seebode, 2008, S. 551; *Wolf*, Rückfallprävention durch den Umgang mit Tieren im Strafvollzug der Bundesrepublik Deutschland, 2014; *Wesenberg/Scheidig/Nestmann*, Tiergestützte Interventionen im Justizvollzug, 2020.

[133] Vgl. BGHSt 37, 380 ff.; BGH NJW 2006, 306 (308).

[134] Vgl. OLG Saarbrücken NStZ 1993, 307; OLG Celle ZfStrVo 1994, 174.

[135] BVerfG NJW 1996, 2643 f.

276 **Fall** („Sichtspion“; OLG Hamm, Urt. v. 27.1.2015 – 1 Vollz (Ws) 664, 665/14 = BeckRS 2015, 04174): Grds. ist die Beobachtung männlicher Gefangener durch einen Türspion – auch durch weibliches Personal – eine zulässige Maßnahme zur Abwendung der Realisierung einer Suizidgefahr. Hierbei ist die Intimsphäre des Gefangenen, die durch Art. 2 I iVm Art. 1 I GG geschützt wird, möglichst zu schonen. Insoweit ist – jedenfalls bei der Beobachtung durch weibliche Bedienstete – zu prüfen, ob eine vorherige Ankündigung einer solchen Sichtkontrolle ohne Gefährdung ihres Sicherungszwecks möglich ist, damit der Gefangene etwaigen Eingriffen in seine Intimsphäre vorbeugen kann.

277 **Suizid im Vollzug**

Die Suizidquote im Strafvollzug ist höher als die der Normalbevölkerung draußen; exakte Angaben sind indes schwierig zu machen. Nach Angaben der WHO (2007) sind die Suizidraten von Männern in Untersuchungshaft 7,5-mal höher und von Männern in Strafhaft 6-mal höher als die Suizidraten nichtinhaftierter Männer. Indes ist fraglich, wie belastbar diese weltweiten Ergebnisse sind und inwieweit sie auf Deutschland übertragen werden können. Hierzulande liegt die Suizidziffer im Gefängnis (alle Haftarten) bei 106 Suiziden pro 100.000 Gefangene. Es besteht ein deutlicher Unterschied zwischen männlichen und weiblichen Gefangenen. Für männliche Gefangene betrug die durchschnittliche Suizidziffer 109, für weibliche 53. Im Vergleich der Suizidziffern von männlichen Gefangenen zu Männern der Allgemeinbevölkerung ergibt sich eine 6-fach höhere Suizidziffer für Männer im Gefängnis, dabei fällt der Vergleich für das weibliche Geschlecht mit einer 9-fach höheren Ziffer für inhaftierte Frauen sogar noch ungünstiger aus. 2020 gab es in Deutschland mit 92 Suiziden im Justizvollzug sogar einen neuen Höchststand[136]. Besonders belastend ist die von großer Unsicherheit geprägte Zeit der Untersuchungshaft, aber auch die erste Zeit im Vollzug einer Freiheitsstrafe. Die meisten Suizide werden durch Erhängen in der Nacht begangen.[137]

[136] Vgl. Antwort der Bundesregierung auf eine Anfrage von Abgeordneten der Fraktion „Die Linken“, BT-Drs. 20/8116 v. 25.8.2023.

[137] Vgl. *Bennefeld-Kersten,* Suizide von Gefangenen in Deutschland 2000 bis 2010, 2012; dies., Ausgeschieden durch Suizid – Selbsttötungen im Gefängnis, 2009. Zur Unterstützung der Selbsttötung eines Strafgefangenen durch die JVA, vgl. BVerfG NStZ-RR 2022, 32.

Gem. § 20 I StVollzG (Art. 22 I BayStVollzG) trägt der Gefangene **Anstaltskleidung**, die aber wegen Art. 1 I GG und wegen des Angleichungsgrundsatzes des § 3 I StVollzG (Art. 5 I BayStVollzG) keinen diskriminierenden Charakter haben darf[138]. Bei Ausführungen hat der Gefangene gem. § 20 II 1 StVollzG (Art. 22 II 1 BayStVollzG) ein Recht darauf, eigene Kleidung zu tragen, falls keine Entweichungsgefahr besteht[139]. Die Ausnahmeerlaubnis für ein Tragen privater Kleidung in der Anstalt gem. § 20 II 2 StVollzG (Art. 22 II 2 BayStVollzG) steht für sonstige Fälle im Ermessen des Anstaltsleiters (vgl. § 156 II 2 StVollzG/Art. 177 II 2 BayStVollzG). **278**

Fall („Unterwäsche"; OLG Hamm, Beschl. v. 14.8.2014, Az.: 1 Vollz (Ws) 365/14 = becklink 1034857): Der Strafgefangene G verbüßt eine Freiheitsstrafe. Er bekommt von der Anstalt 4x die Woche frische Unterwäsche. Er möchte aber die Unterwäsche täglich wechseln. Die Anstalt lehnt dies mit der Begründung ab, dass mit der zur Verfügung gestellten Ausstattung Gesundheit und Hygiene Rechnung getragen sei, zumal die Wechselintervalle im Fall einer ärztlichen Anordnung auch verkürzt werden könnten. Die Strafvollstreckungskammer gibt G Recht, es müsse Wäsche für einen täglichen Wechsel bereitgestellt werden. Dies bedeutet, eine Änderung der Rspr., wonach bisher 4 Garnituren Unterwäsche wöchentlich für Strafgefangene als ausreichend erachtet wurden. **Doch heutzutage gelte der tägliche Wechsel von Unterwäsche und Socken als gesellschaftliche Norm oder zumindest als wünschenswert.** Eine unzureichende Ausstattung mit Anstaltskleidung könne damit eine unzureichende Körperhygiene zur Folge haben, die sich nachteilig für die Resozialisierung erweisen könnte. In diesem Zusammenhang erscheint die Entscheidung überholt, dass ein nicht arbeitender Strafgefangener, der auch keinen Sport treibt, keinen Anspruch auf tägliches Duschen hat[140]. **279**

Fall („Hose"; BVerfG, NStZ 2004, 223 ff.): Ein Gefangener weigert sich, die ihm zugewiesene Arbeit aufzunehmen, da er als Kleinwüchsiger dabei viel zu große Kleider tragen müsste. Er wird deshalb mit einem 5-tägigen Arrest belegt. Der Gefangene beantragt gerichtliche Entscheidung gem. § 109 StVollzG. Die Strafvollstreckungskammer hält die Arrestverhängung für rechtmäßig, da der Gefangene schuldhaft seine Arbeitspflicht verletzt habe. Es führt aus, dass allgemein

---

138 Zur Erlaubnis privater Wäsche vgl. OLG Hamm StV 2020, 551.

139 Vgl. zur Fesselung bei Ausführungen BVerfG NJW 2023, 1117.

140 OLG Hamm, Beschl. 5.1.2016 – 1 Vollz (Ws) 529/15 = BeckRS 2016, 6332.

bekannt (sei), dass es „durchaus heutigen modischen Vorstellungen entspricht, wenn der Schritt des Beinkleides bis in die Kniekehlen reicht". Das BVerfG hatte nur über die hier nicht zu erörternde Frage einstweiligen Rechtsschutzes gem. § 114 II StVollzG zu entscheiden. Es zeigte dennoch seinen Unmut über die fraglichen Ausführungen des Gerichts in ungewöhnlicher Schärfe in einem obiter dictum: Es habe das LG das Bewusstsein dafür vermissen lassen, „dass Grundrechte berührt sind, wenn ein Strafgefangener gezwungen wird, Kleidung zu tragen, durch die er sich der Lächerlichkeit preisgegeben sieht, und dass ein Strafgefangener, der um gerichtlichen Rechtsschutz nachsucht, wie jeder andere Rechtssuchende eine sachliche Auseinandersetzung mit seinem Anliegen erwarten darf".

280 **Stromkostenpauschale**

Die Strafgefangenen müssen sich an Stromkosten für den Betrieb von elektrischen Geräten beteiligen. Dies sehen alle Landesgesetze vor (Art. 73 BayStVollzG). Den Gefangenen wird dabei ein kostenloser „Grundbedarf" zugebilligt (Kaffeemaschine, Rasierapparat, Fön). Darüber hinaus findet eine pauschale Kostenerhebung statt (Stromzähler für jede Zelle wäre zu aufwändig – OLG Hamburg NStZ-RR 2011, 156). Nach *Köhne* (NStZ 2012, 16) ist die Heranziehung der Gefangenen zur Zahlung von Stromkosten abzulehnen, da diese für ihre Arbeit unzureichend bezahlt würden. Von den Gerichten wurde indes eine Stromkostenpauschale für Elektrogeräte, die nicht zum kostenfrei zu gewährenden Grundbedarf gehören, abgesegnet. Bedingung ist, dass die Höhe der Pauschale die bei durchschnittlichem Gebrauch der Elektrogeräte tatsächlich entstehenden Stromkosten nicht erreichen darf. In Bayern beträgt der „Energiekostenbeitrag" ca. 1,50 € pro Monat, unabhängig davon wie viele Geräte betrieben werden. Vgl. auch OLG Naumburg, NStZ-RR 2013, 62, wonach eine für alle Elektrogeräte geltende Stromkostenpauschale von 2 € pro Gerät, die sich an den Gerätearten mit dem höchsten Verbrauch orientiert, unverhältnismäßig sei. Das BVerfG hat die pauschale Erhebung von Betriebs- und Stromkosten im Justizvollzug für zulässig erachtet, die aber nicht die tatsächlichen Kosten erreichen darf (NJW 2018, 2476).

d) Versorgung mit Gegenständen des täglichen Bedarfs

281 § 21 StVollzG (Art. 23 BayStVollzG) geht davon aus, dass der Gefangene grds. in vollem Umfang **von der Anstalt verpflegt** wird. Das Gesetz schließt allerdings **Selbstversorgung** durch den Gefangenen

nicht aus; hier kann die Vollzugsbehörde nach ihrem Ermessen entscheiden (aus Gleichbehandlungsgrundsätzen scheidet dies aber meist aus).

Essen im Vollzug 282

Der Gefangene nimmt sein Essen in seinem Haftraum zu sich, das zuvor in der Anstaltsküche von Mitgefangenen zubereitet wurde. Speisesäle, wie man sie etwa aus amerikanischen Filmen kennt, gibt es in Bayern überwiegend nicht. Die Qualität des Essens wird von den Gefangenen oft kritisiert. Das hat sicherlich auch damit zu tun, dass aufgrund der Eintönigkeit des Anstaltslebens das Essen einen sehr hohen Stellenwert einnimmt. Mindestens ein Anstaltsmitarbeiter isst ebenfalls täglich die Kost der Gefangenen, um beurteilen zu können, ob Beschwerden berechtigt sind. Die Eindrücke werden in einem speziellen Buch notiert. Die Zusammensetzung und der Nährwert der Verpflegung ist ärztlich zu überwachen (Art. 23 S. 1 BayStVollzG).

Auf der Basis ärztlicher Anordnung hat der Gefangene ein Recht auf 283 **Sonderverpflegung** (S. 2). Hingegen verpflichtet S. 3 die Anstalt nicht, bei der Verpflegung **religiöse Speisegebote** zu beachten. S. 3 gibt aber ein Recht auf Selbstverpflegung, wenn der Gefangene einer Religionsgemeinschaft mit besonderen Speisegeboten angehört. In der Praxis ist es zumindest in großen Anstalten selbstverständlich, auf die Nahrungsvorschriften des Islams Rücksicht zu nehmen.

Ausländer im Strafvollzug 284

Der Ausländeranteil im Strafvollzug betrug zum Stichtag 31.3.2022 rund 34%. Den größten Anteil hieran hatten Gefangene aus Afrika und Asien. In Bayern waren am Stichtag 31.3.2022 3.915 nichtdeutsche Gefangene aus 102 verschiedenen Staaten inhaftiert. Auf den Gesamtbestand der Gefangenen bezogen beträgt der Ausländeranteil gegenwärtig ca. 45%[141].

Fall („Selbstverpflegung“; OLG Koblenz, Beschl. v. 4.2.2015 – 2 285 Ws 550/14 = BeckRS 2015, 03639): Strafgefangener G verbüßt eine Freiheitsstrafe und will sich selbst verpflegen, ohne dass bei ihm religiöse oder medizinische Gründe hierfür vorliegen würden. Die Anstalt lehnt dies ab. Die angerufene Strafvollstreckungskammer sieht einen Ermessensfehlgebrauch: Der Strafgefangene habe einen An-

[141] Vgl. Strafvollzugsstatistik in Bayern 2022.

spruch darauf, dass die Anstalt über seinen Wunsch auf Selbstverpflegung ermessensfehlerfrei entscheidet. Für die Gestattung wird maßgebend sein, dass der Anstalt keine zusätzlichen Kosten entstehen und dass die Selbstverpflegung mit den konkreten Anstaltsverhältnissen in Einklang zu bringen ist. Unter Umständen wird es auch einen Unterschied machen, ob sich der Gefangene – wie vorliegend – im offenen Vollzug befindet und daher in der Lage ist, unbeschränkt Einkaufsmöglichkeiten außerhalb der Anstalt zu nutzen, während ein Gefangener im geschlossenen Vollzug auf die dort gegebenen Einkaufsmöglichkeiten angewiesen ist.

286 Beim – zuweilen nur einmal pro Monat stattfindenden – **Einkauf** geht es gem. § 22 I StVollzG (Art. 24 I BayStVollzG) um den Erwerb von zusätzlichen Nahrungsmitteln, von Genussmitteln (Tabak; Kaffee; gem. VV Nr. 2 III zu § 22 StVollzG bzw. VV Nr. 1 zu Art. 24 BayStVollzG kein Alkohol) und von Gegenständen der Körperpflege[142]. Inwieweit „sonstige Gegenstände" (VV Nr. 2 I) erworben werden dürfen, entscheidet die Vollzugsbehörde. Die nach Leistung und Art der Arbeit gestufte Entlohnung (§ 43 III StVollzG bzw. Art. 46 III BayStVollzG) gibt dem Gefangenen die **Mittel zum Einkauf**. Der Gefangene darf diejenigen drei Siebtel seines Arbeitsentgelts nutzen, welche seinem „Hausgeld" (§ 47 StVollzG bzw. Art. 50 BayStVollzG) zufließen; das sind etwa 94 € pro Monat in der mittleren Vergütungsgruppe. Bezieht der Gefangene unverschuldet kein Arbeitsentgelt, steht ihm hierfür sein „Taschengeld" (§ 46 StVollzG bzw. Art. 54 BayStVollzG) oder gem. § 22 III StVollzG (Art. 24 III BayStVollzG) notfalls ein Betrag seines „Eigengeldes" (§ 52 StVollzG bzw. Art. 52 BayStVollzG) zur Verfügung.

287 **Einkauf im Vollzug**

Die Anstalt zieht für die Durchführung des Einkaufs externe Firmen heran. Der Einkauf funktioniert bargeldlos; das Geld wird vom Hausgeldkonto des Gefangenen abgebucht. In größeren Anstalten gibt es einen richtigen Verkaufsraum; in kleineren wird auf einer Einkaufsliste angestrichen, was man haben möchte. Das Angebot umfasst typischerweise Nahrungs- und Genussmittel sowie Körperpflegeprodukte. Oft wird kritisiert, dass die Vertragsfirmen mangels Konkurrenzdrucks den Gefangenen zu hohe Preise abverlangen. Die im Schnitt 10 bis 20% teureren Preise werden mit der aufwendigen Logistik und dem kleinen Kundenkreis erklärt. Zum Teil sind die Preise

[142] Vgl. OLG Zweibrücken NStZ 2005, 289: Hygieneartikel werden auch dem Taschengeldempfänger nicht von der Anstalt gestellt. Vgl. BVerfG, Beschl. v. 29.10.2008 – 2 BvR 1268/07 = BeckRS 2008, 40879.

aber auch mit denen in Vollsortiment-Supermärkten (nicht Discountern) identisch. Die Anstalten müssen sich aber um einen Anbieter mit einer marktgerechten Preisgestaltung bemühen (OLG Hamm Forum Strafvollzug 2020, 70).

Fall („Kosmetik"; BVerfG, StV 2009, 597 ff.): Der Gefangene G beantragt, für 25 € pro Monat Kosmetikartikel aus seinem Eigengeld erwerben zu dürfen. Er bezieht sich darauf, dass dies für die Insassinnen der benachbarten Frauenanstalt vorgesehen sei. Die Anstalt und die Strafvollstreckungskammer lehnen mit einem Verweis auf die grundsätzlichen Unterschiede zwischen Männern und Frauen ab. Das BVerfG sieht einen Verstoß gegen Art. 3 III 1 GG. Beim Wunsch nach Kosmetika handele es sich „nicht um ein nur bei Frauen auftretendes Interesse". 288

Rauchen im Vollzug 289

Vor der Verabschiedung des bayerischen Gesetzes zum Schutz der Gesundheit (GSG), das ein Rauchverbot in allen öffentlichen Gebäuden vorsieht, wurde erwogen, auch die Strafvollzugsanstalten hier mit einzubeziehen. Die Vollzugspraktiker winkten ab: Die Zigarette ist für die Inhaftierten das letzte Stück Freiheit. Wäre ein Rauchverbot in einer Anstalt vorgeschrieben, so wurde jedenfalls befürchtet, könnte man sogar Sicherheitsprobleme durch nervöse Inhaftierte nicht ausschließen. Die Mehrheit der Strafgefangenen raucht im Haftraum; es werden demnach Raucher gemeinsam untergebracht. An den Arbeitsstätten gibt es Raucherkabinen, die viel frequentiert sind. Gem. Art. 6 II 2 GSG ist es den Leitern der Anstalten sogar möglich, in den Gemeinschaftsräumen das Rauchen zu gestatten.

Wegen der nicht auszuschließenden schädlichen Wirkung des Passivrauchens verletzt eine unfreiwillige Unterbringung eines Nichtrauchers mit einem Raucher dessen Grundrecht auf körperliche Unversehrtheit gem. Art. 2 II 1 GG (BVerfG NJW 2013, 1943). Dies gilt auch für elektrische Zigaretten (OLG Stuttgart, Beschl. v. 27.1.2015 – 4 Ws 472/14), da deren Risiken noch nicht hinreichend geklärt sind). Selbst die Suizidprophylaxe rechtfertigt nicht die nur vorübergehende Unterbringung (wenige Tage) eines neu zugegangenen Strafgefangenen mit einem Raucher (BayObLG NStZ 2021, 445). Dies erscheint indes übertrieben. Zum Rechtsschutzinteresse trotz Erledigung, etwa durch Verlegung des Betroffenen, vgl. S. 65.

3. Arbeit

Literatur: *Endres/Hegwein*, Arbeit und Arbeitstherapie, in: Endres/Suhling (Hrsg.), Behandlung im Strafvollzug, 2023, S. 525 ff.; *Kett-Straub*, ZStW 125 (2014), 125 ff.

a) Allgemeines

290 Im Strafvollzug kommt der Arbeit eine **herausragend wichtige Rolle** zu. Historisch lässt sich das daran festmachen, dass erst mit dem Aufkommen der Zuchthäuser im 16. Jahrhundert der Grundstein für den modernen Strafvollzug gelegt wurde: Nicht mehr die Leibes- und Lebensstrafe durch Einsperren wurde jetzt in den Strafanstalten betrieben, sondern Besserung durch Arbeit. Dies entsprach zunächst der Sozialethik des Calvinismus, der in beruflichem und insbesondere finanziellem Erfolg göttlichen Segen walten sieht und der Weltflucht des Mönchs die „innerweltliche Askese" des fleißigen Erwerbstätigen zur Seite stellt. Dass diese calvinistische Idee der Besserung durch Arbeit im 16. Jahrhundert wohl nur deshalb so durchschlagenden Erfolg hatte, weil gleichzeitig durch den Merkantilismus und den Beginn der Industrialisierung ein starkes Anwachsen der Nachfrage nach Arbeitskräften erfolgte, darf allerdings nicht übersehen werden.

291 Gem. § 37 I StVollzG (Art. 39 I BayStVollzG) dient die Arbeit der Gefangenen (wie auch ihre Aus- und Weiterbildung) „insbesondere dem Ziel, **Fähigkeiten für eine Erwerbstätigkeit nach der Entlassung** zu vermitteln, zu erhalten oder zu fördern". Wie das „insbesondere" zeigt, wird die Relevanz anderer Ziele mit dieser Aussage nicht ausgeschlossen. Indes hat das BVerfG jüngst in seiner wichtigen Entscheidung zur Verfassungswidrigkeit der Höhe des Gefangenenentgelts kritisiert, dass es dem Gesetzgeber nach wie vor nicht gelungen ist, die Behandlungsmaßnahme „Arbeit" in ein in sich schlüssiges Resozialisierungskonzept sinnvoll einzubetten[143]. Diese schwierige Aufgabe wird derzeit versucht zu meistern.

292 Die der **Resozialisierung** förderlichen Aspekte der Gefangenenarbeit sind:

– „Abtrainieren" von Arbeitsscheu;
– Gewöhnung an einen geregelten Tagesablauf;
– Gewinnen von Erfolgserlebnissen durch Dazulernen und durch das Erleben der eigenen Fähigkeit, beständig Geld zu verdienen und so auch seinen Verpflichtungen nachkommen zu können;
– Erlernen von handwerklichen Fertigkeiten für das spätere Leben in Freiheit;

---

[143] BVerfG NJW 2023, 2405.

- Geldverdienen zur Erfüllung der sozialen Verpflichtungen (Schadenswiedergutmachung; Unterhaltszahlungen) und zum Schaffen von „Startkapital“ für die Freiheit.

Auch **für die Vollzugsbehörden** bringt die Gefangenenarbeit deutliche **Vorteile**: 293

- Beitrag zur Verminderung der Haftkosten;
- Abarbeiten überschüssiger Energien und Vermeiden von Unzufriedenheit und Langeweile bei den Gefangenen.

Allerdings beinhaltet ein zu stark am Arbeitskonzept orientierter Strafvollzug auch **Resozialisierungshemmnisse**: 294

- Vielfach wurzelt Kriminalität nicht in mangelnden Fähigkeiten oder Einstellungen bezüglich Arbeit, sondern in ganz grundlegenden Charakter- bzw. Persönlichkeitsebenen. Insoweit ist eine „Arbeitstherapie“ nur ein „Herumdoktern“ an Symptomen ohne Aussicht auf dauerhaften Erfolg.
- Wenn sonstige Behandlungen (Therapie, soziales Training) in die Zeiten nach der Arbeit verdrängt werden, sind die Gefangenen abgearbeitet und den Therapeuten bleibt nur wenig Zeit. Von daher ist die Regelung des Art. 40 IV BayStVollzG sinnvoll, wonach Unterricht während der Arbeitszeit stattfinden soll.

Gefangenenarbeit in der JVA Nürnberg 295

Die Arbeit von Strafgefangenen wird von der Öffentlichkeit wenig wahrgenommen. Da sie sich „hinter Gittern“ abspielt, gibt es wenig Berührungspunkte mit der Gesellschaft draußen. In der JVA Nürnberg kann man sein Auto zur Reparatur oder zum Reifenwechsel in die Anstaltswerkstatt bringen. Der Kunde muss einwilligen, dass der Wagen vorab durchsucht und auch von einem Drogensuchhund beschnüffelt wird. Die Reparatur dauert länger, ist aber dafür etwas günstiger als „draußen“. Vor Ostern oder Weihnachten gibt es in der Anstalt regelmäßig einen Verkauf von Dekoartikeln aus der Schreinerei, in der Gärtnerei kann man Blumen erwerben oder Bücher zum Binden bringen. Werbung macht die Anstalt allerdings dafür nicht; zu groß ist vermutlich die Angst, mit Unternehmen draußen in Konkurrenz zu treten und Ärger zu bereiten. In einem Online-Shop kann man außerdem hochwertige Produkte erwerben, die Gefangene in den bayerischen Anstalten hergestellt haben (https://www.haftsache.de/).

b) Arbeitspflicht und Beschäftigungsformen

Gem. § 41 I StVollzG (Art. 43 BayStVollzG) besteht grds. **Arbeitspflicht**. Allerdings muss die dem Häftling zugewiesene Arbeit seinen 296

Fähigkeiten angemessen sein (S. 1). Keine Arbeitspflicht besteht für über 65-jährige und „für werdende und stillende Mütter, soweit gesetzliche Beschäftigungsverbote zum Schutz erwerbstätiger Mütter bestehen" (S. 3 bzw. S. 4). Diese Ausnahmen konkretisieren den Angleichungsgrundsatz des § 3 I StVollzG (Art. 5 I BayStVollzG).

Merke: Die Arbeitspflicht ist als Mittel zu sehen, das Vollzugsziel wirksam zu erreichen. Daher ist Gefangenenarbeit kein Strafübel. Sie ist insbesondere auch keine verfassungswidrige Zwangsarbeit (vgl. Art. 12 III GG; BVerfGE 98, 169 ff.).

297 Bei **schuldhafter Nichterfüllung** der Arbeitspflicht können die Disziplinarmaßnahmen der §§ 102 ff. StVollzG (Art. 109 ff. BayStVollzG) eingesetzt werden. Letztlich ist dies aber meist überflüssig, da die Arbeitsverweigerung den Verlust des Arbeitsentgelts (§ 43 StVollzG bzw. Art. 46 BayStVollzG) nach sich zieht, es tritt also automatisch etwas ein, was gem. § 103 I Nr. 7 StVollzG (Art. 110 I Nr. 6 BayStVollzG) eine zulässige Disziplinarmaßnahme darstellt. Folge ist der Verlust der Einkaufsmöglichkeit.

298 **Untersuchungshaft**

Keine Arbeitspflicht gibt es gem. Art. 12 I BayUVollzG für Untersuchungshäftlinge, die schon 21 Jahre alt sind. Jüngere U-Häftlinge sind gem. Art. 33 BayUVollzG „aus erzieherischen Gründen zur Arbeit verpflichtet" (vgl. VVJug Nr. 36 zur Arbeitspflicht im Jugendstrafvollzug).

299 Aus der Arbeitspflicht ergibt sich **kein Recht auf Arbeit** oder gar auf eine bestimmte Beschäftigungsart. Immerhin verpflichten §§ 37 II, 148 I StVollzG (Art. 39 II StVollzG) die Vollzugsbehörde, sich um „wirtschaftlich ergiebige Arbeit" für jeden einzelnen Gefangenen zu bemühen. Gelingt ihr dies nicht und ist auch keine Berufsaus- oder -fortbildung möglich, dann wird gem. § 37 IV StVollzG eine „angemessene Beschäftigung zugeteilt"; diese Regelung wurde in Bayern nicht übernommen. Gem. VV Nr. 2 zu § 37 StVollzG ist eine Beschäftigung angemessen, „wenn ihr Ergebnis wirtschaftlich verwertbar ist und in einem vertretbaren Verhältnis zum Aufwand steht."

300 **Wenige Landesstrafvollzugsgesetze ohne Arbeitspflicht**

Rheinland-Pfalz, Brandenburg, Saarland und Sachsen haben die Arbeitspflicht in ihren Landesstrafvollzugsgesetzen in ein freiwilliges Angebot umgewandelt – mit der Folge, dass Disziplinarmaßnahmen gegen Gefangene ausscheiden, die nicht arbeiten wollen. Der Arbeit sollte der Charakter eines Strafübels genommen werden. Außerdem sollte dem Angleichungsgrundsatz Rechnung getragen werden: „Draußen“ muss man auch nicht arbeiten. Erfahrungen aus Brandenburg zeigen, dass die Mehrzahl der Gefangenen auch ohne entsprechende Pflicht arbeiten will[144]. Den Plan, die Arbeitspflicht zu kappen, hatten ursprünglich mehr Länder. In einem Musterentwurf zu einem gemeinsamen Gesetz hatten sich 2011 zehn Bundesländer (Berlin, Brandenburg, Bremen, Mecklenburg-Vorpommern, Rheinland-Pfalz, Saarland, Sachsen, Sachsen-Anhalt, Schleswig-Holstein und Thüringen) geeinigt, aus der Pflichtarbeit ein freiwilliges Angebot zu machen. § 22 des Entwurfes sah nur vor, dass „den Gefangenen … auf Antrag oder mit ihrer Zustimmung Arbeit zugewiesen werden (soll)“[145]. Nachdem man festgestellt hatte, dass die Öffentlichkeit kritisch auf diese Art des „Hotelvollzugs“ reagierte, ruderte man zurück.

c) Arten der Beschäftigung

Das Strafvollzugsgesetz regelt verschiedene Formen der Arbeit. **301**

- Das **freie Beschäftigungsverhältnis** kommt in der Praxis eher selten vor; gelegentlich spricht man auch von Außenbeschäftigung; aber das ist nicht ganz korrekt – beide Begriffe sind eigentlich zu unterscheiden. Beim freien Beschäftigungsverhältnis gem. § 39 I StVollzG geht der Gefangene als Freigänger auf der Grundlage eines privatrechtlichen Vertrages einer Arbeit außerhalb der Anstalt nach (bspw. der wegen Steuerhinterziehung zu einer Freiheitsstrafe verurteilte frühere Präsident des FC Bayerns, der in dieser Haftphase für die Jugendabteilung des Vereins arbeitete).
- Bei der **Außenbeschäftigung** geht es etwa um Arbeitskommandos im Außenbereich der Anstalt (z.B. Gartenarbeiten an der Mauer). Dies setzt schon einen gewissen Lockerungsgrad voraus.
- Ebenfalls hier weniger von Interesse ist der im Vollzugsalltag seltene Fall eines Gefangenen, der sich innerhalb der Anstalt gem. § 39 II StVollzG **selbst beschäftigt**. Zu denken ist etwa an die freiberufliche Arbeit eines Autors oder an die Tätigkeit eines Geschäftsführers einer GmbH, die dieser im Haftraum fortführt[146].
- **Der Regelfall ist die Arbeit in der Anstalt**. Die Vollzugsbehörde soll dem Gefangenen eine wirtschaftlich ergiebige Arbeit zuweisen

---

[144] Mitgeteilt vom Landesjustizministerium, Forum Strafvollzug 2015, 103.

[145] http://www.justiz.bremen.de/sixcms/media.php/13/Musterentwurf%20LStVollzG%2006%2009%2011.pdf.

[146] Sehr detailliert in den Anforderungen OLG Frankfurt ZfStrVo 2002, 117 ff.

und dabei seine Fähigkeiten, Fertigkeiten und Neigungen berücksichtigen (§ 37 II StVollzG/Art. 39 II BayStVollzG). Gemeint ist eine Tätigkeit, die außerhalb der Anstalt einen Verdienst einbringen würde. Unproduktive Arbeiten oder eine schikanöse Beschäftigung, etwa i.S. sinnlosen Hin- und Hertragens schwerer Steine, scheiden somit aus, nicht aber monotone Tätigkeiten wie Akkord- oder Fließbandarbeit.

– Nur bei einer psychischen oder physischen Unfähigkeit des Gefangenen (etwa aufgrund seines Drogenkonsums) zu wirtschaftlich ergiebiger Arbeit, sehen alle Strafvollzugsgesetze eine **arbeitstherapeutische Beschäftigung** (§ 37 V StVollzG/ Art. 39 III 1 BayStVollzG; in manchen Landesvollzugsgesetzen ist jetzt, moderner, meistens von Arbeitstraining die Rede; gemeint ist dasselbe) vor. Darunter kann man sich ein schrittweises Heranführen an eine geregelte Arbeit etwa durch einfache Holzschnitzarbeiten vorstellen, um die Belastbarkeit und die Durchhaltefähigkeit des Inhaftierten zu trainieren.

302 Die Qualität der Arbeitsplätze im Strafvollzug ist sehr unterschiedlich. Typischerweise können die Eigenbetriebe (zu den Begrifflichkeiten zugleich) anspruchsvollere Tätigkeiten anbieten, während sich die Arbeit in einem Unternehmerbetrieb auf sehr einfache Montagearbeiten beschränkt. Die wöchentliche Arbeitszeit der Gefangenen richtet sich „nach der regelmäßigen wöchentlichen Arbeitszeit im öffentlichen Dienst“ (vgl. VV zu § 37 StVollzG – Nr. 4 I). Außerdem hat jeder arbeitende Gefangene Anspruch auf temporäre Freistellung von der Arbeitspflicht. Der Anspruch entspricht dem eines Arbeitnehmers in der freien Gesellschaft auf bezahlten Urlaub und ist nicht mit dem Hafturlaub i.S. einer Vollzugslockerung zu verwechseln, der zum Verlassen der Anstalt berechtigt. Beides kann aber kombiniert werden.

d) Arten der Betriebe

303 Die Gefangenen arbeiten in **Eigenbetrieben** der Anstalten oder in **Unternehmerbetrieben**.

– Ein **Eigenbetrieb** wird von der Anstalt selbst unterhalten, so dass diese auch das wirtschaftliche Risiko trägt. Man ist auf Aufträge von außen angewiesen. Dies kann bspw. eine Schreinerei, Schlosserei, Kfz-Werkstatt, Bäckerei oder Gärtnerei sein. Hierzu zählen auch die sog. Hausbetriebe, die für die Versorgung und Instandhaltung der Anstalt sorgen, wie etwa die Wäscherei.

– Bei einem **Unternehmerbetrieb** dagegen liegt das wirtschaftliche Risiko bei einem externen Arbeitgeber, der von der Anstalt nur Räume für seine Produktion innerhalb der Anstalt zugewiesen bekommt, etwa um Plastikspielfiguren (so bspw. in der JVA Nürnberg) zusammenstecken zu lassen. Der Gefangene ist **nicht** bei dem privaten Unternehmer angestellt und es finden daher die Regeln des allgemeinen Arbeitsrechts keine Anwendung. Dies bedeutet, dass er auch keinen Anspruch auf ein neutrales Arbeitszeugnis hat[147] – auch wenn ein solches sicherlich sehr hilfreich wäre.

e) Hausarbeit

Ferner können Gefangene noch zu **Hilfstätigkeiten** in der Anstalt – 304
z.B. Reinigungsarbeiten, Essensausgabe, Wäscheausgabe – eingesetzt werden (§ 41 I 2 StVollzG). Diese Hausarbeit (im früheren Gefangenenjargon eine Tätigkeit als Kalfaktor[148]) ist auch heute noch begehrt, da sie ein gewisses Mehr an Freiheit und die Möglichkeit zu einer gewissen Machtausübung mit sich bringt.

f) Das Arbeitsentgelt

Die Arbeit der Gefangenen wird durch ein Arbeitsentgelt „anerkannt" 305
(vgl. § 43 StVollzG). Dieses Entgelt ist eine echte Arbeitsentlohnung, auf die der Gefangene einen Rechtsanspruch hat, und nicht wie früher eine Belohnung für Wohlverhalten. Die Bemessung des Arbeitsentgelts richtet sich nach der sog. Eckvergütung. Das ist ein bestimmter Prozentsatz „des durchschnittlichen Arbeitsentgelts aller Versicherten der Rentenversicherung" (§§ 43 II, 200 StVollzG iVm § 18 SGB IV). Über die Höhe dieses Prozentsatzes gibt es kontinuierlich Streit. Die Vollzugsbehörden sind an einer möglichst niedrigen Entlohnung interessiert, um die Kosten des sowieso teuren Vollzugs nicht noch mehr in die Höhe zu treiben. Diesem Interesse gegenüber steht die Forderung nach einer tarifmäßigen Entlohnung, wie sie bspw. schon 1973 im Alternativentwurf zum Strafvollzugsgesetz vorgesehen war (§ 87 I AE-StVollzG), um den Gefangenen die Chance einzuräumen, echte Rücklagen für die Zeit nach der Entlassung zu schaffen.

1998 hat das BVerfG (E 98, 169 ff.) die damalige Vergütung (ein Ge- 306
fangener konnte maximal 200 DM monatlich verdienen) als verfassungswidrig, da resozialisierungsfeindlich, gekippt. 2001 hat der Gesetzgeber den Bezugsgrößenanteil auf 9% festgesetzt. In Bayern beträgt das Arbeitsentgelt derzeit etwa 12,25 € am Tag; dies entspricht einem **Stundenlohn von 1,57 €** (kommen Leistungszulagen dazu, kann man diesen Verdienst bis auf ca. 2 € pro Stunde steigern). Außerdem wurde ein nichtmonetärer Ausgleich eingeführt (**good-time-Modell**). Als Anerkennung für jeweils

---

[147] OLG Frankfurt NStZ 2014, 232.

[148] *Laubenthal*, Lexikon der Knastsprache, 2001.

zwei Monate regelmäßige Arbeit erhält der Gefangene einen Tag zusätzliche Freistellung von Arbeit (vgl. § 42, § 43 VI bis IX StVollzG) bzw. zusätzlichen Urlaub aus der Haft (sog. Arbeitsurlaub). Alternativ erfolgt die Anrechnung auf den Entlassungszeitpunkt oder es wird bei Ausscheiden von Anrechnung durch Geldleistung abgegolten. In den Bundesländern, die die Arbeitspflicht in ein freiwilliges Angebot umgewandelt haben, kann auf die nichtmonetäre Vergütungskomponente verzichtet werden (OLG Koblenz, NStZ 2014, 624; VerfGH Rheinland-Pfalz, Beschl. v. 8.6.2015, Az. B 41/14 und B 50/14).

307 Doch auch mit diesem etwas höheren Arbeitsentgelt wurde man nicht in die Lage versetzt, Schulden abzubauen oder die Familie zu unterstützen. Auch in finanzieller Hinsicht wird mit einer Freiheitsstrafe immer auch die Familie mitbestraft. Die Kosten des Strafverfahrens, die dem Gefangenen gem. § 465 I 1 StPO auferlegt werden, schlagen als weiterer Negativposten zu Buche. Allerdings spricht gegen eine Entlohnung i.S. eines tariflichen Mindestlohns die niedrige Produktivität der Gefangenen, die nicht mit der von Arbeitnehmern in der freien Wirtschaft verglichen werden kann[149].

308 Das **BVerfG** hatte sich nun erneut nach Verfassungsbeschwerden von Gefangenen aus Bayern und Nordrhein-Westfalen mit der Höhe des Gefangenenentgelts zu befassen. Das Gericht kam im Juni 2023 erneut zu dem Ergebnis, dass die Vergütung von Strafgefangenen nach wie vor zu niedrig und damit verfassungswidrig ist. Den Gefangenen wird so nicht vermittelt, welchen Wert Arbeit hat. Gefangene könnten sich sogar als bloße Objekte staatlicher Gewalt sehen und dies wäre dem Vollzugsziel der Resozialisierung nicht dienlich. Auch wird der Gefangene derzeit nicht in die Lage versetzt, Unterhaltszahlungen zu leisten, den durch die Tat verursachten Schaden zu begleichen oder Schulden abzubauen. Den Landesgesetzgebern wurde bis 30.6.2025 Zeit gegeben, die Vorschriften zum Gefangenenentgelt zu überarbeiten und die Behandlungsmaßnahme „Arbeit" in ein **schlüssiges Resozialisierungskonzept** zu intergieren und empirisch zu begleiten[150]. Der Gesetzgeber wurde aber nicht auf ein bestimmtes Regelungskonzept festgelegt; es muss nur die geleistete Arbeit eine „angemessene" Anerkennung finden. Es ist nun damit zu rechnen, dass im Zuge einer Erhöhung des Arbeitsentgeltes die

---

[149] Begnadete Modellautobastler wie der von einem Anstaltsarzt ausgenutzte Gefangene sind die Ausnahme. Es stünde einer Anstalt aber grds. das Recht zu, eine Sonderbegabung eines Gefangenen wirtschaftlich zu nutzen, sofern dies nicht die Sicherheit und Ordnung der Anstalt beeinträchtigt. Rechtswidrig ist es (natürlich), dass ein Anstaltsarzt wie im vorliegenden Fall – wenngleich über den Umweg einer zwischengeschalteten Firma – offenbar in die eigene Tasche gewirtschaftet hat.

[150] BVerfG NJW 2023, 2405.

Gefangenen stärker an den Unterbringungskosten beteiligt werden. Bislang trägt der Staat die Beiträge zur Arbeitslosenversicherung (§ 195 StVollzG/Art. 206 BayStVollzG) und erhebt von arbeitenden Gefangenen keine Haftkostenbeiträge – mit anderen Worten „Kost und Logis sind frei" (§ 50 I 2 StVollzG/Art. 49 I 1 BayStVollzG). Gem. § 50 II–IV StVollzG (Art. 49 III BayStVollzG) darf gem. § 39 StVollzG (Art. 42 BayStVollzG) nur von in einem **freien Beschäftigungsverhältnis** oder in Selbstbeschäftigung Befindlichen ein pauschal festgesetzter **Haftkostenbeitrag** von derzeit 407.25 € pro Monat (Unterbringung in einem Zweimann-Haftraum) erhoben werden[151]; die effektiven Vollzugskosten liegen indes deutlich höher (vgl. S. 34).

Im Übrigen sind arbeitende Gefangene **nicht rentenversichert**; ihre Einbeziehung in die gesetzliche Rentenversicherung ist seit vielen Jahren in der Diskussion und vom Bundesgesetzgeber angeregt, aber nie umgesetzt worden[152]. Derzeit wird diese kostenintensive Option von den Justizministern der Länder aber erneut erwogen. 309

Gelder der Gefangenen 310

Geld von Gefangenen wird je nach Herkunft und Verwendungszweck unterschieden in Haus-, Überbrückungs-, Eigen- und Sondergeld. Wichtig ist, dass es im Vollzug keinen Bargeldverkehr gibt, sondern verschiedene Konten für jeden Gefangenen.

Jeweils $^{3}/_{7}$ des monatlichen Arbeitsentgelts bzw. der Ausbildungsbeihilfe stehen den Gefangenen als **Hausgeld** zum Einkauf oder für anderes, zum Beispiel für den Betrieb von Fernsehern, frei zur Verfügung. Die übrigen $^{4}/_{7}$ fließen dem **Überbrückungsgeld** zu. Das Überbrückungsgeld soll den Lebensunterhalt der Gefangenen und ihrer Unterhaltsberechtigten in den ersten vier Wochen nach der Entlassung sichern und ist deshalb unpfändbar. Die Höhe des anzusparenden Überbrückungsgeldes darf nicht weniger als das 4-fache des Regelsatzes in der Sozialhilfe betragen. Es wird aus diesem Grund allgemein festgelegt und jährlich angepasst (2024: 2.290,50 €). Als **Eigengeld** bezeichnet wird Geld, das Gefangene bei der Aufnahme bei sich haben oder das von Dritten für sie auf ihr Konto einbezahlt wird. Wenn Gefangene das Überbrückungsgeld in der festgesetzten

---

[151] Laut Bekanntmachung der Feststellung der Haftkostenbeiträge im Kalenderjahr 2024 v. 30.11.2023 beträgt dieser z.B. bei einer Einzelunterbringung eines erwachsenen Gefangenen 513,25 € monatlich (Unterbringung: 225,25 €; Frühstück: 60 €; Mittagessen: 114 €; Abendessen: 114 €).

[152] Ein Überblick zu dieser „never ending story" findet sich unter: http://www.grundrechtekomitee.de/node/705.

Höhe angespart haben, werden die $^4/_7$ aus dem Arbeitsentgelt zum Eigengeld gebucht. Eigengeld ist grds. pfändbar. Die Verfügung über das Eigengeld für Verwendungszwecke im Vollzug ist den Gefangenen nur in Ausnahmefällen möglich und muss beantragt werden. Soweit die festgesetzte Höhe des Überbrückungsgeldes aus dem Arbeitsverdienst oder der Ausbildungsbeihilfe nicht erreicht ist, wird Eigengeld im Übrigen hierfür in Anspruch genommen. Insoweit handelt es sich dann auch um „nicht freies" und nicht pfändbares Eigengeld. Gefangene können sich von Dritten zweckgebunden sog. **Sondergeld** einzahlen lassen, das wenigstens teilweise nicht pfändbar ist. Sondergeld 1 kann in beschränkter Höhe monatlich eingezahlt und von den Gefangenen wie Hausgeld genutzt werden. Einzahlungen als Sondergeld 2 sind möglich z.B. für konkrete Maßnahmen der Wiedereingliederung, insbesondere Kosten der Gesundheitsfürsorge und der Aus- und Fortbildung und für Maßnahmen zur Pflege sozialer Beziehungen, insbesondere Telefon- und Fahrtkosten anlässlich vollzugsöffnender Maßnahmen. Diese Einzahlungen müssen von der Anstalt genehmigt werden.

g) Die Realität in den Anstalten

311 Es macht für den Gefangenen zumeist keinen Unterschied, ob er in einem Bundesland mit oder ohne Arbeitspflicht einsitzt. Die Arbeitspflicht ist längst zu einem freiwilligen Angebot mutiert. Da die Arbeit im Strafvollzug nicht für alle Strafgefangenen reicht, arbeiten schon lange nur diejenigen, die dies auch wollen. Beispielsweise konnten in Bayern 2020 nur 54,6% der Gefangenen tatsächlich beschäftigt werden[153]. Auch wenn man von dieser Zahl noch die Untersuchungsgefangenen, die nicht arbeitspflichtig sind, die Strafgefangenen im Rentenalter und Mütter im Mutterschutz abziehen muss, bleiben immer noch sehr viele unfreiwillig arbeitslose Gefangene übrig. Diese eigentlich arbeitspflichtigen Gefangenen verbringen den Tag im Haftraum.

312 Schon seit längerer Zeit nutzen verschiedene JVAs erfolgreich neben dem Direktverkauf auch den Vertriebsweg des Internets für ihre im Vollzug von Gefangenen hergestellten Produkte. Die Hamburger Justizbehörden haben als Vorreiter eine eigene Marke „*Santa Fu – heiße Ware aus dem Knast*" geschaffen. Es wird vorwiegend Kleidung vertrieben. Dort gibt es T-Shirts mit Aufdrucken wie „Auf Bewährung" oder „Freigänger" und das „Bleib sauber"- Set mit Seife, Zahnpasta, Rasierpinsel

---

[153] Aktuellere Zahlen gibt es leider nicht, aber man kann davon ausgehen, dass keine Verbesserung der Situation eingetreten ist.

und Rasierseife aus der Justizvollzugsanstalt Fuhlsbüttel („Dieselben ehrlichen Produkte, die auch die Gefangenen benutzen").

Schon länger werden nun auch in Bayern die in den Justizvollzugsanstalten gefertigten Produkte unter dem Markennamen „Haftsache" online unter dem Motto „Wir können mehr als Tütenkleben" verkauft[154]. Ein Besuch des Internet-Shops lohnt sich; die Produkte sind hochwertig, geschmackvoll und ihren Preis wert. **313**

4. Ausbildung, Weiterbildung und Unterricht

Einen eindeutigeren Beitrag zur Erreichung des Vollzugsziels als bloße Arbeit leisten Ausbildung, Weiterbildung und Unterricht. Der Vorstellung von der Bedeutung zumindest einer soliden Arbeitshaltung – vgl. noch Nr. 80 DVollzO: „Arbeitsgesinnung" – folgte man bereits bei der Errichtung der ersten Zuchthäuser, wenngleich damals die eigentliche Ausbildung oder Fortbildung noch nicht im Vordergrund stand. **314**

Wie wichtig diese **Bildungsaufgaben** gerade im Strafvollzug sind, wird deutlich, wenn man sich das bei den Gefangenen bestehende Defizit an Schul- und Berufsausbildung einmal ansieht. Fakt ist, dass unter den Strafgefangenen viele keine Berufsausbildung haben und zum Zeitpunkt des Strafantritts arbeitslos waren. Die Größenordnung ist enorm: Eine im Jahr 2021 in den bayerischen Justizvollzugsanstalten durchgeführte Erhebung hat ergeben, dass nur rund 47% der erwachsenen Strafgefangenen und 6% der Jugendstrafgefangenen über eine abgeschlossene Berufsausbildung verfügt[155]. Viele Gefangene waren vor der Inhaftierung beschäftigungslos und galten überwiegend sogar als langzeitarbeitslos. **315**

Dass ein Verringern dieser Defizite auch die **Rückfallgefahr vermindert**, ist höchst plausibel, wenngleich wegen forschungsmethodischer Probleme letztlich unbewiesen. Zwar haben Gefangene mit einer im Vollzug abgeschlossenen Ausbildung deutlich weniger Rückfälle nach der Entlassung. Doch lässt dieser Zusammenhang keinen zweifelsfreien Rückschluss auf die Ursache des Erfolgs zu. Denn wer so motiviert, frustrationstolerant und anpassungsfähig ist, dass er im Vollzug eine Berufsausbildung erfolgreich durchstehen kann, dem ist schon allein wegen dieser Persönlichkeitsmerkmale eine vergleichsweise gute Prognose zu stellen. Es kann sich also beim Zusammenhang zwischen Ausbildung und Rückfallhäufigkeit um eine durch **Selektionseffekte** hervorgerufene Scheinkorrelation handeln. **316**

---

[154] http://www.haftsache.de/.

[155] https://www.justiz.bayern.de/justizvollzug/justizvollzug-in-bayern/behandlung/.

317 Dennoch: Das **Plausibilitätsargument** trägt allein schon die Bemühungen um Ausbildung, Fortbildung und Unterricht im Vollzug. Ganz abgesehen davon, dass auch das **Sozialstaatsprinzip** den Auftrag beinhaltet, die sozialen Defizite der Gefangenen zu verringern. Zudem ist auf das verfassungsrechtlich begründbare **„Resozialisierungsgebot"** zu verweisen. Ganz auf dieser Linie liegt das (Bay)StVollzG mit seinen Vorgaben.

318 Das Gesetz enthält mehrere Regelungen zur **Verpflichtung der Vollzugsbehörden**, sich um die Beseitigung von Bildungsdefiziten zu bemühen (vgl. besonders § 7 II Nr. 4, § 37 III, § 38 I StVollzG; Art. 9 I, 39 IV, 40 I BayStVollzG). Dieser Verpflichtung entspringt jedoch **kein Recht auf Ausbildung** oder gar auf eine bestimmte Ausbildung (§ 37 III StVollzG bzw. Art. 39 IV BayStVollzG: „soll") auf Seiten des Gefangenen. Dies trägt den begrenzten Ressourcen Rechnung; erneut hat aber der Gefangene immerhin ein Recht auf fehlerfreien Ermessensgebrauch.

319 Das Gesetz stellt in § 37 I iVm III StVollzG (Art. 39 IV BayStVollzG) die **Ausbildung und Weiterbildung** mit der Arbeit – im Hinblick auf die Resozialisierungsförderung – auf eine Stufe. Auch der **Unterricht** i.S. von § 38 I StVollzG wird der Arbeit gleichgestellt, da er gem. § 38 II während der Arbeitszeit stattfinden soll und für diesen Unterricht „Ausbildungsbeihilfe" (§ 44) als Arbeitsentgelt-Surrogat beansprucht werden kann (Art. 40 II bzw. Art. 47 BayStVollzG). Zentral wichtig ist § 38 I 1, II StVollzG (Art. 40 I 1, II BayStVollzG), der **allgemeinbildenden Unterricht** insoweit **der Arbeit gleichstellt**, als der Mittelschulabschluss noch nicht erreicht ist. Dies ist wichtig, da ein Schulabschluss eine wesentliche Basis für die Berufsausbildung darstellt. Wer diesen Abschluss nicht erreicht, lernt immerhin Nützliches für das Leben in Freiheit (Lesen, Schreiben, Rechnen etc.). Die fragliche Regelung begründet aber keine Schulpflicht für Gefangene ohne Schulabschluss. § 38 I 2 StVollzG (Art. 40 I 2 BayStVollzG) betrifft den für die berufliche Ausbildung und Fortbildung notwendigen Unterricht (Berufsschule).

320 Trotz der großen Bedeutung, die berufliche Bildung für Gefangene in der Praxis hat und auch trotz der Bedeutung, die das Gesetz der beruflichen Bildung zumisst, ist ihre **quantitative Bedeutung relativ begrenzt** und die Ausbildungsquote niedrig. Tatsächlich ist der Ausbildungsplatzmangel nicht das größte Problem. Besonders hemmend wirkt, dass sich der **Zeitbedarf** für berufliche Maßnahmen oft nicht in der zur Verfügung stehenden Haftdauer unterbringen lässt. Für eine 3-jährige Berufsausbildung reicht die Haftzeit bei vielen Gefangenen nicht. Man behilft sich damit, dass man den Gefangenen Kurzlehrgänge anbietet (Gabelstaplerschein, Gebäudereiniger, Kfz-Reinigung).

321 Darüber hinaus fehlt es den Gefangenen vielfach schon an der **Motivation** zur beruflichen Bildung. Gezwungen werden kann der Gefangene nicht, doch die Anstalt hat aus § 4 I 2 StVollzG (Art. 6 I 2

BayStVollzG) eine Pflicht zur Motivationsförderung. Zudem fehlt es häufig auch an der **Eignung**; d.h. es mangelt an der notwendigen Vorbildung oder am „Durchhaltevermögen". Mancher motivierte und geeignete Gefangene nimmt von der Ausbildung Abstand, weil er zu ihrer Durchführung **verlegt werden müsste** und er dies wegen der damit verbundenen Gefährdung seiner sozialen Kontakte nach draußen nicht möchte. 2019 haben in bayerischen Strafvollzugsanstalten laut Auskunft des Justizministeriums insgesamt 150 Gefangene einen Schulabschluss erworben und 77 Gefangene eine Gesellen- bzw. Facharbeiterprüfung erfolgreich abgelegt[156].

5. Therapie

Zur Therapie im Strafvollzug – i.S. von Kriminaltherapie – gibt das Gesetz zunächst nur wenige und unbestimmte Regelungen: So finden sich mehrere Bestimmungen, die den Strafvollzug als **„Behandlungsvollzug"** definieren (vgl. § 4 I, § 6 II und III, § 7 II StVollzG bzw. Art. 2 I, 3, 8, 9 BayStVollzG). Etwas spezifischer bestimmt § 7 II Nr. 6 StVollzG, dass der Vollzugsplan Angaben zu „besonderen Hilfs- und Behandlungsmaßnahmen" enthalten muss (vgl. Art. 9 I 2 BayStVollzG). Präziser sind die Regelungen zur Verlegung in eine sozialtherapeutische Anstalt (§ 9 StVollzG bzw. Art. 11 BayStVollzG). **322**

Es zeigt sich, dass das Gesetz **für den Normalvollzug** keine spezifischen Therapiemaßnahmen vorschreibt, wenn man von der „arbeitstherapeutischen Beschäftigung" des § 37 V StVollzG bzw. Art. 39 III BayStVollzG (Soll-Vorschrift) und allgemein der Arbeit und Ausbildung einmal absieht. Andererseits ist es den einzelnen Anstalten unbenommen, eine breite Palette von Therapieangeboten zu entwickeln. In der Begründung zum Regierungsentwurf für das StVollzG wurde ausgeführt (BT-Drs. 7/918, S. 51): „Die Mittel der sozialtherapeutischen Behandlung können (…) auch in den für den Vollzug der Freiheitsstrafe zuständigen Anstalten eingesetzt werden. Soweit dies dort möglich ist, erübrigt sich eine Verlegung in die sozialtherapeutische Anstalt." **323**

Wie sieht nun Therapie im Strafvollzug aus? Neben Arbeit und Ausbildung/Unterricht werden im normalen Strafvollzug von Mitarbeitern aus der Anstalt oder von „Externen" **Gesprächsgruppen** bzw. „Gruppengespräche" (vgl. § 67 S. 2 StVollzG bzw. Art. 69 S. 2 BayStVollzG) angeboten. Diese sollen zum einen den Gefangenen bei der Bewältigung **324**

---

[156] Vgl. Drs. Bay. Landtag 18/16921 v. 13.8.2021, S. 3. Hieraus ergibt sich, dass die Anzahl der erfolgreich abgelegten Gesellenprüfungen in den letzten Jahren offenbar rückläufig ist.

des Freiheitsentzugs helfen, können darüber hinaus aber auch das weitergesteckte Ziel haben, den Gefangenen Konfliktlösungstechniken zu vermitteln, die zum Vermeiden von Rückfällen nützlich sein mögen. Neben dem Freizeitangebot „Gruppengespräche" können von den Anstalten auch **„Trainingskurse"** angeboten werden, die die soziale Handlungskompetenz der Gefangenen fördern sollen. Es kann hier z.B. um den Umgang mit Behörden gehen, um das Üben von Vorstellungsgesprächen oder um Konfliktlösungstechniken für den Bereich Beruf oder Familie. Bisher werden solche Kurse überwiegend in sozialtherapeutischen Modellanstalten angeboten. Entsprechendes gilt für **Psychotherapie**, die vereinzelt auch in normalen Anstalten angeboten wird, aber nur in sozialtherapeutischen Anstalten zum normalen Behandlungsprogramm gehört. Inzwischen sieht außerdem **§ 66c II StGB** vor, dass Gefangenen, bei denen im Urteil die Sicherungsverwahrung angeordnet oder vorbehalten wurde, schon im Strafvollzug eine besondere therapeutische Betreuung, insbesondere sozialtherapeutische Behandlung anzubieten ist. So soll erreicht werden, dass die Vollstreckung der Sicherungsverwahrung im Anschluss entbehrlich wird.

325 Die eigentliche Verankerung der Kriminaltherapie findet sich im StVollzG in den Regelungen zur **sozialtherapeutischen Anstalt** (§ 9, §§ 123–126 StVollzG bzw. Art. 117–120 BayStVollzG). Seit dem 1.1.1985 gilt für diese Anstalten die sog. **Vollzugslösung**, d.h. es handelt sich um Ausprägungen der in § 141 I StVollzG (Art. 167 I BayStVollzG) vorgesehenen Differenzierung des Strafvollzugs gem. den unterschiedlichen Behandlungsbedürfnissen der Gefangenen. Ursprünglich war im StGB (§ 65 a.F.) vorgesehen gewesen, die Unterbringung in der sozialtherapeutischen Anstalt als Maßregel der Besserung und Sicherung zu etablieren.

326 Die Einrichtung sozialtherapeutischer Anstalten beruht auf der Erkenntnis, dass ein Teil der Gefangenen so gravierende Persönlichkeitsstörungen aufweist, dass nur sehr aufwendige und individuell abgestimmte Behandlungsmaßnahmen einen Resozialisierungserfolg erwarten lassen. Da solche Behandlungsmaßnahmen den Routinebetrieb in den allgemeinen Strafanstalten behindern würden und eine Konzentration der Fachleute ein vielseitiges Behandlungsprogramm ermöglicht, entstand das **Konzept der sozialtherapeutischen Anstalten**.

327 **Sozialtherapie in Zahlen**

Derzeit gibt es in der Bundesrepublik 2.339 Haftplätze in 71 sozialtherapeutischen Einrichtungen (Stand: 31.3.2022). Zum Vergleich: 1969 gab es genau zwei Einrichtungen; insbesondere seit 1998 wurde die Zahl der Einrichtungen und der Haftplätze in Folge der Umsetzung des Gesetzes zur Bekämpfung von Sexualdelikten und anderen gefährlichen Straftaten (BGBl. I, 1998, S. 160) erheblich ausgebaut. So verdoppelte sich die Zahl der Einrichtungen zwischen 1998 und 2005. Erlangen bspw. hat 41 Haftplätze in seiner sozialtherapeutischen Anstalt und ist auf Gewalttäter spezialisiert.

Quelle: Jährliche Erhebung der KrimZ, Wiesbaden (Sozialtherapie im Vollzug 2022), online verfügbar

Die Verlegung aus dem Normalvollzug in eine sozialtherapeutische Anstalt konnte gem. § 9 II StVollzG im Regelfall nur mit Zustimmung des Gefangenen erfolgen (anders geregelt in Art. 11 I, II BayStVollzG – hier wird von vornherein auf eine Zustimmung verzichtet, sondern es soll schon vorab die Bereitschaft des Gefangenen zur Teilnahme an therapeutischen Maßnahmen geweckt und gefördert werden, vgl. Art. 11 III BayStVollzG). Ein **Zustimmungserfordernis** wäre aber unter zwei Aspekten wichtig. Pragmatisch gesehen stellt die Bereitschaft des Gefangenen, **eigene Therapiebedürftigkeit anzuerkennen** und dementsprechend zu handeln, eine zentrale Bedingung für eine erfolgversprechende Therapie dar[157]. Die zweite Basis für das Zustimmungserfordernis ist rechtlicher Natur: Unter dem Gesichtspunkt der **Wahrung der Menschenwürde** verbietet sich jede zwangsweise durchgeführte Therapie. Das bedeutet, dass der Gefangene das Recht haben muss, die Mitwirkung bei weiterer Behandlung zu verweigern und die Rückverlegung in den Normalvollzug zu verlangen. Das Strafvollzugsgesetz hat dementsprechend auch keine Pflicht der Gefangenen kodifiziert, an Behandlungsmaßnahmen mitzuwirken, sondern geht in § 4 I StVollzG (Art. 6 I BayStVollzG) von einer **Mitwirkungsnotwendigkeit** aus. Die Anstalt ist somit verpflichtet, die Bereitschaft des Gefangenen, am Behandlungsvollzug mitzuwirken, zu fördern (§ 4 I S. 2 StVollzG bzw. Art. 6 I S. 2 BayStVollzG). **328**

In Widerspruch zu dem Freiwilligkeitsprinzip wurde durch das „Gesetz zur Bekämpfung von Sexualdelikten und anderen gefährlichen Straftaten" vom 26.1.1998 (SexualdelBekG) im neugefassten § 9 I StVollzG (Art. 11 I BayStVollzG) die **obligatorische Verlegung** von Gefangenen in die sozialtherapeutische Anstalt festgeschrieben, wenn eine Verurteilung zu Freiheitsstrafe von mehr als zwei Jahren nach den §§ 174 bis 180 oder 182 StGB gegeben ist und wenn die besonderen therapeutischen Mittel und sozialen Hilfen der Anstalt zur Resozialisierung angezeigt sind. Der zunächst fehlenden Freiwilligkeit wird dadurch **329**

[157] *Streng*, Strafrechtliche Sanktionen, Rn. 260.

Rechnung getragen, dass der Gefangene alle zulässigen Behandlungsformen ohne Weiteres sabotieren und dadurch seine Rückverlegung in den Normalvollzug erzwingen kann; § 9 I 2 StVollzG (Art. 11 IV BayStVollzG) sieht ganz in diesem Sinne eine **Zurückverlegung** des Gefangenen für den Fall vor, dass der Behandlungszweck aus in der Person des Gefangenen liegenden Gründen voraussichtlich nicht erreichbar ist. Die Zurückverlegungsmöglichkeit trägt nicht nur der Unzulässigkeit von Zwangstherapie, sondern auch den begrenzten Therapieressourcen in sozialtherapeutischen Anstalten Rechnung.

330 Da § 9 I StVollzG (Art. 11 I BayStVollzG) eine verpflichtende Verlegung regelt, gehen die OLGs davon aus, dass der behandlungswillige Gefangene, der die formalen Voraussetzungen der Vorschrift erfüllt, ein **Recht auf Verlegung** in die Sozialtherapie hat. Doch muss die Behandlung auch „angezeigt" sein, d.h. es müssen Therapiebedürftigkeit, Therapiefähigkeit, Therapienotwendigkeit und Therapiemotivation vorliegen. Es kommt dabei auf die in der Person des Gefangenen liegenden Therapieerfordernisse und -potentiale an[158]. Ob in den sozialtherapeutischen Einrichtungen auch ein für den Gefangenen taugliches Therapieprogramm zur Verfügung steht, kann dem Anspruch des Gefangenen hingegen nicht entgegengehalten werden.

331 Ein festes **Konzept der Sozialtherapie** gibt es nicht. Abgekommen ist man von der Strategie einer aufwendigen **Individual-Psychotherapie**, die das Ziel einer gründlichen Aufarbeitung von psychischen Defiziten und Problemen hatte. Insbesondere wegen der vielfach fehlenden Motivation und Reflektionsfähigkeit der Probanden sowie der begrenzten Ausstattung der Anstalten mit geeigneten Therapeuten erwies sich diese Art der Therapie als nur bedingt praktikabel[159]. Heute werden die verschiedenen Ansätze praktiziert und kombiniert – von der Individual-Psychotherapie über **gruppendynamische Therapie** bis zu bloßem **Sozialen Training** oder **intensivierter schulischer Betreuung**. Im Vordringen begriffen sind die vergleichsweise oberflächlich anmutenden, jedoch ökonomisch einsetzbaren und bei der spezifischen Zusammensetzung der Vollzugspopulation als am ehesten erfolgversprechend eingeschätzten **kognitiven und verhaltensorientierten (kognitiv-behavioralen) Modelle**[160].

---

[158] Laut der einschlägigen bay. VV ist eine Verlegung dann nicht angezeigt, wenn eine nicht behebbare Therapieunfähigkeit vorliegt.

[159] *Streng*, Strafrechtliche Sanktionen, Rn. 261.

[160] *Lösel*, Evaluation der Straftäterbehandlung, in: Bliesener/Lösel/Köhnken (Hrsg.), Lehrbuch der Rechtspsychologie, 2014, S. 529 ff. Siehe auch *Endres/Suhling* (Hrsg.), Behandlung im Strafvollzug, 2023, online verfügbar unter: file:///C:/Users/ap23ilac/Downloads/978-3-658-36046-7.pdf.

Man setzt auf eine Kombination aus Gruppenarbeit und Einzelgesprächen. Zunehmend wird auch die Tat selbst in den Mittelpunkt der Therapie gestellt, da der **Opferbezug** auch im Strafvollzug eine zunehmend wichtige Rolle einnimmt (vgl. Art. 5a BayStVollzG).

Zentral wichtig für einen resozialisierungsorientierten Vollzug ist von **332**
vornherein, dass mehr **Personal** mit spezifischer Qualifikation zur Verfügung steht. Dementsprechend erheblich günstiger als im Normalvollzug sieht der Personalschlüssel in den sozialtherapeutischen Anstalten aus. Doch ein ganz **grundlegendes Problem** der Sozialtherapie lässt sich nicht eliminieren: In den sozialtherapeutischen Anstalten werden die Probanden in Unfreiheit für die Freiheit trainiert. Eine solche Therapie ist von vornherein stark in ihrer Wirkmöglichkeit eingeschränkt. Eindeutig vorzuziehen ist daher – wann immer verantwortbar – die Behandlung in Freiheit.

Den besonderen Schwierigkeiten des Übergangs von der Inhaftierung **333**
in die Freiheit trägt das Gesetz für den sozialtherapeutischen Vollzug deutlicher Rechnung als beim Normalvollzug. Zum einen kann in größerem Umfang Sonderurlaub gewährt werden (§ 124 StVollzG bzw. Art. 118 BayStVollzG). Des Weiteren können frühere Gefangene auf Antrag Nachbetreuung erhalten oder sich sogar auf freiwilliger Basis wieder in die Anstalt aufnehmen lassen (§§ 125, 126 StVollzG bzw. Art. 119, 120 BayStVollzG). Freilich werden diese beiden Instrumente der **Nachbetreuung** in der Praxis kaum realisiert, da es an den erforderlichen Ressourcen mangelt. Dies ist deshalb hervorzuheben, weil eine solche Nachbetreuung – möglichst durch die bisherigen Therapeuten – als wichtig für die Absicherung und Vertiefung der in stationärer Therapie erarbeiteten Fortschritte angesehen wird.

Zur **Wirksamkeit** der Sozialtherapie gibt es verschiedene Studien[161]. **334**
Eine durchschnittlich um **ca. 10 Prozentpunkte niedrigere Rückfallquote** der aus Sozialtherapie Entlassenen ergaben Meta-Evaluationen der deutschen Studien. Diese Größenordnung wird von ausländischen Meta-Analysen bestätigt[162]. Dies ist nicht sehr ermutigend, doch man darf **nicht allein auf die blanken Zahlen blicken.** Für den Einzelnen, um den sich häufig vorher nie jemand fürsorglich gekümmert hat, bedeutet die Bemühung in der Therapie manchmal die letzte Chance zur Resozialisierung.

---

[161] Vgl. zum Behandlungserfolg auch *Endres/Hass* Forum Strafvollzug 2017, 21.

[162] Vgl. BeckOK Strafvollzug Bayern/*Arloth* Art. 11 Rn. 4; *Lösel*, ZfStrVo 1996, 259 (260 ff.); *Egg* u.a., Evaluationen von Straftäterbehandlungsprogrammen in Deutschland, in: Rehn u.a. (Hrsg.), Behandlung „gefährlicher" Straftäter, 2001, S. 321 (340 ff.); *Wößner*, Forens Psychiol Kriminol 2014, 49 ff.; *Streng*, Strafrechtliche Sanktionen, Rn. 317 f. Vgl. auch *Lösel/Carl/Link*, Evaluation der Behandlung von Sexualtätern im Strafvollzug, 2023.

6. Gesundheitsfürsorge und soziale Hilfe

335 Als Gesundheitsfürsorge und soziale Hilfe tragende Prinzipien lassen sich das Menschenwürdeprinzip, das Sozialstaatsprinzip, der Resozialisierungsgrundsatz und die Verpflichtung des Staates zur Fürsorge gegenüber den in seiner Obhut befindlichen Bürgern nennen.

336 Die **Verpflichtung der Vollzugsbehörden** zur Sorge für die körperliche und geistige Gesundheit der Gefangenen ist in § 56 I 1 StVollzG (Art. 58 I 1 BayStVollzG) niedergelegt. Dieser Pflicht entspricht auf der anderen Seite die in § 56 II StVollzG (Art. 58 II BayStVollzG) niedergelegte **Verpflichtung der Gefangenen**, „die notwendigen Maßnahmen zum Gesundheitsschutz und zur Hygiene zu unterstützen". Diese Verpflichtung kann gem. § 101 StVollzG (Art. 108 I BayStVollzG) mittels **unmittelbaren Zwangs** durchgesetzt werden, wenn „gutes Zureden" oder Disziplinarmaßnahmen[163] nicht greifen (vgl. § 94 I StVollzG; Art. 101 I BayStVollzG).

337 Infektionskrankheiten, Drogenabhängigkeit und Zahnerkrankungen sind häufige Gesundheitsstörungen im Strafvollzug. Bspw. sind Gefangene 48- bis 69-mal häufiger mit dem Hepatitis-C-Virus (HCV) und 7- bis 12-mal häufiger mit dem HI-Virus infiziert als die Allgemeinbevölkerung. Auch ist die Prävalenz psychiatrischer Erkrankungen bei Strafgefangenen im Vergleich zur Allgemeinbevölkerung deutlich erhöht. Von den Gefangenen weisen 20 bis 50% eine Alkoholabhängigkeit bzw. -missbrauch auf und 70 bis 85% der Insassen rauchen[164].

338 **Fall** („Urinprobe"; OLG Frankfurt NStZ-RR 2009, 295): Der Gefangene G wird aufgefordert, eine Urinprobe abzugeben, um ihn auf Drogenkonsum hin kontrollieren zu können. Er weigert sich und wird in der Folge disziplinarisch belangt. Die Disziplinarmaßnahme ist rechtmäßig ergangen, denn die Abgabe von Urin zum Zwecke der **Drogenkontrolle** ist auch als **Zufallsstichprobe** zulässig. Es muss kein konkreter Verdacht bestehen. In dieser Konsequenz ist das Verdünnen einer Urinprobe, um das Testergebnis zu verfälschen, mit Disziplinarmaßnahmen ahndbar[165] (vgl. BVerfG NStZ 2008, 292). Für Bayern gibt Art. 94 BayStVollzG eine Regelung für die Zuläs-

---

[163] Vgl. OLG Nürnberg ZfStrVo 2002, 179 f.

[164] *Opitz-Welke/Lehmann/Seidel/Konrad*, Deutsches Ärzteblatt International 2018, 115: 808–14, DOI: 10.3238/arztebl.2018.0808.

[165] OLG Hamm, Beschl. v. 20.12.2012 – III – 1 Vollz(Ws) 566/12 = BeckRS 2013, 01735; indes ist der Nachweis schwierig (bis unmöglich) zu führen, ob ein Gefangener so viel getrunken hat, weil er durstig war oder dies geschah, um Rückschlüsse auf einen Betäubungsmittelkonsum zu verhindern.

sigkeit von **allgemeinen Maßnahmen** zur Feststellung von Suchtmittelkonsum, womit auch die Nutzung von Atemalkohol-Messgeräten legitimiert ist.

Fall („Tätowierung"; OLG Karlsruhe NStZ-RR 2006, 190): Obwohl dies in der Hausordnung untersagt ist, lässt sich G von einem Mitgefangenen tätowieren. Strittig ist, ob dies einen ahndbarern Pflichtenverstoß darstellt. Tatsächlich kann es zu Gesundheitsschäden kommen, wenn unprofessionell vorgegangen wird, etwa untaugliche Materialien (Nadeln, Farbe) genutzt werden. Besonders sind, mangels kunstgerechter Desinfizierung der Stichwerkzeuge, Infektionen zu befürchten. § 56 II StVollzG (Art. 58 II BayStVollzG) verpflichtet den Gefangenen, die notwendigen Maßnahmen zum Gesundheitsschutz und zur Hygiene zu unterstützen; darauf wird implizit in der Hausordnung Bezug genommen, die ja keine eigenständige Pflichtenbegründungsfunktion aufweist. Da ein Verstoß gegen das in der Hausordnung ausgesprochene Tätowierungsverbot aber nur sehr begrenzte allgemeine Gesundheitsbedenken mit sich bringt, da sich der fragliche Gefangene selbst schädigt und daher das Zusammenleben in der Anstalt nicht ernstlich stört, spricht aber auch einiges dafür, das Tätowierenlassen nicht mit Disziplinarmaßnahmen zu belegen[166]. Tatsächlich geht man im Grundsatz davon aus, dass Selbstschädigungen keine disziplinarrechtlich zu ahndenden Pflichtverstöße darstellen[167]. Man könnte aber auch argumentieren, dass durch das Nutzen von nicht sachgemäß sterilisierten Tätowierinstrumenten auch allgemein ansteckende Krankheiten wie HIV und Hepatitis gefördert werden[168]. Regelmäßig wird aber ein Verstoß gegen die Hausordnung vorliegen. Teils wird auch auf eine Störung der Anstaltsordnung wegen Beeinträchtigung der aus § 56 II StVollzG bzw. Art. 58 II BayStVollzG zu entnehmenden Verpflichtung zum Gesundheitsschutz abgestellt. Daher ist die Meinung, hier einen ahndbaren Pflichtenverstoß anzunehmen, ebenfalls gut vertretbar. Man könnte auch den Tätowierer wegen der gerade durch sein Tun verkörperten Gefahr von Gesundheitsschädigungen anders beurteilen als den bloß passiven Akteur, nämlich den Tätowierten (siehe folgender Exkurs).

---

[166] Einstufung als schwerwiegenden Ordnungsverstoß: *Jehle,* in Schwind/Böhm/Jehle/Laubenthal 1. Kap. E Rn. 26; OLG Karlsruhe NStZ-RR 2006, 190 f.

[167] Vgl. *Laubenthal* Rn. 731.

[168] In diesem Sinne OLG Karlsruhe NStZ-RR 2006, 190 f.

339 **Knasttattoos**

Tätowierungen und Strafvollzug – die beiden Themen gehören zusammen: Laut einer Befragung gehen die Gefangenen selbst davon aus, dass 60 bis 70% von ihnen tätowiert sind; im Einzelfall wurden Zahlen von sogar 90% angegeben. Die Gefängnissubkultur mit ihren Tätowierungsritualen gilt als reozialisierungsgefährdend, auch wenn Tätowierungen inzwischen ein Modeattribut geworden sind[169].

Mit dem Ansatz des **„labeling approach"** lassen sich die in der Selbststigmatisierung durch spezifische Tätowierungen liegenden Gefahren ansprechen. Man wird nicht nur von der Gesellschaft etikettiert, sondern man legt seine eigene Biographie offen und zeigt, dass man bereit ist, dem abweichenden Lebensentwurf treu zu bleiben. Dass diese Erklärungsansätze ernst zu nehmen sind, begründet eine Studie aus einer baden-württembergischen Anstalt: Von den bei Zugang nicht Tätowierten wurden innerhalb von mindestens 4 Jahren nach Entlassung 44% erneut zu vollstreckbarer Jugend- oder Freiheitsstrafe verurteilt, hingegen 71% der stark Tätowierten. Wie ernst die durch Tätowierungen verursachten Resozialisierungprobleme genommen werden, zeigt ein Programm in Nordrhein-Westfalen, dass es Gefangenen ermöglicht, Tätowierungen entfernen zu lassen. In bayerischen Vollzugshausordnungen ist die Vornahme von „Körpermodifikationen" aller Art (z.B. Tätowierungen, Piercings, Implants und Brandings) verboten.

Es gibt Tätowierungen, die auf eine lange Tradition zurückblicken können und die den Träger als „Knacki" ausweisen.

- **Knastträne**: Eine oder mehrere tränenförmige Tätowierungen unter dem Auge, die hierzulande für eine bestimmte Zeit in Haft stehen (in anderen Ländern soll die Träne sogar zum Ausdruck bringen, dass ihr Träger einen Mord begangen hat).
- **Drei Punkte**: Zwischen Daumen und Zeigefinger in einem Dreieck angebrachte Punkte. Dies ist eine Assoziation mit den „drei Affen" (= nichts hören, nichts sehen, nichts sagen) und verweist auf einen Gefangenen, der „Kollegen" nicht verrät.
- **Spinnennetz:** Die sich oft am Ellenbogen befindliche Tätowierung signalisiert ebenfalls, dass der Träger in Haft war.
- **Würfel mit der Nummer 5**: Ich und meine vier Wände (= Haftraum).

---

[169] Vgl. auch Tätowierungen im Strafvollzug: Hafterfahrungen, die unter die Haut gehen, hrsg. von *Bammann/Stöver*, Oldenburg 2006.

Im Übrigen sind Gefangene **nicht**, wie vom Gesetzgeber grds. vorgesehen, in die **gesetzliche Krankenversicherung** einbezogen, obwohl dies gem. § 198 III StVollzG (ohne Entsprechung im BayStVollzG) durch ein besonderes Bundesgesetz erfolgen sollte. Doch entsprechen die gem. §§ 57-63 StVollzG (Art. 59-65 BayStVollzG) den Gefangenen zu gewährenden Leistungen im Wesentlichen den Ansprüchen aus dem SGB V, einschließlich z.B. Vorsorgeuntersuchungen (§ 57 StVollzG bzw. Art. 59 BayStVollzG), Prothesen (§ 59 StVollzG bzw. Art. 61 BayStVollzG) und Zahnersatz (§ 62 iVm § 58 Nr. 2 StVollzG bzw. Art. 60 S. 2 Nr. 2, 3 BayStVollzG). **340**

§ 58 StVollzG (Art. 60 BayStVollzG) gibt dem Gefangenen ein **subjektiv-öffentliches Recht** auf Behandlung im Rahmen des Notwendigen, wobei eine Orientierung an § 27 SGB V (Anspruch des versicherten Arbeitnehmers) maßgeblich ist[170]. Welche Behandlung notwendig ist und ob etwa externe Ärzte oder Therapeuten beizuziehen sind, unterliegt der Beurteilungskompetenz der Anstaltsärzte[171]; auch eine Bereitschaft des Gefangenen, die Behandlung selbst zu bezahlen, ändert daran nichts. Eine freie **Arzt- oder Krankenhauswahl** steht dem Gefangenen nicht zu[172]. **341**

Als vollzugsspezifische Maßnahmen der **Gesundheitsfürsorge** sind zu nennen: die ärztliche Zugangsuntersuchung gem. § 5 III StVollzG (Art. 7 III BayStVollzG), der Anspruch aus § 64 StVollzG (Art. 66 BayStVollzG) auf min. eine Stunde Aufenthalt im Freien pro Tag und die Verpflichtung der Vollzugsbehörde aus § 63 StVollzG (Art. 65 BayStVollzG), sich ggfs. um „ärztliche Behandlung zur sozialen Eingliederung" des Gefangenen zu bemühen. Zu denken ist hier an die Beseitigung von körperlichen Missbildungen durch kosmetische Operationen, an Rehabilitationsmaßnahmen bei körperlichen Behinderungen und an psychotherapeutische Behandlung zur Beseitigung von Neurosen etc. Dies erfordert die Zustimmung des Gefangenen. **342**

Fall („Therapie"; OLG Hamm NStZ 2009, 219 f.): Gewalttäter G erhält Therapie durch einen anstaltsexternen Therapeuten. Nach 40 Behandlungsstunden beantragt er eine aus Sicht des Therapeuten erforderliche Langzeittherapie, um die Gewaltneigung zu verringern. Die Fachmitarbeiter der Anstalt bestätigen iSv § 58 StVollzG (Art. 60 BayStVollzG) die Indikation der Therapie. Der Antrag wird von der **343**

---

[170] Vgl. KG ZfStrVo 2005, 379 f.; zu Einschränkungen *Arloth/Krä* § 58 Rn. 1.

[171] Überprüft werden kann das pflichtgemäße ärztliche Ermessen, BVerfG NStZ 2013, 168.

[172] Vgl. KG NStZ 2023, 191; OLG Nürnberg ZfStrVo 1999, 243; OLG Karlsruhe NStZ-RR 2005, 122 ff.; KG ZfStrVo 2005, 379 f. (Psychologe bzw. Psychotherapeut).

Anstalt wegen zu hoher Kosten abgelehnt. Das OLG Hamm hebt den Bescheid auf und erlässt ein Bescheidungsurteil (§ 115 IV 2 StVollzG). Es verweist auf das verfassungsrechtliche Resozialisierungsgebot; fiskalische Erwägungen dürfen für die Entscheidung keine Rolle spielen.

344 Wenn eine Behandlung besser in einem **Anstaltskrankenhaus** (etwa zentral für Baden-Württemberg: Hohenasperg) als in der Krankenabteilung der JVA möglich ist, kann der Gefangene gem. § 65 I StVollzG (Art. 67 I BayStVollzG) dorthin verlegt werden. Notfalls ist gem. § 65 II StVollzG (Art. 67 II BayStVollzG) auch eine Behandlung in einem Krankenhaus außerhalb des Vollzugs möglich. In Bayern gibt es kein zentrales JVA-Krankenhaus, aber spezielle Krankenabteilungen, etwa für TBC-Erkrankungen in der JVA Bayreuth.

345 Tatsächlich wird ein **erheblicher materieller Aufwand** zur Gesundheitsfürsorge betrieben. Ganz exakte Zahlen können nicht präsentiert werden, doch Gesundheitsfürsorge im Strafvollzug ist teuer. In Bayern werden Kosten für die ärztliche und zahnärztliche Versorgung der Gefangenen einschließlich der Kosten für Medikamente nicht gesondert, sondern in verschiedenen Rubriken erfasst. Es wurden insgesamt hierfür von den Anstalten im Jahr 2023 rund 16,8 Mio. € aufgewendet. Bei sinkenden Gefangenenzahlen sind diese Kosten im Übrigen seit Jahren leicht steigend und die Besoldungskosten für die Anstaltsärzte sind noch nicht berücksichtigt. Allein für die medikamentöse Behandlung von Hepatitis C werden bspw. in hessischen Justizvollzugsanstalten jährlich Sondermittel in Höhe von 1,2 Mio. € bereitgestellt[173]. Das bedeutet, dass die ärztliche Versorgung der Gefangenen einen erheblichen Anteil an den gesamten Vollzugskosten einnimmt. Und das – könnte man anmerken –, obwohl gerade Männer in den „besten Jahren“ dort untergebracht sind, bei Alkoholabstinenz und begrenztem Tabakkonsum. Ein solches Erstaunen aber ernsthaft zu äußern, wäre naiv bis zynisch. Denn unter den denkbar unnatürlichen Bedingungen des Strafvollzugs treten mannigfaltige psychische Belastungen auf, die dann auch auf den Körper in Form sog. psychosomatischer Beschwerden durchschlagen. Auch Selbstschädigungen durch selbstgebraute Rauschmittel und Selbstverstümmelung sind zu bedenken. Zudem sind Vollzugsanstalten nie drogenfrei (siehe S. 186).

346 Der per se schon wichtige Bereich der Gesundheitsfürsorge ist gerade im Strafvollzug besonders heikel, weil die Gefangenen aufgrund ihrer

[173] https://justizministerium.hessen.de/Presse/Gesundheitsfuersorge-im-Vollzugsalltag.

besonderen Situation sehr dazu neigen, in sich hineinzuhorchen und jedes „Zipperlein" sehr ernst zu nehmen. Zugleich besteht ein **tiefes Misstrauen gegen die Ärzte**, die man als überbeschäftigt erlebt, an deren Qualifikation man zweifelt und die teils sogar als „Erfüllungsgehilfen eines Vernichtungs-Vollzugs" gesehen werden[174]. Dass gerade die Ärzte in manchen Anstalten das Ziel vielfältiger Beschwerden und Anzeigen sind, ist insofern wenig erstaunlich – ganz abgesehen von dem möglichen Vorliegen tatsächlicher Missstände.

Obwohl die ärztliche Behandlung im Strafvollzug nicht auf privat- 347
rechtlichem Arztvertrag beruht, sondern auf einem öffentlich-rechtlichen Zwangsverhältnis, ist der Anstaltsarzt grds. der **ärztlichen Schweigepflicht** unterworfen. § 182 II 1 StVollzG (Art. 200 II 1 BayStVollzG) postuliert in diesem Sinne eine Schweigepflicht auch gegenüber der Anstalt (vgl. auch § 203 I Nr. 1, 2 u. 5 StGB). Allerdings tritt die Schweigepflicht nicht nur gegenüber § 138 StGB, sondern auch gegenüber den Belangen der Anstaltssicherheit und der Verfolgung des Vollzugsziels zurück. Es ist im Einzelfall vom Arzt eine **Abwägung** zwischen der Wahrung des Geheimhaltungsinteresses des Gefangenen und den Belangen der Allgemeinheit vorzunehmen. Grds. wird den Ärzten eine **Offenbarungspflicht** vorgegeben, „soweit dies für die Aufgabenerfüllung der Vollzugsbehörde (bzw. Anstalt) oder zur Abwehr von erheblichen Gefahren für Leib oder Leben des Gefangenen oder Dritter erforderlich ist" (§ 182 II 2 StVollzG bzw. Art. 200 II 2 BayStVollzG). Eine **Offenbarungsbefugnis** (§ 182 II 3 StVollzG bzw. Art. 200 II 3 BayStVollzG) ist dann gegeben, wenn die Daten im Rahmen der „allgemeinen Gesundheitsfürsorge" gewonnen wurden; diese Befugnis zur Durchbrechung des Arztgeheimnisses besteht aber nur, wenn die (in Satz 2) genannten Interessen dies unerlässlich bzw. erforderlich machen. Damit soll das Arztgeheimnis speziell für die Fälle, in denen der Gefangene freiwillig den Arzt aufsucht, besser geschützt werden als bei sonstigen Arztkontakten, etwa bei verpflichtenden Routineuntersuchungen. In besonderer Weise tritt der **Geheimhaltungsanspruch** des Gefangenen naturgemäß bei der ärztlichen Untersuchung im Aufnahmeverfahren zurück, die gem. § 5 III StVollzG (Art. 7 III BayStVollzG) obligatorisch ist[175].

Gem. § 71 StVollzG (Art. 74 BayStVollzG) kann der Gefangene die 348
soziale Hilfe der Anstalt in Anspruch nehmen, um seine persönlichen Schwierigkeiten zu lösen. Gem. § 71 S. 2 StVollzG (Art. 75 BayStVollzG) geht es hier um **„Hilfe zur Selbsthilfe"**. Gem. § 72

---

[174] In diesem Sinne etwa „Durchblick – unabhängige und unzensierte Gefangenenzeitung" der JVA Berlin-Tegel von Januar 1985, S. 14 ff., 16, 17 – inzwischen heißt das Druckwerk „Der Lichtblick".

[175] Vgl. dazu OLG Karlsruhe NStZ 1993, 405 f.; *Laubenthal* Rn. 637.

StVollzG (Art. 77 BayStVollzG) ist dem Gefangenen bei der Aufnahme in den Vollzug zu helfen, seine Angehörigen zu versorgen, seine Habe draußen sicherzustellen und seine Sozialversicherung aufrechtzuerhalten. Während des Vollzugs ist ihm gem. § 73 StVollzG (Art. 78 BayStVollzG) zu helfen, seine Pflichten (z.B. Schadenswiedergutmachung; Schuldenregulierung) zu erfüllen und seine Rechte (auch die Rechte im Vollzug) wahrzunehmen.

349 Zuständig für die soziale Hilfe im Vollzug sind primär die **Sozialarbeiter der Anstalt**; daneben aber auch sonstige Bedienstete, die z.B. die Rechtsberatung gem. § 73 StVollzG (Art. 78 I BayStVollzG) durchführen. Gem. § 154 II StVollzG (Art. 175 III–V BayStVollzG) sind aber auch alle einschlägigen Behörden, Vereine oder sonstige Organisationen außerhalb des Vollzugs heranzuziehen.

7. Freizeitgestaltung

a) Allgemeines

350 Folgendes Zeitfenster ist im Strafvollzug unter Freizeit zu verstehen: Gem. § 82 I 1 und § 161 II Nr. 2 StVollzG (Art. 88 I und Art. 184 II Nr. 2 BayStVollzG) ist der Tag in Arbeitszeit, Freizeit und Ruhezeit eingeteilt; nach dieser Tageseinteilung hat sich der Gefangene zu richten. Die **Freizeit** liegt an Werktagen ca. zwischen 16.20 und 22.00 Uhr (der Einschluss in den Haftraum erfolgt aber schon früher), außerdem gehören an Samstagen sowie an Sonn- und Feiertagen wegen Ruhens der Arbeit die längsten Teile des Tages zur Freizeit. Die genauen Zeiten regeln die Hausordnungen der jeweiligen Anstalten (vgl. Art. 184 BayStVollzG)[176].

Aufschluss ist die Öffnung der Hafträume etwa einer ganzen Abteilung. Im Unterschied hierzu bedeutet **Umschluss**, den Einschluss mehrerer Gefangener in einem Haftraum etwa in der Freizeit für ein Kartenspiel.

351 Eine **grundsätzliche Regelung** zur Gestaltung der Freizeit geben §§ 67–70 StVollzG (Art. 69–73 BayStVollzG). Daneben gibt es verstreut über das ganze StVollzG **einzelne Vorschriften**, die Freizeitaspekte verschiedener Art betreffen: z.B. zu Ausführung und Ausgang, zur Unterbringung in der Freizeit, zur Freizeitkleidung, zum Einkauf, zu Besuch und

---

[176] Bayern gibt sich diesbezüglich (grundlos) sehr verschlossen; viele Hausordnungen auswärtiger Anstalten sind dagegen via Internet einzusehen, vgl. z.B. Hausordnung der JVA Fuhlsbüttel online unter: justizvollzugsanstalt-fuhlsbuettel-hausordnung.pdf.

Schriftwechsel, zur Religionsausübung oder zur Gefangenenmitverantwortung.

Das Gesetz behandelt die Freizeit nicht etwa als Zeit, die, weil sie dem Gefangenen „gehört", keiner spezifischen Regelungen bedurfte. Vielmehr bezieht § 67 StVollzG (Art. 69 BayStVollzG) die Freizeit in den **Behandlungsauftrag** des Strafvollzugs ein. Denn Satz 2 verpflichtet die Anstalt, für ein möglichst umfassendes und differenziertes Freizeitangebot Sorge zu tragen. Diese Soll-Vorschrift mit ihrer Aufzählung wichtiger Freizeitangebote konzentriert sich auf die Bereiche Bildung, Sport, Freizeitgruppen, Gruppengespräche und Büchereibenutzung. Der Gefangene hat ein Recht darauf, solche Möglichkeiten zu nutzen, wenn sie von der Anstalt angeboten werden. Jedoch besteht kein Recht darauf, an jeder Veranstaltung bzw. an ganz bestimmten Veranstaltungen teilzunehmen. 352

Allerdings gibt § 103 (spez. I Nr. 3–5) StVollzG (Art. 110 I Nr. 3–5 BayStVollzG) der Anstalt die Möglichkeit, eine ganze Reihe von Freizeitbeschäftigungen aus **Disziplinargründen** zu unterbinden. Aus den Freizeitangeboten der Anstalt erwächst dem Gefangenen **keine Pflicht zur Teilnahme**. § 67 S. 1 StVollzG (Art. 69 S. 1 BayStVollzG) gibt dem Gefangenen das Recht, sich nach seinen Wünschen und Neigungen zu beschäftigen oder nicht zu beschäftigen; vorausgesetzt, der Gefangene hält sich dabei an die Regelungen der allgemeinen Gesetze, das (Bay)StVollzG und der Hausordnung. 353

Freizeit und Kraftsport im Vollzug 354

Viele Strafgefangene verbringen ihre Freizeit gerne im Kraftraum, den viele Anstalten eingerichtet haben. Körperkult und Strafvollzug gehören zusammen; man hat schließlich viel Zeit, Gewichte zu stemmen. Von Anstalt zu Anstalt unterschiedlich ist der Gebrauch der Hanteln erlaubt. Zum Teil sind Kurzhanteln auch im Haftraum, Langhanteln nur im Kraftraum erlaubt. Teilweise sind Langhanteln aus Sicherheitsgründen auch gänzlich untersagt. Die Zeiten, in denen Hanteln aus Wasserkanistern selbst gebastelt werden mussten, sind aber nicht vorbei, denn manche Anstalten untersagen den Gebrauch von Hanteln auch gänzlich. In der JVA Erlangen wird das zu stemmende Höchstgewicht der Hanteln beschränkt, damit die muskulösen Gefangenen nicht ein zu bedrohliches Aussehen annehmen können. Umstritten ist letztlich generell, inwieweit gerade der Kraftsport anfällig für die Bildung von Subkulturen ist[177]. Manche Anstalten betonen auch die guten Erfahrungen, die sie mit dieser Art des Sports

---

[177] Pro und Contra in Forum Strafvollzug 2015, 154 ff. Sogar ein Boxtraining für jugendliche Straftäter, darunter Gewalttäter, hat sich offenbar positiv auf deren Entwicklung ausgewirkt, vgl. *Bauer*, Forum Strafvollzug 2015, 153.

machen; es würden Gefangene an Sport herangeführt werden, die sich vorher noch nie sportlich betätigt haben.

Grds. wird aber beklagt, dass die Gefangenen früher mehr mit sich in ihrer Freizeit anzufangen wussten. Sie hätten gepuzzelt oder Karten gespielt. Heute würden sie diese Zeit wahlweise vor dem Fernseher oder im Kraftraum verbringen. Vielleicht wäre es dann sogar sinnvoller, sich auch in Bayern vorsichtig Unterhaltungselektronik zu öffnen. Mit Spielkonsolen wie einer PlayStation oder Wii verbringen schließlich auch junge Männer draußen einen Großteil ihrer Freizeit (vgl. S. 125).

355 Auch für den Freizeitbereich gilt die Verpflichtung für die Anstalt aus § 4 I 2 StVollzG (Art. 6 I 2 BayStVollzG), den Gefangenen zu resozialisierungsförderndem Verhalten zu motivieren. Denn dem Erlernen sinnvolleren Freizeitverhaltens wird eine **kriminalpräventive Funktion** zugeschrieben; wenn ein eigenverantwortlicher, befriedigend erlebter Umgang mit der eigenen Freizeit in Gefangenschaft erlernt und auch in Freiheit beibehalten werden kann, dann fallen möglicherweise Versuchungen zu kriminellem Verhalten weg. Der Freizeit werden ferner eine anstaltsinterne und eine existentielle Funktion zugeschrieben. Die **anstaltsinterne Funktion** besagt, dass durch eine gesteuerte Freizeitbeschäftigung der negativen Beeinflussung der Gefangenen durch andere Gefangene (bzw. durch die Anstaltssubkultur) entgegengewirkt bzw. diese gehemmt werden kann. Die **existentielle Funktion** betrifft das anspruchsvolle Ziel der Selbstentfaltung der Persönlichkeit des Gefangenen[178].

356 Neben den in § 67 StVollzG (Art. 69 BayStVollzG) geregelten, von der Anstalt nach Möglichkeit anzubietenden Beschäftigungen gibt § 68 StVollzG (Art. 70 BayStVollzG) das Recht auf Bezug von Zeitschriften und § 69 II StVollzG (Art. 71 BayStVollzG) ein Recht auf Radio- und Fernsehgeräte.

b) Besitz von Gegenständen

357 § 70 StVollzG bzw. Art. 72 I BayStVollzG geben dem Inhaftierten ein Recht auf den Besitz von Büchern und anderen Gegenständen in einem angemessenen Umfang. Bei dem Merkmal der Angemessenheit handelt es sich um einen unbestimmten Rechtsbegriff, dessen Vorliegen einer vollen gerichtlichen Nachprüfung unterliegt. Die Frage des Maßes

---

[178] Zu Potential von Freizeitangeboten im Strafvollzug vgl. *Pöge/Haertel,* Forum Strafvollzug 2015, 157 ff.

richtet sich nach den Umständen des Einzelfalls, vor allem der Haftraumgröße sowie dessen Übersichtlichkeit und Durchsuchbarkeit. Hierzu gibt es viel Einzelfallkasuistik und es ist schwer, allgemeinverbindliche Aussagen zu treffen. Als eine Gefährdung der Sicherheit und Ordnung wird regelmäßig der Besitz eines PCs oder Laptops eingestuft. Das BVerfG beanstandet prinzipiell diese Einschätzung nicht (BVerfG NStZ 2003, 621).

c) Zeitschriftenbezug

Dass **Zeitschriften** gem. § 68 I StVollzG (Art. 70 I BayStVollzG) über die Anstalt bezogen werden müssen, dient ganz wesentlich einer Steuerung der Anzahl der abonnierten Zeitschriften, da die Einhaltung eines „angemessenen Umfangs" durch die begrenzten Ressourcen der Anstalten gefordert wird. Zugleich kann auf diesem Wege gewährleistet werden, dass der Gefangene keine verbotenen Periodika bezieht und es wird die Zensurmöglichkeit des § 68 II 2 StVollzG (Art. 70 II 2 BayStVollzG) abgesichert. Zu beachten ist insoweit, dass gem. § 68 II 1 StVollzG (Art. 70 II 1 BayStVollzG) der Bezug einer Zeitschrift nur dann verboten ist, wenn „deren Verbreitung mit Strafe oder Geldbuße bedroht ist"; ansonsten kann der Bezug der Zeitschrift nicht generell unterbunden werden, auch wenn diese als grds. resozialisierungsfeindlich – z.B. fremdenfeindlich – gilt. Angesichts des **Stellenwerts von Art. 5 GG** ist die Anstalt darauf verwiesen, jeweils Einzelentscheidungen über das Vorenthalten einzelner Ausgaben oder Teile einer Zeitschrift zu treffen[179]. **358**

Wenn der Gefangene ein **Einzelheft** oder Sonderheft einer Zeitschrift beziehen will, ist dies der Reglementierung durch § 68 I StVollzG (Art. 70 I BayStVollzG) nicht unterworfen[180], da hier ein Überlastungsproblem seitens der Anstalt nicht zu befürchten ist. Es greift § 68 II (oder § 31[181]) StVollzG (Art. 70 II oder Art. 34 BayStVollzG) mit seinen Ausschlussregelungen. **359**

Gem. § 68 II u. § 69 I 2, 3 StVollzG (Art. 70 II u. Art. 71 II BayStVollzG) **steuert die Anstalt** in bestimmter Hinsicht **die Informationsaufnahme** aus den Massenmedien. Die Zeitungen können – wie bereits angemerkt – **zensiert** werden. Bei den genannten Informationsbeschränkungen stellen das „Ziel des Vollzuges" (Bund) bzw. die „Erfüllung des Behandlungsauftrags" (Bayern) und die „Sicherheit und **360**

---

[179] Vgl. Thür.OLG ZfStrVo 2005, 179 ff.

[180] OLG Hamm, Beschl. v. 26.3.2013 – III-1 Vollz(Ws) 80/13 = BeckRS 2014, 02160; Laubenthal/Nestler/Neubacher/Verrel/*Laubenthal* Kap. G Rn. 12.

[181] Auch wenn eine Anwendung von § 31 denkbar erscheint, ist doch die dem Informationsgrundrecht besser entsprechende Regelung des § 68 grds. vorzuziehen.

Ordnung der Anstalt“ die relevanten Maßstäbe dar. § 68 II 2 StVollzG (Art. 70 II 2 BayStVollzG) setzt eine „erhebliche Gefährdung“ voraus und § 69 I 3 StVollzG (Art. 71 II BayStVollzG) rechtfertigt **angesichts des Rechts auf Information aus Art. 5 GG lediglich „unerlässliche“ Beschränkungen**[182].

d) Rundfunkteilnahme

361 Die früher sehr restriktiven Regelungen, wonach ein Recht lediglich zum Empfang eines **inneranstaltlichen Rundfunkprogramms** sowie zur Teilnahme an gemeinsamem **Betrachten ausgewählter Fernsehsendungen** bestand, haben sich schon lange überlebt. Damit entfiel auch die damals einfache Möglichkeit, bei den elektronischen Medien die Inhalte zu kontrollieren, soweit das Programm per Videorecorder, Tonband etc. von der Anstalt zusammengestellt wurde.

362 Da neuerdings in Bayern die Anstalten die Hafträume mit Fernsehgeräten ausstattet, spielen § 69 II StVollzG (Art. 71 I BayStVollzG), die die Möglichkeit für die Anschaffung von Geräten für eigenen Rundfunkempfang und Fernsehempfang eröffneten, keine Rolle mehr. Die Genehmigung wurde erteilt, wenn „das Ziel des Vollzuges“ (§ 70 II Nr. 2 StVollzG) bzw. „die Erfüllung des Behandlungsauftrags“ oder „die Sicherheit oder Ordnung der Anstalt“ (Art. 72 II Nr. 2 BayStVollzG) nicht gefährdet wurde. Die frühere Überlegung, dass unkontrollierter Fernsehempfang resozialisierungsgefährdende Wirkungen entfalten könnte, wurde vom Gesetzgeber auch angesichts des regelmäßig unterentwickelten Freizeitangebots in den Anstalten zurückgestellt. Im Übrigen werden in Bayern jedenfalls die Strafgefangenen mit einer monatlich zu zahlenden Stromkostenpauschale an den Kosten beteiligt (vgl. S. 94)[183]. Da die Anzahl der ins Antennenkabel der Anstalt **eingespeisten Programme** begrenzt ist, können nicht alle Wünsche der verschiedenen Sprach- und Nationalitätengruppen erfüllt werden. Solange die Anstalt hier nicht willkürlich entscheidet, sondern etwa den Kopfzahl-Proporz und die Wünsche der verschiedenen Nationalitätengruppen angemessen berücksichtigt, sind die Auswahlentscheidungen rechtens[184] (s. Exkurs zum Fernsehen im Vollzug, S. 88).

---

[182] Vgl. auch OLG Jena NStZ-RR 2004, 317 f.

[183] Die beim Betrieb des Geräts entstehenden Stromkosten sind nach Ansicht des OLG Celle NStZ 2005, 288 nicht von der Anstalt zu tragen. Diese Rechtsauffassung wurde mit der Stromkostenpauschale praxisnah umgesetzt (vgl. Exkurs S. 92).

[184] Vgl. KG ZfStrVo 2005, 311.

e) Unterhaltungselektronik

Die Kriterien, die bei der Genehmigung von Rundfunk- und Fernsehgeräten Beachtung finden, sind im Rahmen von § 70 II StVollzG (Art. 72 II BayStVollzG) auch für **sonstige Geräte der Unterhaltungselektronik** maßgeblich, etwa für Videorecorder, DVD-Player oder für Spielkonsolen, die an einen Bildschirm angeschlossen werden. Es muss gesichert sein, dass das Gerät nicht zu Funkgeräten umrüstbar ist und dass es nicht als schwer durchsuchbares Versteck für verbotene Gegenstände dienen kann. Durch Kontrolle der erworbenen Spiele kann gesichert werden, dass keine resozialisierungsgefährdenden (menschenverachtenden oder brutalisierenden) Spiele genutzt werden. Eine Gefährdung der öffentlichen Sicherheit und Ordnung der Anstalt kann sich auch aus der Internetfähigkeit einer Spielkonsole ergeben. **363**

Dabei kommt es sehr auf die Besonderheiten des Einzelfalles an. So ist das BVerfG gegen die Verweigerung einer Besitzerlaubnis nicht eingeschritten, nachdem die Anstalt den großen Kontrollaufwand bezüglich des Geräts wie auch der Spiele anführte[185] und auf die Sondersituation der Unterbringung in einer Gemeinschaftszelle mit gemeinsamem Fernsehgerät abstellte, dessen Nutzung zwecks Spielen mit der Spielkonsole „zu Unverträglichkeiten mit den Mitgefangenen" führen könnte[186]. Das BayStVollzG hat in Art. 72 II Nr. 2 die Frage der Genehmigungsfähigkeit von „elektronischen Unterhaltungsmedien" **generell negativ geregelt**. Es liegt demnach bei solchen Medien „in der Regel" eine Gefährdung der Erfüllung des Behandlungsauftrages oder eine Gefährdung der Sicherheit oder Ordnung der Anstalt vor. Darunter fallen wohl auch alle Speichermedien wie CDs und DVDs. **Probleme bereitet indes diese rigide Gesetzeslage hinsichtlich des Angleichungsgrundsatzes** (vgl. OLG Koblenz, Beschl. v. 27.8.2008 – 1 Ws 363/07, mitgeteilt von *Roth*, NStZ 2008, 679). **364**

Als unter dem Aspekt der Versteckttauglichkeit für Waffen und Ausbruchswerkzeuge nicht genehmigungsfähig stufte das OLG Hamm geräteexterne Lautsprecherboxen ein. Auch die Tatsache, dass die Nutzung dieser Boxen zunächst genehmigt worden war, nützte dem Gefangenen nichts. Denn § 70 III StVollzG (Art. 72 III BayStVollzG) erlaubt den **Widerruf der Erlaubnis**, wenn eine neue Einschätzung der Gefahrenlage ein **365**

---

[185] OLG Jena NStZ-RR 2003, 221 ff.; Thür.OLG ZfStrVo 2003, 304 ff.; KG NStZ-RR 2004, 157 f.; KG ZfStrVo 2004, 310 f.; LG Bochum NStZ-RR 2005, 124 f.; OLG Hamm ZfStrVo 2005, 119 f.; Saarl.OLG ZfStrVo 2005, 122 f.; KG Berlin, ZfStrVo 2005, 306 f.; OLG Frankfurt NStZ-RR 2006, 125 (jeweils „Sony Playstation" u.a. wegen der Möglichkeiten zur Speicherung und Weitergabe von Daten auf einer „Memory-Card").

[186] BVerfG NStZ-RR 2002, 128.

anderes Ergebnis erbringt als zunächst; man muss hier allerdings den Vertrauensschutzaspekt in die Abwägung einbeziehen[187]. § 70 StVollzG (Art. 72 BayStVollzG) ist auch beim Bezug von Druckwerken zu berücksichtigen, die **keine Periodika** darstellen, etwa Katalogen.

366 **Fall** („Positiv in Haft“; BVerfG NJW 2005, 1341 ff.): Der Gefangene G bestellt eine Broschüre mit dem Titel „Positiv in Haft“. Es handelt sich um ein Bändchen der Deutschen Aids-Hilfe e.V. mit medizinischen und rechtlichen Ratschlägen sowie Musteranträgen für die Wahrnehmung von Rechten im Vollzug. In der Broschüre wird – korrekt – als umstritten dargestellt, ob Flucht aus dem Gefängnis eine disziplinarrechtlich relevante Verfehlung des Gefangenen darstelle. Deswegen wird die Broschüre angehalten und dem Gefangenen nicht ausgehändigt, da solche Ausführungen die Gefangenen zur Flucht anstiften könnten, folglich „gefährlich“ seien. Dagegen wendet sich der Versender der Broschüre, der an deren Erstellung mitgewirkt hatte. Er unterliegt bis hin zum OLG Nürnberg und legt schließlich Verfassungsbeschwerde ein. Das BVerfG sieht einen unzulässigen Eingriff in die Rechte des Beschwerdeführers aus Art. 5 I GG (Meinungsfreiheit), der nämlich nicht nur die Broschüre übersandt, sondern den Inhalt der Schrift mitgeprägt hat. Zwar stehe dies Grundrecht gem. Art. 5 II GG unter einem Gesetzesvorbehalt, konkret den einschränkenden Voraussetzungen des § 70 II StVollzG (Art. 72 II BayStVollzG). Jedoch seien die Voraussetzungen von § 70 II Nr. 2 StVollzG (Art. 72 II Nr. 2 BayStVollzG) nicht erfüllt, da die Broschüre keine Anleitung oder Aufforderung zur Flucht oder sonst eine vollzugsfeindliche Tendenz enthalte, sondern nur die umstrittene Rechtslage wiedergebe[188].

367 Beim Bezug von derartigen Druckwerken (Nicht-Periodika) erfolgt eine zusätzliche Reglementierung deshalb, weil es sich bei der Zusendung um ein **Paket i.S. von § 33 StVollzG** handelt, welches gem. § 33 I 3 StVollzG als „weiteres Paket“ neben den drei Regelpaketen (mit Nahrungs- und Genussmitteln) der Genehmigung der Anstalt bedarf[189]. Entsprechendes gilt gem. **Art. 36 BayStVollzG**, wonach Pakete überhaupt nur nach Erlaubniseinholung bei der Anstalt empfangen werden dürfen.

368 Neben den konsumierenden Freizeitbeschäftigungen gehört zu den beliebten Hobbys im Vollzug das **Basteln** mit Holz, Metall etc., die Teilnahme am **Sport**, die Teilnahme an **Gruppengesprächen** sowie die

---

[187] Vgl. OLG Hamm NStZ 1993, 360.

[188] Vgl. BVerfG NJW 2005, 1341 ff., 1343.

[189] OLG Koblenz NJW 1992, 1337; OLG Brandenburg NStZ 2005, 290.

Nutzung der **Anstaltsbibliothek**. Mehr qualitativ als quantitativ wichtig ist die Teilnahme an Therapieveranstaltungen oder an Fernlehrgängen, die Mitarbeit an der Gefangenenzeitung oder das Schriftstellern ohne unmittelbares Verwertungsziel. Gefangenenzeitungen erscheinen in Bayern nur anstaltsintern; andere Bundesländer wie z.B. Berlin erlauben auch eine Verbreitung außerhalb der Mauern[190].

Letztlich wird man die Auswirkungen eines guten Freizeitangebotes in der Anstalt differenzierend betrachten müssen: Um den Aufenthalt im **Freiheitsentzug erträglich zu gestalten**, ist die Möglichkeit zu befriedigender Freizeitbeschäftigung unbedingt notwendig. Hingegen ist der **prophylaktische Effekt zweifelhaft**; manche Erfahrung spricht dafür, dass im Strafvollzug mit Hingabe betriebene Hobbys in Freiheit sofort wieder jede Bedeutung verlieren und das ursprüngliche kriminalitätsfördernde Freizeitverhalten wieder auflebt. Denn Hobbys verändern nicht die Persönlichkeit, die Bedürfnisse oder die Umwelt. Dauerhafte Auswirkungen haben unter dem Resozialisierungsaspekt wohl am ehesten noch Therapie und Fortbildung in der Freizeit. Für geradezu gefährlich hält *Böhm* (Strafvollzug, 3. Aufl., 2003, Rn. 216 am Ende) in manchen Fällen solche künstlerischen Freizeitbeschäftigungen wie Theaterspielen oder Beteiligung an einer Gefangenenzeitungs-Redaktion, da sich hierbei überzogene Erwartungen auf große Erfolge in entsprechenden Betätigungen in Freiheit entwickeln können. Diese Kritik erscheint deutlich überzogen, allerdings wäre es dringend notwendig, Konzeption, Umsetzung und Wirkung von Freizeitangeboten im Vollzug wissenschaftlich evaluieren zu lassen[191]. **369**

8. Seelsorge

Einen hervorhebenswerten Aspekt der Freizeitbeschäftigung stellte bis in die Gegenwart hinein die **Religionsausübung** dar. Denn wie schon an früherer Stelle vorgetragen, ist die Entstehung des auf Besserung ausgerichteten Strafvollzugs in den Zuchthäusern aufs engste mit christlichem Gedankengut verbunden: „ora et labora“! Lange Zeit war daher die Teilnahme an religiösen Veranstaltungen Pflicht für die Gefangenen; die Bibel war in der Arrestzelle der einzige Lesestoff. **370**

---

[190] So gilt die Gefangenenzeitung „der lichtblick“ aus der JVA Berlin-Tegel als die auflagenstärkste und am längsten – seit 1968 – durchgängig existierende Gefangenenzeitung Deutschlands. Die Zeitung ist – jedenfalls nach bayerischem Maßstab – durchaus kritisch, deckt Missstände auf, enthält Entscheidungsbesprechungen, ist aber vermutlich vor allem wegen der vielen Kontaktanzeigen unter den Gefangenen beliebt; http://www.lichtblick-zeitung.de.

[191] *Pöge/Haertel,* Forum Strafvollzug 2015, 157 (163).

371 Spätestens seit der Weimarer Reichsverfassung von 1919 – Art. 136 IV und speziell Art. 141 WRV – ist **Zwang zur Teilnahme** an religiösen Veranstaltungen **unzulässig**. Diese Vorschriften gelten gem. Art. 140 GG fort und stellen Präzisierungen zum in Art. 4 GG niedergelegten Grundsatz der „Glaubens-, Gewissens- und Bekenntnisfreiheit" dar. Wegen dieser verfassungsrechtlich klaren Situation hat das StVollzG auf eine Regelung zur Religionsausübungsfreiheit verzichtet.

372 Vielmehr gibt § 53 I StVollzG (Art. 55 I BayStVollzG) dem Gefangenen ein **Recht auf Einzelbetreuung** durch einen Seelsorger seiner Religionsgemeinschaft. § 53 II, III (Art. 55 II, III BayStVollzG) geben ihm ein **Recht auf Besitz** an religiösen Schriften und Gegenständen. § 54 I, II StVollzG (Art. 56 I, II BayStVollzG) gewähren dem Gefangenen ein **Recht auf Teilnahme** an Gottesdiensten und anderen religiösen Veranstaltungen. Dabei lässt man auch Feiern mit lockerem Religionsbezug unter den Begriff der **„anderen religiösen Veranstaltung"** fallen, wenn nur der Seelsorger die Veranstaltung abhält und ein Religionsbezug erkennbar bleibt; anerkannt wurde dies nicht nur für Adventsfeiern, sondern auch für sonstige Veranstaltungen mit karitativer oder konfessionell-erwachsenenbildender Ausrichtung. Das Teilnahmerecht des einzelnen Gefangenen kann gem. § 54 III StVollzG (Art. 56 III BayStVollzG) „aus überwiegenden Gründen der Sicherheit oder Ordnung" eingeschränkt werden. Das OLG Hamm sieht diese Vorschrift als abschließende Spezialvorschrift an, weshalb eine disziplinarrechtlich verhängte Freizeitsperre gem. § 103 I Nr. 4 StVollzG (Art. 110 I Nr. 4 BayStVollzG) keinen Ausschluss von religiösen Veranstaltungen bewirken könne[192]. Gem. § 55 StVollzG (Art. 57 BayStVollzG) gelten diese Regelungen für **Angehörige „weltanschaulicher Bekenntnisse"** entsprechend; mit dieser spezifischen Wortwahl („Bekenntnis") soll klargestellt sein, dass hier nicht praktisch politisch orientierte Gemeinschaften gemeint sind.

373 Zu beachten ist generell, dass die Vorschriften der §§ 53–55 StVollzG (Art. 55–57 BayStVollzG) keine Ansprüche gegen die Anstalt auf religiöse oder weltanschauliche Betreuung geben. Die Anstalt hat lediglich die entsprechende **Betreuung der Gefangenen** durch die Religionsgemeinschaften **zu ermöglichen**; hierfür gibt § 157 StVollzG (Art. 178 BayStVollzG) Vorgaben.

374 Auf die vielfach schwierige Stellung des Seelsorgers im Strafvollzug ist schon bei der Beschreibung der Vollzugsbediensteten eingegangen worden. Ergänzend sind einige Anmerkungen zur Bedeutung des Seelsorgers bzw. der Seelsorge für den Gefangenen anzubringen. Traditionell ist der Seelsorger ein **Ansprechpartner in praktisch jeder Art von**

---

[192] Vgl. OLG Hamm ZfStrVo 1999, 306 f.

Notlage. Die Gefangenen können am ehesten noch bei engagierten Gefängnisseelsorgern darauf hoffen, dass ihr Anliegen auch gegen Widerstände der Anstalt weiterverfolgt wird. Denn der Seelsorger ist eben nicht in die Hierarchie des Vollzugsstabs eingebunden, sondern steht daneben. Dass bei dem Herantreten des Gefangenen an einen Seelsorger häufig gar nicht so sehr konfessionelle Fragen im Vordergrund stehen, zeigt sich daran, dass vielfach der angesprochene Pfarrer nicht zur Religionsgemeinschaft des Gefangenen – falls dieser überhaupt konfessionell gebunden ist – gehört. Zudem ist die große Gefangenengruppe der Muslime noch keineswegs in ausreichendem Ausmaß mit eigenen Seelsorgern ausgestattet (siehe S. 45).

Die früher sehr große Bereitschaft der Gefangenen, an **Gottesdiensten** teilzunehmen, war teils daraus herzuleiten, dass hier Kommunikation mit Mitgefangenen möglich ist. Seit Kommunikation in den Anstalten sehr gefördert wird und außer Gottesdiensten noch mannigfache andere Gemeinschaftsveranstaltungen angeboten werden, ist die Zahl der Kirchgänger zurückgegangen. **375**

9. Gefangenenmitverantwortung

Zum Freizeitbereich kann die Tätigkeit im Zusammenhang mit der **Gefangenenmitverantwortung** (GMV) des § 160 StVollzG (Art. 116 BayStVollzG) gezählt werden. Nach dieser Vorschrift soll den Gefangenen „ermöglicht werden, an der Verantwortung für Angelegenheiten von gemeinsamem Interesse teilzunehmen", wenn eine Mitwirkung sinnvoll erscheint. Die entsprechende Passage zur **Gefangenenvertretung** der jungen Gefangenen (Art. 158 BayStVollzG) klingt realistischer und geht von einer Interessenvertretung der Gefangenen aus. In jedem Falle formuliert das Gesetz hier einen Programmsatz, der die Vollzugsbehörden verpflichtet, sich um die Ermöglichung von Mitwirkungsaktivitäten zu bemühen. Dieser Verpflichtung kann die Anstalt nicht mit guten Gründen ausweichen, obwohl das Gesetz den Gefangenen keinen unmittelbaren Rechtsanspruch auf Einrichtung einer Gefangenenvertretung gibt[193]. Sobald die Anstalt Regeln für die Einrichtung einer Gefangenenvertretung geschaffen hat, tritt eine „Selbstbindung der Verwaltung" ein, auf welche sich die Gefangenen berufen können. **376**

Die Gefangenenvertretung kann im Rahmen eines Behandlungsvollzugs eine **wichtige Funktion** haben: Es geht um „Training in Demokratie und … in Selbstverantwortung und Selbstkontrolle im Umgang mit **377**

---

[193] Vgl. *Laubenthal*, Rn. 295 ff.

anderen“[194]. Inwieweit diese hehren Ansprüche einlösbar sind, steht dahin. Beobachtet wird jedenfalls immer wieder, dass gerade „Bosse“ oder Vertrauensmänner der **Anstaltssubkultur** solche Mitverantwortungsposten zum Ausbau ihrer Stellung nutzen.

378 Wie die GMV bzw. Gefangenenvertretung **in der Praxis** aussieht, lässt sich pauschal nicht beantworten, da § 160 StVollzG (Art. 116 BayStVollzG) den Vollzugsbehörden einen extrem großen Spielraum lässt. Immerhin verlangt nun Art. 116 II BayStVollzG, dass die Anstalten die Einrichtung von Mitwirkungsgremien fördern und begleiten. Generell sieht man die GMV als unterentwickelt an. In einzelnen Anstalten gibt es aber sehr differenzierte Mitverantwortungs-Modelle, die den ganzen Bereich der Anstalt mit allen Teilfunktionen erfassen, wobei es im Regelfall natürlich nur um das Recht zur **Artikulation von Gefangeneninteressen** geht. Der Bereich echter „Verantwortung“ ist hingegen äußerst begrenzt, etwa auf den Bereich der Organisation von Freizeitveranstaltungen und auf die Herausgabe der – wenigstens in Bayern zensierten – Gefangenenzeitung.

379 Umstritten ist, ob und inwieweit die Gefangenenvertretung berechtigt ist, **Anträge auf gerichtliche Entscheidung** gem. § 109 StVollzG zu stellen. Teils wird ein solches Recht ganz verneint. Mehrheitlich will man der Gefangenenvertretung ein Antragsrecht nach § 109 II StVollzG zubilligen, wenn eine Gefangenenvertretung in der Anstalt formell etabliert ist und wenn die Gefangenenvertretung ihre von der Vollzugsbehörde allgemein festgelegten formellen Mitwirkungsrechte durchsetzen will. Die Gefangenenvertretung kann sich hier auf eine Selbstbindung der Verwaltung und auf das Willkürverbot berufen[195]. Auch einzelne Mitglieder der Gefangenenvertretung wird man hinsichtlich ihrer Befugnisse für aktivlegitimiert ansehen dürfen[196]. Hingegen kann die Gefangenenvertretung nicht etwa materielle Rechtspositionen einzelner Gefangener oder der Gefangenengemeinschaft „einklagen“.

380 **Fall** („Zucker“; OLG Rostock, Beschl. v. 4.12.2014 – 20 Ws 328/14 = BeckRS 2014, 22789): In der JVA R wird den Gefangenen der Besitz von Zucker untersagt. Die dortige Gefangenenvertretung geht gerichtlich gegen diese Regelung in der Hausordnung vor. Der Antrag wird vom LG Rostock als unzulässig verworfen, da die Gefangenen-

[194] Kaiser/*Schöch*, Lehrbuch, § 5 Rn. 87.

[195] Vgl. Pfalzer, in: Schwind/Böhm/Jehle/Laubenthal, 13. Kap. M Rn. 7; *Kaiser/Schöch*, Lehrbuch, § 5 Rn. 101 f.

[196] Vgl. OLG Hamburg ZfStrVo 2002, 181 f.

vertretung nicht in eigenen Rechten verletzt sei und daher eine Überprüfung ihrer Vorschläge im gerichtlichen Verfahren nach §§ 109 ff. StVollzG ausgeschlossen ist.

Neuere Entscheidungen versuchen die Rechtsstellung von Mitgliedern der Gefangenenvertretung dadurch zu stärken, dass man nicht jede Verfehlung dazu ausreichen lässt, die **Mitgliedschaft des Gefangenen durch Verfügung der Anstaltsleitung zu beenden**. Das OLG Karlsruhe geht davon aus, dass es sich um eine Verfehlung handeln müsse, welche die Verhängung eines Arrests rechtfertigen würde[197]. Es soll so verhindert werden, dass Gefangene, die sich in ihrem Engagement missliebig machen, allein deshalb schon abgelöst werden können. **381**

Keine Gefangenenvertretung i.S. von § 160 StVollzG (Art. 116 BayStVollzG) liegt vor, wenn sich unabhängig von der Anstaltsleitung eine **sonstige Gefangeneninteressenvertretung** (z.B. „Gefangeneninitiative") bildet. Doch ist die Anstaltsleitung nicht gehindert, mit solchen Vereinigungen (teils eingetragene Vereine) Kontakte zu halten und sie als Gruppierungen zur Wahl der Gefangenenvertretung zuzulassen. Vorsicht ist hier allerdings am Platze wegen der Gefahr von spezifischen Subkulturbildungen. **382**

10. Kommunikation mit der Gesellschaft

a) Allgemeines

Der herkömmliche Strafvollzug war kommunikationsfeindlich angelegt, und dies nicht nur in der Programmatik des „silent system" für den Innenbereich, sondern auch nach außen hin. Die Abschließung nach außen hin stellte zum einen Teil des Strafübels dar und schien zum anderen auch präventiv begründbar, da ja die Straffälligkeit in einem bestimmten sozialen Umfeld entstanden war, von welchem der Strafvollzug den Gefangenen nun fernhalten sollte. Allerdings hat man einsehen müssen, dass **das Kappen sozialer Kontakte letztlich mehr Schaden als Nutzen** anrichtete. Verdeutlichen lässt sich das schon daran, dass der aus seinen Herkunftskontakten Gerissene umso anfälliger für subkulturelle Kontakte und gar Einbindung werden muss[198]. **383**

In den Gestaltungsgrundsätzen des § 3 StVollzG (Art. 5 BayStVollzG) wird das **Umdenken** ganz deutlich: Es soll das Leben im Strafvollzug „den allgemeinen Lebensverhältnissen soweit als möglich **384**

---

197 OLG Karlsruhe NStZ 2005, 292.

198 Vgl. *Kudlich*, JA 2003, 704 (708 f.).

angeglichen werden" (Abs. 1); den „schädlichen Folgen des Strafvollzugs ist entgegenzuwirken" (Abs. 2). Damit ist die neue Programmatik einer **Öffnung des Strafvollzugs für die Kommunikation** mit draußen im Grundsatz formuliert. Und § 23 StVollzG (Art. 26 BayStVollzG) präzisiert das, indem dem Gefangenen ein Recht auf Außenkontakte eingeräumt und zudem die Anstalt verpflichtet wird, den „Verkehr mit Personen außerhalb der Anstalt ... zu fördern" (§ 23 S. 2 StVollzG bzw. Art. 26 S. 2 BayStVollzG). Dass der Verkehr speziell mit **Angehörigen** besonders förderungswürdig ist, lässt sich auch aus der in Art. 6 I GG niedergelegten Schutzaufgabe des Staates gegenüber der Familie entnehmen und wird in begünstigenden Einzelregelungen des StVollzG zum Besuchsverkehr (vgl. § 25 Nr. 2 StVollzG bzw. Art. 28 Nr. 2 BayStVollzG) und zum Schriftwechsel (vgl. § 28 II Nr. 2 StVollzG bzw. Art. 31 II Nr. 2 BayStVollzG) umgesetzt.

b) Besuch

385 Nach § 24 I StVollzG (Art. 27 I BayStVollzG) hat der Gefangene das **Recht, regelmäßig Besuch zu empfangen**, wobei der Kreis der Besucher nicht begrenzt ist. Die Gesamtdauer beträgt gem. § 24 I 2 StVollzG (Art. 27 I 2 BayStVollzG) mindestens eine Stunde im Monat. Dies ist ausgesprochen wenig, wenn man bedenkt, dass sehr viele Gefangene nicht in der Lage sind, Kommunikation per Briefschreiben aufrechtzuerhalten, also Besuch oft die einzige funktionierende Kontaktmöglichkeit nach draußen darstellt.

386 Diese geringe Mindestbesuchsdauer ist Folge der **personellen und räumlichen Anforderungen** an die Anstalt durch die Besuche. In den einzelnen Anstalten wird, je nach vorhandenen räumlichen und personellen Ressourcen, vielfach mehr Besuchsmöglichkeit gewährt als im Gesetz verpflichtend vorgeschrieben. Details regelt gem. § 24 I 2 iVm § 161 II Nr. 1 StVollzG (Art. 27 I 3 iVm Art. 184 II Nr. 1 BayStVollzG) die Hausordnung der Anstalt. Für die Verteilung der vorhandenen Ressourcen wird u.a. auf die Wertentscheidung des Art. 6 I GG, d.h. auf den Schutz von Ehe und Familie, Rücksicht zu nehmen sein[199]. Wegen der benannten Ressourcenengpässe ist auch die Möglichkeit von **Sonderbesuchen** gem. § 24 II StVollzG (Art. 27 II BayStVollzG) nur begrenzt realisierbar. Als derartiger Sonderbesuch sind etwa Langzeitbesuche von Familienangehörigen denkbar (siehe Exkurs S. 134), wobei – anders als

---

[199] Vgl. OLG Dresden NStZ 1998, 159; *Laubenthal,* Rn. 507; vgl. ferner BVerfG NStZ 1994, 604 ff. zur U-Haft. Zum Besuchsrecht von Kleinkindern vgl. BVerfG StraFo 2006, 490.

bei Regelbesuch – kein Rechtsanspruch des Gefangenen besteht, vielmehr die Genehmigung im Ermessen der Anstaltsleitung liegt[200].

Technisch läuft die Genehmigung eines Besuches so ab, dass auf einen **Besuchsantrag** hin ein Besuchsschein ausgestellt und dem Besucher zugesandt wird. Dieser Schein enthält Belehrungen über den Ablauf und dient als Nachweis der Besuchsberechtigung. Von vornherein **untersagen** kann der Anstaltsleiter Besuche in den Fällen des § 25 Nr. 1 StVollzG bzw. Art. 28 Nr. 1 BayStVollzG (Gefährdung von Sicherheit oder Ordnung) oder § 25 Nr. 2 StVollzG bzw. Art. 28 Nr. 2 BayStVollzG (Nicht-Angehörige können „einen schädlichen Einfluss auf den Gefangenen haben oder seine Eingliederung behindern“). **387**

Gem. § 24 III StVollzG (Art. 27 III BayStVollzG) kann ein Besuch davon abhängig gemacht werden, dass sich der Besucher einer **Durchsuchung** unterwirft. Allerdings berechtigt dies die Anstalt nicht, vom Besucher eine (auch nur teilweise) Entkleidung zu verlangen, wie etwa schon der Vergleich mit der nur für Gefangene geltenden Regelung des § 84 II StVollzG bzw. Art. 91 II BayStVollzG (Durchsuchung mit Entkleidung) zeigt[201]. Dass der Gefangene nach dem Besuch durchsucht werden darf, ergibt sich aus § 84 StVollzG (Art. 91 BayStVollzG). Eine mit Entkleidung verbundene körperliche Untersuchung des Gefangenen kann gem. § 84 III iVm II StVollzG (Art. 91 III iVm II BayStVollzG) speziell für den Fall des Kontakts mit Besuchern ausnahmsweise sogar im Wege der Allgemeinverfügung angeordnet werden (genauer hierzu S.164)[202]. Relevanz hat dies, wenn weder der Besucher durchsucht worden ist, noch der Besuch ununterbrochen optisch überwacht werden konnte. Im Übrigen dürfen bei der Entkleidung nur Bedienstete des gleichen Geschlechts anwesend sein; eine Kameraüberwachung der Entkleidung verletzt die Menschenwürde (OLG Celle NStZ 2010, 436). **388**

Fall („Durchsuchung“; BVerfG, NJW 2004, 1728): In der Anstalt A besteht eine vom Anstaltsleiter erlassene und von der Aufsichtsbehörde genehmigte Regelung, dass die Gefangenen **vor** einem Besuch körperlich durchsucht werden können und sich hierzu entkleiden müssen. Der Gefangene G, dem eine Durchsuchung widerfuhr, klagt auf Feststellung, dass diese rechtswidrig war. – Zulässigkeit: G kann geltend machen, durch eine im Gesetz nicht vorgesehene Maßnahme in **389**

[200] Vgl. OLG Karlsruhe NStZ-RR 2004, 60 f.

[201] Vgl. OLG Hamburg StV 2005, 229 f. Im Übrigen ist eine mit Entkleidung verbundene Durchsuchung immer ein schwerwiegender Eingriff in das allgemeine Persönlichkeitsrecht und muss in schonender Weise durchgeführt werden, BVerfG NStZ-RR 2013, 324.

[202] Kritisch *Esser,* NStZ 2022, 24.

seinem Persönlichkeitsrecht beeinträchtigt worden zu sein (§ 109 I, II StVollzG). Als Antrag kann er einen vorbeugenden Unterlassungs- oder Feststellungsantrag wegen Wiederholungsgefahr stellen (3. Variante der allgemeinen Leistungsklage), da die Ermächtigung des Anstaltsleiters an seine Mitarbeiter nach wie vor besteht. Begründetheit: Da die Durchsuchung unter Entkleidung vor dem Besuch erfolgt, lässt sich die Entscheidung nicht auf § 84 III iVm II StVollzG (Art. 91 III iVm II BayStVollzG) stützen. Bei unmittelbarer Heranziehung von § 84 II StVollzG (Art. 91 II BayStVollzG) muss eine Einzelfallentscheidung erfolgen, die grds. der Anstaltsleiter trifft. Allerdings kann er diese Befugnis gem. § 156 III StVollzG (Art. 177 III BayStVollzG) „mit Zustimmung der Aufsichtsbehörde" delegieren, wie hier geschehen. Die restriktive Regelung des § 84 II 1 StVollzG (Art. 91 II 1 BayStVollzG) setzt voraus, dass die Durchsuchung nur i.S. einer Einzelfallentscheidung erfolgt, also bei Vorliegen von besonderen Sicherungsbedürfnissen. Dies beinhaltet Stichprobenuntersuchungen bei an sich unverdächtigen Gefangenen, da auch diese als Boten eingesetzt werden können. Der Antrag des G wäre nur dann begründet, wenn die Durchsuchungsanordnungen nicht mehr als Einzelfallentscheidungen durchgeführt werden, sondern in schematischer Anwendung auf alle Gefangenen[203]. Siehe hierzu auch S. 164.

390 Gem. § 27 I StVollzG (Art. 30 I BayStVollzG) dürfen Besuche aus Gründen der Behandlung oder der Sicherheit oder Ordnung der Anstalt überwacht werden. Der Einsatz technischer Überwachungsmittel ist zulässig nach Hinweis an Besucher und Gefangenen (Art. 30 I 2 BayStVollzG). Die **Überwachung** kann optisch oder gem. § 27 I 2 StVollzG (Art. 30 II BayStVollzG) ausnahmsweise auch akustisch (Unterhaltung) geschehen. Gem. § 27 IV 1 StVollzG (Art. 30 VI BayStVollzG) dürfen **Gegenstände** nur mit Erlaubnis übergeben werden (laut der VV zu Art. 30 BayStVollzG nur „alkoholfreie Getränke oder Süßwaren" aus Anstaltsautomaten). Verstößt der Besucher gegen diese Vorschriften, kann gem. § 27 II StVollzG (Art. 30 IV BayStVollzG) der **Besuch abgebrochen** werden. Im Übrigen begeht man gem. § 115 OWiG eine Ordnungswidrigkeit, wenn man einem Gefangenen unbefugt „Sachen" (aber auch Nachrichten) zukommen lässt.

391 **Langzeitbesuche**

Umstritten ist die Frage, inwieweit bei Besuchen sexuelle Kontakte ermöglicht werden sollen. Speziell für Langstrafler gibt es Modelle

[203] BVerfG NJW 2004, 1728 f.

des Langzeitbesuchs in geeigneten Räumlichkeiten (Gastzimmer). Dort sind unüberwachte Familienbesuche (Einbeziehung der Kinder) oder auch Partnerbesuche möglich (s. § 26 IV HmbStVollzG oder § 29 IV VollzG Bln). Solange nur Ehepartner zum Langzeitbesuch zugelassen werden, taucht das Problem von übereilten Eheschließungen auf. Zudem stellt sich die Frage, wer als Besucher zugelassen werden soll. So war bereits gerichtlich zu klären, ob der Antrag des Gefangenen, seine Freundin zum Langzeitbesuch zuzulassen, ermessensfehlerfrei unter Hinweis auf eine noch bestehende Ehe abgelehnt werden konnte: Das OLG Hamm (ZfStrVo 1999, 308) hielt den Bescheid der Anstalt aufrecht, die unter Hinweis auf Art. 6 GG den Antrag auf Zulassung der „Geliebten“ abgelehnt hatte, weil Anzeichen für ein Fortbestehen der Ehe des Gefangenen erkennbar waren. Einigkeit besteht darüber, dass unter den derzeitigen räumlichen und zeitlichen Bedingungen des Normalbesuchs die Ermöglichung sexuellen Verkehrs für alle Beteiligten unzumutbar ist. Im Ergebnis verneint das BVerfG einen Rechtsanspruch auf Zubilligung unüberwachter Besuchskontakte[204]. In Bayern gibt es keine derartigen Langzeitbesuchsprogramme.

Besondere Besuchsregelungen gelten für **Verteidiger** sowie für **392**
Rechtsanwälte und **Notare** in einer den Gefangenen betreffenden Rechtssache. Diese dürfen gem. § 26 S. 1 StVollzG (Art. 29 S. 1 BayStVollzG) Besuche ohne Einschränkung in Bezug auf Zeit und Häufigkeit machen (entspr. § 148 I StPO). Beim Vorliegen konkreter Verdachtsgründe darf der Besuch gem. § 26 S. 2 iVm § 24 III StVollzG (Art. 29 S. 2 iVm Art. 27 III BayStVollzG) davon abhängig gemacht werden, dass sich der Besucher **durchsuchen lässt**. Unzulässig ist – nicht anders als beim Besuch anderer Personen[205] – die Aufforderung an den Anwalt, sich (teilweise) zu entkleiden[206]. Bei der **Durchsuchung** ist gem. § 26 S. 3 StVollzG (Art. 29 S. 3 BayStVollzG) eine inhaltliche Überprüfung der vom Verteidiger mitgeführten Schriftstücke und Unterlagen nicht zulässig; ein „Durchblättern“ der Handakten des Verteidigers kommt nicht in Betracht.

---

[204] Vgl. BVerfG NStZ-RR 2001, 253 (Verfassungsbeschwerde bzgl. unüberwachten Besuchs mit Sexualkontakt nicht zur Entscheidung angenommen). Besteht in der Anstalt ein Langzeitbesuchsprogramm, dann ist für die Entscheidung über die Zulassung gem. § 24 II StVollzG (Art. 27 II BayStVollzG) zu verfahren, weshalb dem Antragsteller ein Recht auf ermessenfehlerfreie Entscheidung zusteht; OLG Hamburg ZfStrVo 2005, 55 ff.

[205] Vgl. OLG Hamburg StV 2005, 229 f.

[206] OLG Nürnberg NStZ-RR 2004, 187 f.

393 Gem. § 27 III StVollzG (Art. 30 V BayStVollzG) werden **Besuche von Verteidigern nicht überwacht** (entspr. § 148 I StPO); andere Anwaltsbesuche können überwacht werden. Gem. § 27 IV 2 StVollzG (Art. 30 VI 2 BayStVollzG) können **Schriftstücke** und sonstige Unterlagen vom Verteidiger ohne Erlaubnis der Anstalt übergeben werden. Ist der Anwalt nicht Verteidiger, kann gem. § 27 IV 2 Hs. 2 StVollzG (Art. 30 VI 2 Hs. 2 BayStVollzG) aus Gründen von Sicherheit und Ordnung eine Erlaubnis erforderlich sein.

394 Ausnahmsweise kann auch die Übergabe von Verteidigermaterial an den Gefangenen **erlaubnisbedürftig** sein und von einer inhaltlichen Durchsicht abhängig gemacht werden; dies besagt § 26 S. 4 bzw. § 27 IV 3 iVm § 29 I 2, 3 StVollzG iVm §§ 148, 148a StPO (Art. 30 VI 3 iVm Art. 32 I 2, 3 BayStVollzG iVm §§ 148, 148a StPO) für Fälle, in denen der Gefangene aus § 129a StGB (Bildung terroristischer Vereinigungen) verurteilt ist. Wenn wegen § 129a StGB gegen ihn ermittelt wird, gelten §§ 148, 148a StPO direkt. Hier muss der Verteidiger das Material, das er übergeben will, einem „neutralen" Richter (vgl. § 148a II StPO) vorlegen. Weiterhin muss die unmittelbare Übergabe von Gegenständen jeder Art durch eine Trennscheibe oder ähnliche Vorrichtung unmöglich gemacht werden (§ 148 II 3 StPO), wobei eine gleichzeitige optische Überwachung – nicht aber ein Mithören – zulässig ist; die Nutzung einer Trennscheibe erfolgt aufgrund besonderer Anordnung. Hinweis: Diese Vorschriften sind in Folge der schlechten Erfahrungen entstanden, die in den 1970er Jahren mit den Strafverteidigern der RAF-Terroristen gemachten wurden. Sie sollten längst überdacht und letztlich wieder gestrichen werden. Weitergehende Beschränkungen wurden durch das **„Kontaktsperregesetz"** in den §§ 31 ff. EGGVG geregelt; es geht um das vorübergehende Kappen von Kommunikationssträngen, wenn bei terroristischen Aktionen befürchtet werden muss, dass diese im Zusammenwirken mit inhaftierten Terroristen durchgeführt werden (sollen).

395 Umstritten ist, ob eine **Trennscheibenanordnung** auch für Verteidigerbesuche in anderen als § 129a StGB-Fällen zulässig sein kann. Hier käme als Rechtsgrundlage die „Angstklausel" des § 4 II 2 StVollzG (Art. 6 II 2 BayStVollzG) in Frage (genauer hierzu S. 54).

396 **Fall** („Geiselnahme"; BGHSt 49, 61 ff.): Der wegen schwerer Gewaltdelikte einsitzende verurteilte Gefangene G droht, seinen Verteidiger als Geisel zu nehmen, um einen Ausbruch zu erzwingen. Daraufhin ordnet die Anstalt die Durchführung der Verteidigerbesuche unter Nutzung einer Trennscheibe an, wofür sie als Rechtsgrundlage § 4 II StVollzG heranzieht. Das LG bestätigt diese Anordnung. Das

OLG sieht sich an einer Bestätigung durch die entgegenstehende Entscheidung BGHSt 30, 38 ff. gehindert und legt sie deshalb gem. § 121 II GVG dem BGH vor.

Der BGH korrigiert daraufhin die ältere Entscheidung. Das Verbot der Trennscheibenanordnung gelte nur für die vom Gesetzgeber bedachten Fälle eines verteidigungsfremden Zusammenwirkens von Verteidiger und Gefangenem als Missbrauchsform. Hier sprach die Bedeutsamkeit ungestörter Rechtswahrnehmung durch den Gefangenen für das Einräumen eines – u.U. missbrauchbaren – Freiraums. Anders sehe das im Fall der Abwehr von Gefahren vom Verteidiger aus; denn dieser Aspekt hatte im Gesetzgebungsverfahren keine Rolle gespielt, weshalb insoweit die gesetzlichen Regelungen keine abschließenden seien iSv § 4 II StVollzG. Die Berücksichtigung des Grundsatzes der Verhältnismäßigkeit stehe der Trennscheibenanordnung nicht entgegen, da es sich dabei um eine geeignete, erforderliche Maßnahme handele, die angesichts der Wahrung der Freiheit und der körperlichen Integrität des Verteidigers auch das überwiegende Interesse schütze gegenüber der nur geringfügig eingeschränkten Möglichkeiten des Gefangenen zur Kommunikation mit seinem Verteidiger; hierbei sei auch beachtlich, dass der Gefangene durch seine Drohung einer gewaltsamen Aufkündigung seines Anwaltsvertrags sein schützenswertes Interesse an einer effektiven Verteidigung verringert habe. Die Aufnahme dieser Rspr. in der Lit. ist durchaus nicht einstimmig: zustimmend *Arloth*, Jura 2005, 108 ff.; kritisch *Beulke/Swoboda*, NStZ 2005, 67 ff., die eine Bevormundung des Verteidigers und einen Eingriff in eine freie Verteidigung monieren.

Ein Teil der Lit. folgte dem ursprünglich vom BGH verfolgten abso- **397**
luten Ausschluss der Trennscheibennutzung über § 4 II StVollzG nicht nur für Verteidigerbesuche, sondern auch für Privatbesuche iSv § 24 StVollzG (Art. 27 BayStVollzG). Hingegen hat das BVerfG die Nutzung von Trennscheiben bei Privatbesuchen **als Mittel der „Überwachung" des Besuchs** iSv § 27 I StVollzG (Art. 30 I BayStVollzG) für zulässig gehalten, wenn der Verhältnismäßigkeitsgrundsatz beachtet wird, d.h. einer „schwerwiegenden Gefährdung der Anstaltssicherheit" entgegengewirkt werden soll und nach Möglichkeit längerfristiger Einsatz der Trennscheibe vermieden wird[207].

[207] BVerfGE 89, 315 ff. (323); zustimmend *Dessecker/Schwind*, in: Böhm/Schwind/Jehle/Laubenthal, 9. Kap. C Rn. 88.

398 **Fall** („Familienbesuch"; KG NStZ-RR 2009, 388 ff.): In der JVA A. wurden in der Folge von Problemen bei Besuchen in den Besuchsräumen sog. „Trennscheibentische" angebracht, d.h. Tische mit einem 30 cm hohen Plexiglasaufsatz. Auch unterhalb des Tisches waren Platten vertikal angebracht, um eine unerlaubte Übergabe von Gegenständen zu verhindern. Körperlicher Kontakt zwischen Besucher und Gefangenem war nur noch zu Begrüßung und Abschied erlaubt, nicht aber während des optisch überwachten Sitzens an den fraglichen Tischen während des Besuchs. Der Gefangene G möchte für einen Besuch seiner 10-jährigen Tochter diesen ohne Trennscheibentisch und ohne Verbot körperlicher Kontakte durchgeführt wissen. – Grds. hält das KG die Nutzung von Trennscheibentischen als Element der optischen Besuchsüberwachung (§ 27 I StVollzG; Art. 30 I BayStVollzG) für zulässig. Die Beeinträchtigungen des Besuchs durch einen Trennscheibentisch sei geringer als durch eine raumhohe Trennscheibe. Angesichts der Garantien des Art. 6 I GG sei bei Familienbesuchen die Anwendung des Trennscheibenbesuches „auf das Unumgängliche zu beschränken" (KG NStZ-RR 2009, 388 ff., 389). Wenn der Gefangene bislang nicht auffällig geworden war und auch nicht im Verdacht steht, unerlaubte Gegenstände zu besitzen oder weiterzugeben, fehle es an einzelfallbezogenen Gesichtspunkten für das Beharren auf der Nutzung des Trennscheibentisches. Für Bayern ist zudem maßgeblich, dass **Art. 30 III BayStVollzG** die Nutzung einer Trennvorrichtung nur für den „Einzelfall" vorsieht, also nicht pauschal[208]. In der Praxis erfolgen Besuche eines suchtauffälligen Gefangenen für die ersten drei Monate seiner Haftzeit mit einer Trennscheibe; eine Urinprobe soll klären, ob eine weitere Anordnung angezeigt ist. In der JVA Nürnberg ist eine Trennscheibenanordnung inzwischen sogar die Regel, da ein Großteil der Gefangenen dort wegen Verstoßes gegen das Betäubungsmittelgesetz einsitzt.

399 Die bei der **normalen Besuchsüberwachung** anfallenden Kenntnisse durften früher nach der inzwischen aufgehobenen Regelung des § 34 StVollzG in recht weitgehendem Umfang verwertet und weitergegeben werden. Das 4. StVollzGÄndG von 1998 hat den **Datenschutz** für den Strafvollzug in den §§ 179–186 StVollzG (Art. 196–205 BayStVollzG) geregelt und im Zuge der DS-GVO sind die Vorschriften erneut überarbeitet worden (S. 55).

[208] Um einen solchen Einzelfall annehmen zu können, reicht es bspw. aus, dass ein suchtkranker Gefangener ohne zwingenden Grund die Abgabe einer Urinprobe verweigert hat; OLG Dresden, Forum Strafvollzug 2013, 394.

Einschlägig für Besuche ist **§ 180 VII iVm II StVollzG (Art. 197 VII iVm II BayStVollzG)**; danach dürfen aus der Überwachung gewonnene personenbezogene Daten verarbeitet und genutzt werden: 400

- für gerichtliche Verfahren nach den §§ 109 ff. StVollzG,
- zur Wahrung der Sicherheit oder Ordnung der Anstalt,
- für Zwecke der Behandlung, wenn zuvor der Gefangene angehört wurde,
- zur Abwehr erheblicher Nachteile für das Gemeinwohl oder einer Gefahr für die öffentliche Sicherheit,
- zur Abwehr einer schwerwiegenden Beeinträchtigung der Rechte einer anderen Person,
- zur Verhinderung oder Verfolgung von Straftaten und von vollzugsbezogenen Ordnungswidrigkeiten
- sowie für Strafvollstreckungsmaßnahmen.

Was der **überwachende Richter** bei der Kontrolle der Verteidigermaterialien erfährt, darf er gem. § 148a II 2 StPO **nicht weitergeben**; lediglich die in § 138 StGB genannten Straftaten darf und muss er anzeigen, wenn er von entsprechenden Vorhaben erfährt. 401

c) Schriftverkehr

Gem. § 28 I StVollzG (Art. 31 I BayStVollzG) hat der Gefangene das Recht, unbeschränkt (im Umfang bzw. der Zahl) **Schreiben abzusenden und zu empfangen**; dabei geht es um Briefwechsel „mit Personen außerhalb der Anstalt“. Doch auch Briefwechsel zwischen Gefangenen derselben Anstalt unterliegen nach h.M. dieser Kontrolle[209]. Trotz rechtlicher Unbeschränktheit bezüglich des Umfangs des Briefwechsels ergibt sich ein faktisches Hemmnis schon daraus, dass der Gefangene die Kosten des Schriftverkehrs trägt (Art. 31 III 1 BayStVollzG). Allerdings muss die Anstalt bedürftigen Gefangenen das Briefeschreiben „in angemessenem Umfang“ ermöglichen (vgl. Art. 31 III 2 BayStVollzG)[210]. 402

Der Anstaltsleiter kann gem. § 28 II StVollzG (Art. 31 II BayStVollzG) das Recht auf Schriftwechsel in der Weise beschränken, dass er den Schriftwechsel mit bestimmten Personen untersagt. **Untersagungsgründe** sind die gleichen wie beim Besuchsverbot: § 28 II Nr. 1 403

---

[209] OLG Hamm, Beschl. v. 1.4.2014 – 1 Vollz (Ws) 337/13 = BeckRS 2014, 08978, wenngleich umstritten ist, ob § 28 I StVollzG/Art. 31 I BayStVollzG diesbezüglich die richtige Eingriffsgrundlage ist oder ob auf die Generalklausel nach § 4 II 2 StVollzG/Art. 6 II BayStVollzG zurückgegriffen werden muss.

[210] OLG Zweibrücken NStZ-RR 2001, 188 zur Verpflichtung der Anstalt, einen unfrankierten Brief weiterzuleiten.

StVollzG bzw. Art. 31 II Nr. 1 BayStVollzG (Gefährdung von Sicherheit oder Ordnung der Anstalt), Nr. 2 (Nichtangehörige gefährden Resozialisierung).

404 Darüber hinaus gibt § 29 III StVollzG (Art. 32 III BayStVollzG) der Anstalt die Befugnis, den normalen Schriftwechsel „aus Gründen der Behandlung oder der Sicherheit oder Ordnung der Anstalt" zu **überwachen**. Umstritten ist hier, ob die Anstaltsleitung pauschal den Briefwechsel aller Gefangenen überwachen lassen darf, oder ob diese Maßnahme nur aus gegebenem Anlass im Einzelfall angeordnet werden kann. Teils wird derart differenziert, dass **eingehende Post** in jedem Falle per „Sichtkontrolle" auf verbotene Gegenstände hin untersucht wird, „Textkontrolle" aber nur auf Einzelfallanordnung des Anstaltsleiters hin erfolgt. Für den **ausgehenden Schriftwechsel** kann etwa derart differenziert werden, dass nur auf Einzelanordnung hin entweder Text- oder Sichtkontrolle oder beides vorgenommen wird. Teils hält man auch die **generelle Anordnung der Textkontrolle** durch allgemeine Verfügung für zulässig, unabhängig, ob man den einzelnen Gefangenen für „gefährlich" hält; eine Rolle spielt dies dann, wenn es sich um ein Gefängnis hoher Sicherheitsstufe handelt, wo man bei Beschränkung der Kontrolle auf einen Teil der Gefangenen damit rechnen müsste, dass die nicht überwachten Gefangenen als Kommunikationsagenten missbraucht würden[211]. In der Lit. wird diese Ansicht aber wegen Verstoßes gegen die gebotene Individualisierung angesichts des Grundrechts aus Art. 10 GG (Brief-, Post- und Fernmeldegeheimnis) vielfach abgelehnt[212].

405 Bei angeordneter Kontrolle **ausgehender Schreiben** hat der Gefangene den Brief offen abzugeben. Bei Kontrolle der **eingehenden Post** ist der Brief sinnvollerweise in Gegenwart des Gefangenen zu öffnen[213] (vgl. auch § 30 I StVollzG bzw. Art. 33 I BayStVollzG: Die Anstalt „vermittelt" die Schreiben). In manchen Landesgesetzen – zB Brandenburg und Mecklenburg-Vorpommern – ist die Anwesenheit des Gefangenen bei der Öffnung auch ausdrücklich vorgeschrieben. Die Textkontrolle sollte möglichst selten angeordnet werden, da diese Zensur sehr stark in die Intimsphäre und zugleich in die ohnehin wenigen Kommu-

---

[211] Vgl. BVerfG ZfStrVo 1982, 126; BVerfG NStZ 2004, 225 ff.; OLG Hamburg ZfStrVo 1991, 185 ff.; OLG Nürnberg NStZ 1993, 455; OLG Frankfurt NStZ 1994, 377; OLG Karlsruhe NStZ 2004, 517 f.

[212] Vgl. AK-StVollzG/*Knauer,* Teil II § 34 LandesR Rn. 7; *Laubenthal,* Rn. 492.

[213] Vgl. *Dessecker/Schwind*, in: Schwind/Böhm/Jehle/Laubenthal, 9. Kap. C Rn. 26; AK-StVollzG/*Knauer,* Teil II § 33 LandesR Rn. 7 f.; OLG Karlsruhe NStZ 2004, 517: auf Antrag.

nikationsmöglichkeiten der Gefangenen eingreift. Bei Kontrolle eingehender **Behördenpost** ist die Kontrolle als „Sichtkontrolle" darauf zu beschränken, ob es sich wirklich um Behördenpost handelt[214].

Die Textkontrolle stellt die Basis für die durch § 31 StVollzG (Art. 34 **406**
BayStVollzG) gegebene Möglichkeit des **Anhaltens von Schreiben** dar. § 31 I StVollzG (Art. 34 I BayStVollzG) enthält eine abschließende Aufzählung von Anhaltegründen. Da das Anhalten von Schreiben besonders gravierend in die Rechte der Beteiligten eingreift, ist Zurückhaltung angezeigt.

Fall („Sütterlin-Schrift"; OLG Celle NStZ-RR 2009, 326; zu den **407**
Gründen vgl. BeckRS 2009, 16520): Allein der Umstand, dass der Schriftverkehr eines Gefangenen in Sütterlin-Schrift abgefasst ist, rechtfertigt nicht die generelle Anordnung des Anhaltens des Schreibens. Sütterlinschrift ist keine Geheimschrift, unlesbar oder unverständlich.

Der **Anhaltegrund grob unrichtiger Darstellung** von Anstaltsver- **408**
hältnissen (§ 31 I Nr. 3 StVollzG bzw. Art. 34 I Nr. 3 BayStVollzG) wird berechtigt als problematisch angesehen und ist daher, wenn überhaupt, vorsichtig anzuwenden. In diesem Sinne ermöglicht § 31 II StVollzG (Art. 34 II BayStVollzG) es, bei solch unrichtiger Darstellung ein berichtigendes Begleitschreiben beizufügen, so dass der Brief trotz Vorliegens eines Anhaltegrundes weitergeleitet werden kann. Die Gerichte bestätigen das Anhalten ausgehender Schreiben dann, wenn die verzerrte Schilderung der Anstaltsverhältnisse offenbar dazu dient, dem Gefangenen durch Vorspiegeln einer Märtyrerrolle die Unterstützung eines für die Resozialisierung schädlichen Unterstützermilieus zu sichern, was der Erreichung des Vollzugsziels entgegenwirken würde[215]. Als tragfähiger Anhaltegrund einzustufen ist es außerdem, wenn der Gefangene seine Briefpartner **zu Gewalttaten auffordert**, was u.U. § 31 I Nr. 2 StVollzG (Art. 34 I Nr. 2 BayStVollzG) erfüllen kann, aber durchaus auch auf eine Gefährdung des Vollzugsziels (§ 31 I Nr. 1 StVollzG bzw. Art. 34 I Nr. 1 BayStVollzG) gestützt werden kann[216].

Besondere Aufmerksamkeit gefunden hat in der Rspr. des BVerfG, **409**
dass speziell in **Briefen an Ehegatten** und andere besonders nahestehende Personen es dem Gefangenen möglich sein muss, jemandem ganz einseitig und subjektiv gefärbt „das Herz auszuschütten". Es geht um

[214] Vgl. OLG Karlsruhe NStZ 2004, 517 f.

[215] Vgl. OLG Karlsruhe ZfStrVo 2004, 374 f.

[216] Vgl. OLG Karlsruhe NStZ-RR 2004, 254 f.

den Schutz der Privatsphäre, zu welcher auch die Möglichkeit zu vertraulicher Kommunikation zählt. Betroffen sind hier das Grundrecht auf Meinungsfreiheit aus Art. 5 I 1 GG iVm dem allgemeinen Persönlichkeitsrecht aus Art. 2 I iVm Art. 1 I GG[217]. Bei Äußerungen gegenüber Familienangehörigen ist zudem der Schutz von Ehe und Familie gem. Art. 6 I GG tangiert[218]. Bei **unrichtiger Schilderung von Anstaltsverhältnissen** fällt nur die bewusst unwahre Tatsachenbehauptung aus dem Schutzbereich des Art. 5 I GG heraus[219].

410 **Fall** („Verlobte“; BVerfGE 90, 255): In einem an seine Verlobte gerichteten Brief bezeichnete ein Gefangener das OLG Nürnberg als „Reichsparteitags-OLG“. Wegen der darin gesehenen Beleidigung der Mitglieder des OLG wurde der Brief gem. § 31 I Nr. 4 StVollzG (Art. 34 I Nr. 4 BayStVollzG) angehalten. Dagegen wehrte sich der Gefangene erfolgreich. Das BVerfG betonte, dass der Vertrauensschutz für Äußerungen gegenüber Personen des besonderen Vertrauens nicht dadurch verloren gehe, dass sich der Staat vorhersehbarerweise durch Briefkontrolle Kenntnis von den vertraulich gemachten Äußerungen verschaffe. Die Kenntnisnahme vom ehrenrührigen Inhalt durch Vollzugsbedienstete ändere nichts „an der Zugehörigkeit der vertraulichen Mitteilung zu der grundrechtlich geschützten Privatsphäre“[220].

Abwandlung des Falles: Der Gefangene äußert sich in dem Brief abfällig über Vollzugsbedienstete. Es besteht hier ebenfalls kein Anhaltegrund. Auch eine Disziplinarmaßnahme gegen den Gefangenen wegen eines Verstoßes gegen § 82 I 2 StVollzG bzw. Art. 88 I 2 BayStVollzG (Verhalten gegenüber Vollzugsbediensteten, das das geordnete Zusammenleben stört) ist unzulässig[221]. Das Privileg zulässiger offener Kommunikation innerhalb der geschützten Privatsphäre gilt auch insoweit. Eine **Überschreitung der Grenze** ist erst anzunehmen, wenn die ehrverletzenden Äußerungen in den Briefen in eindeutig provozierender Absicht gegenüber den nach Kenntnis der Gefangenen die Briefkontrolle ausübenden Personen erfolgen.

[217] Vgl. BVerfGE 90, 255 (259 ff.).

[218] BVerfG StraFo 2009, 379 ff.

[219] BVerfG StraFo 2009, 379 ff.

[220] Ausführlich u. zust. *Laubenthal,* Rn. 498; vgl. auch BVerfG NStZ 2021, 439 mAnm *Bode*; BVerfG NJW 2007, 1104; BVerfG NJW 1995, 1477; KG StV 2002, 209.

[221] Vgl. OLG Frankfurt StV 1994, 442 ff.

Gem. § 31 I Nr. 6 StVollzG (Art. 34 I Nr. 6 BayStVollzG) können auch ohne zwingenden Grund **fremdsprachig abgefasste Briefe** angehalten werden. Freilich ist insoweit insbesondere bei Briefverkehr zwischen ausländischen Ehepartnern die besondere Verpflichtung zum Schutz von Ehe und Familie aus Art. 6 I GG zu berücksichtigen und sorgfältig zu ermitteln, ob der Briefverkehr wirklich auch auf Deutsch erfolgen könnte (OLG Nürnberg, NStZ-RR 2004, 156 f.). **411**

In keiner Weise überwacht werden dürfen gem. § 29 II 1, 2 StVollzG (Art. 32 II 1 BayStVollzG) **Schreiben an bestimmte staatliche und europäische Institutionen**, u.a. an Volksvertretungen des Bundes und der Länder sowie an deren Mitglieder, an das Europäische Parlament und dessen Mitglieder, an die Europäische Kommission für Menschenrechte, den EGMR und an **Datenschutzbeauftragte**[222]. Gleiches gilt für Schreiben dieser Institutionen an den Gefangenen (S. 23). Für den Schriftwechsel mit Anstaltsbeiräten gilt gem. § 164 II 2 StVollzG (Art. 187 II 2 BayStVollzG) entsprechendes. – Obwohl der Bundespräsident nicht zu den in § 29 II StVollzG (Art. 32 II BayStVollzG) genannten Personen oder Institutionen zählt, erscheint es dennoch erstaunlich, wenn das OLG Nürnberg bezüglich des Schreibens eines Gefangenen an den Bundespräsidenten auf der für die JVA Straubing generell angeordneten Überwachung der ausgehenden Post glaubte bestehen zu müssen[223]; man fragt sich: wozu? Entsprechendes gilt für die u.a. vom OLG Hamburg[224] für zulässig erklärte Kontrolle von Schreiben an oder von Organe(n) des Bundestags (Fraktionen oder Ausschüsse). **412**

Grds. nicht überwacht wird gem. § 29 I StVollzG (Art. 32 I BayStVollzG) der Schriftwechsel des Gefangenen mit seinem **Strafverteidiger**[225]. Man nimmt bewusst in Kauf, dass die unbewachte Kommunikationsmöglichkeit mit dem Anwalt missbraucht werden kann. Früher verfuhr die weitgehend gebilligte Praxis so, dass die Verteidigerpost geöffnet und auf unzulässige Einlagen überprüft wurde, ohne inhaltliche Kenntnis von Schriftstücken zu nehmen; der Gefangene musste bei der **413**

---

[222] So hat zuletzt der Hessische Beauftragte für Datenschutz und Informationsfreiheit in seinem 48. Tätigkeitsbericht gerügt, dass Schreiben von ihm an Gefangene geöffnet worden waren (online unter : https://datenschutz.hessen.de/infothek/taetigkeitsberichte).

[223] Vgl. OLG Nürnberg NStZ 1993, 455.

[224] Vgl. OLG Hamburg ZfStrVo 2004, 306 f.; a.A. aber nun OLG Dresden, Forum Strafvollzug 2014, 129 ff.

[225] Ein Anbahnungsverhältnis ist nicht ausreichend, um ein bestehendes Verteidigungsverhältnis annehmen zu können. Ist die Verteidigerstellung nicht nachgewiesen, dürfen die Briefe des Verteidigers gleichwohl nicht geöffnet werden, sondern sind ungeöffnet an den Absender zurückzusenden, OLG München NStZ-RR 2012, 294.

Überprüfung anwesend sein[226]. Inzwischen hält man die Öffnung der Verteidigerpost angesichts des eindeutigen Wortlauts von § 29 I 1 StVollzG (Art. 32 I 1 BayStVollzG) für gänzlich unzulässig, wenn der Verteidiger als Absender feststeht[227]. Dies gilt auch, wenn die Post nicht ausdrücklich als „Verteidigerpost" gekennzeichnet ist, jedoch auf dem Schreiben Name und Anschrift des Rechtsanwalts als Absender vermerkt sind[228]. Wenn begründete Zweifel daran bestehen, dass das Schreiben wirklich vom Verteidiger stammt und wenn konkrete Anhaltspunkte dafür vorliegen, dass die Verteidigerpost zum Einschmuggeln von unzulässigen Beilagen genutzt wird, ist eine Kontrolle zulässig[229]. Bei dieser ist darauf zu achten, dass der Kontrollierende keine Kenntnis vom Inhalt eines etwaigen Schreibens des Verteidigers nehmen kann[230]. Im Übrigen wird die Verteidigerpost beim Eingang in der Anstalt nicht selten **markiert**, nämlich gelocht oder sonst perforiert, um ihre nochmalige Verwendung als Tarnmittel für in die Anstalt einzuschleusende verbotene Gegenstände (Drogen, Bargeld) auszuschließen[231].

414 **Ausnahmsweise** ist gem. § 29 I 2, 3 StVollzG (Art. 32 I 2, 3 BayStVollzG) die Verteidigerpost dennoch zu überwachen, wenn der Gefangene nach § 129a StGB verurteilt ist. Wenn gegen den Gefangenen wegen einer Straftat des § 129a StGB (Bildung terroristischer Vereinigungen) ein Strafverfahren läuft, gelten §§ 148, 148a StPO unmittelbar[232]. Die Kontrolle des Schriftwechsels obliegt gem. § 148a II StPO einem nicht mit der Sache befassten Richter, der zur Verschwiegenheit verpflichtet ist. Weitergehende Beschränkungen wurden durch das „Kontaktsperregesetz" in den §§ 31 ff. EGGVG geregelt.

415 Bezüglich der **Verwertung von Kenntnissen** aus dem Überwachen des normalen Schriftwechsels ist auf das zu verweisen, was zur Besuchsüberwachung und der Anwendung von § 180 VIII iVm II StVollzG (Art. 197 VIII iVm II BayStVollzG) ausgeführt wurde. Zu erinnern ist im Übrigen an § 138 StGB. Eine darüber hinausgehende Garantenstel-

---

[226] Vgl. OLG Koblenz NStZ 1982, 260.

[227] Vgl. OLG Frankfurt ZfStrVo-SH 1979, 46 f.; StV 2003, 401 ff.; OLG Zweibrücken ZfStrVo 2003, 376 f.; *Dessecker/Schwind*, in: Schwind/Böhm/Jehle/Laubenthal, 9. Kap. C Rn. 34; *Laubenthal*, Rn. 493.

[228] OLG Karlsruhe StV 2005, 228 f.

[229] So ließ 2015 ein zu geringes Briefporto eine Frau auffliegen, die ihrem Freund über vermeintliche „Verteidigerpost" Heroin in die JVA schicken wollte.

[230] OLG Frankfurt NStZ-RR 2005, 64; StV 2005, 228.

[231] Vgl. OLG Frankfurt StV 2003, 401 ff.; OLG Zweibrücken ZfStrVo 2003, 376 f.; OLG Karlsruhe NStZ 2005, 588.

[232] Krit. *Müller-Dietz*, JR 1980, 166, der das Bestehen eines Haftbefehls wegen § 129a StGB verlangt.

lung der Anstaltsleitung in dem Sinne, dass jeder Hinweis auf eine begangene Straftat gemeldet werden muss, um nicht wegen Strafvereitelung (§ 258 StGB) haftbar gemacht zu werden, besteht jedoch nicht, da keine der aus dem (Bay)StVollzG oder dem Beamtenrecht zu entnehmenden Anzeigepflichten unmittelbar dem Ziel dient, gerade den staatlichen Strafanspruch zu realisieren[233].

Die Tatsache, dass der Vierte Titel bzw. Abschnitt 4 („Besuche, Schriftwechsel ...") des (Bay)StVollzG die **Kommunikation mit draußen** betrifft, verbietet es aus sachlichen wie gesetzessystematischen Gründen, diese Regelungen analog auf anstaltsinterne Kommunikation anzuwenden. **416**

d) Telekommunikation

§ 32 StVollzG räumt dem Gefangenen **kein Recht zu telefonieren oder Telegramme abzusenden** ein. Immerhin „kann" gem. § 32 StVollzG die Anstalt dies gestatten und der Gefangene hat insoweit ein Recht auf fehlerfreien Ermessensgebrauch. Art. 35 BayStVollzG schränkte früher diese Möglichkeiten noch weiter ein, da von Telegrammen gar nicht mehr die Rede war (wohl aber in erster Linie deshalb, da diese Art der Kommunikation überholt ist) und eine Genehmigung des Telefonierens auf „dringende Fälle" begrenzt war. **417**

Andere Landesstrafvollzugsgesetze agieren bezüglich des Telefonierens schon länger großzügiger und bieten allgemein zugängliche Telefone an. Inzwischen hat auch in Bayern ein Umdenken eingesetzt und seit Ende 2022 können nun Telefongespräche und **andere Formen der Telekommunikation** wie z.B. Videocalls erlaubt werden, soweit dem nicht Sicherheitsaspekte entgegenstehen. Telefonate sind also nicht mehr auf dringende Fälle beschränkt. Art. 35 BayStVollzG wurde entsprechend angepasst und „firmiert" jetzt unter der Überschrift Telekommunikation. Eingeräumt muss aber werden, dass aktuell die meisten Anstalten noch unzureichend technisch ausgestattet sind. Immerhin sind aber nun Telefongespräche regelmäßig möglich. **418**

Mobilfunkgeräte sind indes generell verboten, aber von den Strafgefangenen sehr begehrt und daher beliebte „Schmuggelware"[234]. 2019 sind bspw. in Nordrhein-Westfalen fast 2000 Mobilfunkgeräte in den JVAs gefunden worden. Auf Mobilfunkgeräte konditionierte Spürhunde und zusätzliche Mobilfunkdetektoren („Mobifinder") helfen bei der Suche. Alle Landesgesetze erlauben die Betreibung von Geräten zur Störung von Frequenzen (Art. 35 IV 1 BayStVollzG). **419**

---

[233] Vgl. BGH NStZ 1997, 597 ff. mit zust. Anm. von *Rudolphi.*

[234] Kritisch zum Handyverbot *Köhne* JR 2015, 616 f.

420 Gem. § 32 S. 2 StVollzG (Art. 35 I 2 BayStVollzG) gelten für Telefonate „die Vorschriften über den Besuch ... entsprechend"; gem. StVollzG galt dies auch für Telegramme. Bedeutung hat dieser Verweis insbesondere im Hinblick auf **Kontaktbeschränkungen** mit bestimmten Personen und für die **Überwachung**. Eine durchzuführende Gesprächsüberwachung ist gem. § 32 S. 3, 4 StVollzG (Art. 35 I 3, 4 BayStVollzG) dem Gesprächspartner und dem Gefangenen mitzuteilen. Im geschlossenen Vollzug mit seinen Sicherungserfordernissen, insbesondere was die Abwehr von Ausbrüchen einerseits und etwa auch die Einschleusung von Drogen andererseits angeht, ist Überwachung eher die Regel als die Ausnahme.

421 Die **Kosten** für Telefonate trägt gem. Art. 35 III 1 BayStVollzG grds. der Gefangene. Die Anstalt kann die Kosten in angemessenem Umfang übernehmen (S. 2). Art. 35 IV BayStVollzG ermächtigt die Anstalt zur Installation technischer Einrichtungen (**Störsender**), um das Kommunizieren per eingeschmuggelter Handys zu unterbinden.

e) Internet

422 Zu sagen, dass die **Digitalisierung des Strafvollzugs** eher zögerlich voranschreitet, stellt fast einen Euphemismus dar. In den meisten Bundesländern ist Strafvollzug bisher nahezu internetfreier Raum. Die Gründe hierfür scheinen jedoch – so lässt sich die aktuelle Rechtslage zumindest lesen – auch darin zu liegen, dass Politik und Verwaltung die Risiken des Internets überschätzen oder fürchten, ihnen nicht richtig begegnen zu können[235]. Nach wie vor fehlt in allen Landesgesetzen bereits eine Rechtsgrundlage für Versand und Empfang von E-Mails und die generelle Teilnahme am Internet[236]. Aus dem generellen Recht auf Schriftwechsel soll ein solcher Anspruch nicht abzuleiten sein. Bei moderner Betrachtung des Begriffs mithilfe der gängigen Auslegungsmethoden scheint jedoch das Stützen eines Anspruchs auf E-Mailverkehr auf die Normen zum Schriftwechsel jedenfalls nicht unvertretbar. Für einen allgemeinen Internetzugang bieten die Gesetze derzeit jedenfalls noch keine Rechtsgrundlage.

423 Eine Öffnung hinein ins digitale Zeitalter – oder zumindest den Schlüssel dazu – erhielt der Strafvollzug mit der durch Änderung des

---

[235] *Kett-Straub/Nicolai,* ZfDR 2021, 131.

[236] Vgl. schon *Knauer*, Strafvollzug und Internet: Rechtsprobleme der Nutzung elektronischer Kommunikationsmedien durch Strafgefangene, 2006.

§ 110a StVollzG bundesweit geschaffenen Möglichkeit zur elektronischen Aktenführung[237]. Der Zugang der Gefangenen zum Internet und internetbasierter Kommunikation erschöpft sich jedoch momentan noch weitestgehend in **Pilotprojekten**, Modellversuchen und einzelnen Ideen. Besonders hervorzuheben ist ein Projekt der Berliner Justizverwaltung: Zunächst wurden 60 Insassen der JVA Heidering Tablets mit (begrenztem) Internetzugang zur eigenen Nutzung überlassen, mithilfe derer die Gefangenen nicht nur Bildungsangebote und Angebote zur beruflichen Förderung (Lexika, Nachrichten, Website der Bundesagentur für Arbeit etc.) aufrufen können, sondern auch die Wahrnehmung von Freizeitangeboten und extramurale Kontakthaltung möglich war. Nachdem der Modellversuch positiv evaluiert wurde, keine Beeinträchtigung der Sicherheit des Vollzugs und auch kein Fall von Vandalismus zu vermelden war, beschloss man die Anschaffung von Tablets für alle rund 4.000 in Berlin Inhaftierten.

Der EGMR hatte bereits mehrmals Gelegenheit – jeweils im Zusam- **424**
menhang mit Art. 10 EMRK – sich zur streitigen Frage des Zugangs zum Internet im Kontext von Vollzug zu äußern[238]. Dabei traf der EGMR einige wegweisende Feststellungen, die einen klaren Drang in Richtung Internet im Strafvollzug erkennen lassen[239]. Der Zugang zum Internet müsse zunehmend als Recht verstanden werden, weshalb effektive Strategien entworfen werden müssten, um die „digitale Kluft“ innerhalb der Bevölkerung zu schließen[240]. In der Entscheidung *Jankovski/Litauen* aus dem Jahr 2017 stellte der EGMR einen direkten Bezug zum Strafvollzug her und betonte – u.a. mit der Begründung, dass viele Informationen heutzutage ausschließlich online verfügbar seien – die resozialisierungsfördernde Wirkung von Internetzugängen[241]. Dennoch leitet der EGMR daraus keinen allgemeinen Anspruch auf Internetnutzung im Strafvollzug ab[242]. Die Rspr. des EGMR hat bereits auf nationale Entscheidungen durchgeschlagen. Der SächsVerfGH hat den Grundsätzen des EGMR

---

[237] Gesetz zur Einführung der elektronischen Akte in der Justiz und zur weiteren Förderung des elektronischen Rechtsverkehrs v. 5.7.2017, BGBl. I S. 2208; ausf. *Esser*, in: Hoven/Kudlich (Hrsg.), Digitalisierung und Strafverfahren, 2020, S. 217 (218 ff.).

[238] Vgl. u.a. EGMR Kalda/Estland, 19.1.2016, Nr. 17428/10; EGMR Jankovskis/Litauen, 17.1.2017, Nr. 21575/08; EGMR Arslan und Bingöl/Türkei, 18.6.2019, Nr. 47121/06; vgl., auch im Hinblick auf Art. 10 EMRK, *Esser,* NStZ 2018, 121 (124 ff.).

[239] EGMR Kalda/Estland, 19.1.2016, Nr. 17428/10 § 44.

[240] EGMR Kalda/Estland, 19.1.2016, Nr. 17428/10 § 52 mwN.

[241] EGMR Jankovski/Litauen, 17.1.2017, Nr. 21575/08 mAnm *Bode*, ZIS 2017, 348; vgl. dazu auch *Nicolai,* NStZ 2021, 136 (139 f.).

[242] Vgl. *Esser*, NStZ 2018, 125.

folgend bzgl. des Begehrens eines Sicherungsverwahrten entschieden, dass eine Ablehnung unter pauschalem Hinweis auf fehlende Zulassung durch die Aufsichtsbehörde **das Grundrecht der Informationsfreiheit** nicht ausreichend berücksichtige. Auch das OLG Nürnberg entschied mit Blick auf Art. 5 GG schon 2009 – freilich ohne Hinweis auf die in Bayern nicht existente zweistufige Zulassung „andere[r] Kommunikationsmittel" – , dass die Zusendung eines Internetausdrucks nur dann untersagt werden darf, wenn Sicherheit oder Ordnung der Anstalt erheblich gefährdet würden, wies auf die grundlegende Bedeutung des Internets als Massenkommunikationsmittel hin und zog in diesem Zusammenhang die Möglichkeit einer Ermessensreduzierung auf Null in Betracht[243].

425 Das BVerfG teilt die Ansicht des EGMR zur Bedeutung des Internets und neuer Medien. Gleichwohl verwies es im Rahmen der Verfassungsbeschwerde eines bayerischen Gefangenen, der über einen eigenen PC verfügen, wenigstens jedoch einen anstaltseigenen nutzen wollte, kurzerhand auf Bedenken bzgl. Sicherheit und Ordnung, nicht ohne gleichzeitig zu betonen, dass die pauschale Eignung, Sicherheitsbedenken hervorzurufen nicht ausreicht[244]. Zugleich unterstreicht das Gericht jedoch – der PC sollte dem Verfassen von Schriftsätzen dienen – die fehlende Einschlägigkeit des Art. 5 GG und damit die fehlende Vergleichbarkeit zur EGMR-Rspr. Abschließend wird aber festzustellen sein, dass die Zeiten, in denen die Anstalten komplett „offline" waren, vorbei sein sollten und dass der Resozialisierungsgrundsatz und die Gestaltungsgrundsätze des Strafvollzugs eine weitere Öffnung der Anstalten in Richtung Internet erfordern. Sicherheitsaspekte sind selbstverständlich zu beachten, die Gefahren werden aber aktuell überschätzt und ihnen kann zudem begegnet werden[245].

f) Paketempfang

426 Gem. § 33 I 1 StVollzG darf der Gefangene **dreimal im Jahr Pakete** – die Nahrungs- und Genussmittel enthalten dürfen – empfangen. Der Empfang weiterer Pakete bedarf gem. § 33 I 3 StVollzG der Erlaubnis. Wer kein Paket erhält, darf gem. VV Nr. 6 I im Wege des „**Ersatzeinkaufs**" zum Ausgleich Nahrungs- und Genussmittel in bestimmter Höhe aus dem Eigengeld einkaufen (vgl. S. 96).

---

[243] OLG Nürnberg NStZ 2009, 216.

[244] BVerfG NStZ-RR 2019, 191; Einzelfallabwägungen gerecht werdend, will das Gericht jedoch Sicherheitsbedenken bzgl. der Person des Anstragstellers genügen lassen.

[245] Krit. dagegen BeckOK Strafvollzug Bayern/*Arloth* Art. 35 Rn. 1c.

Diese Regelungen sind vom BayStVollzG nicht übernommen worden, d.h. es gibt **kein Recht mehr auf den Bezug von Regelpaketen.** „Pakete mit Nahrungs- und Genussmitteln sind ausgeschlossen" (Art. 36 I 3 BayStVollzG). Begründung hierfür ist der hohe Durchsuchungsaufwand zum Zwecke des Verhinderns des Einschmuggelns von verbotenen Gegenständen. Art. 36 BayStVollzG erklärt jeden Empfang eines Pakets für genehmigungspflichtig. **427**

Die restriktiven Regelungen zum Paketempfang dienen der **Aufrechterhaltung einer gewissen Mängellage**, die die Gefangenen motivieren soll, sich durch guten Arbeitseinsatz ihren Bedarf an Nahrungs- und Genussmitteln weitestgehend selbst zu „verdienen"; die Bedürfnisdeckung erfolgt daher überwiegend per Einkauf mit Mitteln aus dem Hausgeld. Die Paketbeschränkungen sollen auch eine Gleichbehandlung von „arm" und „reich" gewährleisten. Erhebliche Unterschiede – je nach den Versorgungsressourcen draußen – würden etwa die Entstehung von Abhängigkeiten der weniger begüterten von den begüterten Gefangenen und damit subkulturelle Probleme fördern. **428**

Gem. § 33 II 1 StVollzG (Art. 36 II 1 BayStVollzG) sind die Pakete **in Gegenwart des Gefangenen zu öffnen**. Es wird überprüft, ob verbotene Gegenstände (vgl. VV Nr. 7 I), z.B. Rauschgift, Alkohol (VV Nr. 2 II) oder Ausbruchswerkzeuge enthalten sind. Auch die Möglichkeit des § 33 III StVollzG, den Empfang von Paketen **vorübergehend zu versagen**, kann dazu dienen, das Einschmuggeln von verbotenen Gegenständen zu verhindern. Doch lässt das Gesetz diese Maßnahme zur Wahrung von Sicherheit und Ordnung der Anstalt nur als letzte Maßnahme zu („unerlässlich")[246]. In Bayern spielt dies angesichts des Ausschlusses von Regelpaketen keine Rolle. **429**

Gem. § 33 IV StVollzG (Art. 36 III BayStVollzG) kann dem Gefangenen auch gestattet werden, **Pakete zu versenden**. Zu denken ist hier etwa an das Versenden von selbstgebastelten Geschenken an Angehörige. Gem. Art. 36 IV BayStVollzG trägt der Gefangene „die **Kosten** des Paketverkehrs" grds. selbst. Die Anstalt kann die Kosten in angemessenem Umfang übernehmen. **430**

[246] Vgl. *Laubenthal,* Rn. 502.

11. Vollzugslockerungen und Urlaub

Literatur: *Sperber*, Lockerungen im Strafvollzug, 2020.

a) Stellenwert

431 Während die Aufrechterhaltung der Kommunikation mit „draußen" durch Besuchsempfang und Schriftverkehr einen recht künstlichen (Besuch) und indirekten (Briefe) Charakter trägt, können Vollzugslockerungen (§ 11 StVollzG bzw. Art. 13 BayStVollzG) und Urlaub (§ 13 StVollzG bzw. Art. 14 BayStVollzG) einen „echten" und unmittelbaren Kontakt mit der Außenwelt schaffen[247]. Dies ist unter dem **Wiedereingliederungsaspekt** von besonderer Bedeutung. Zum einen kann so der Übergang in die Freiheit technisch vorbereitet werden durch Bemühungen um Arbeitsplatz und Wohnung. Des Weiteren ist so ein Training des Gefangenen für die Schwierigkeiten nach der Entlassung möglich. Insbesondere kann eine langsame Erprobung seiner Belastungsfähigkeit nach langem Freiheitsentzug erfolgen: Vom Ausgang bzw. Freigang über kürzere und längere Urlaube hin zur Entlassung.

432 Angesichts dessen, dass ohne vorherige Lockerungen eine Entlassung zur Bewährung gar nicht oder allenfalls später möglich ist, hebt das BVerfG immer wieder die **Verpflichtung der Vollzugsbehörden** hervor, auf den Schutzbereich des durch Art. 2 II und Art. 104 GG garantierten Freiheitsrechts Rücksicht zu nehmen[248]. Zu beachten ist zum einen die Resozialisierungsaufgabe des Strafvollzugs, die in Art. 1 I und Art. 2 I GG eine grundrechtliche Absicherung zugunsten des Gefangenen findet; das BVerfG spricht vom „grundrechtlich geschützten Resozialisierungsinteresse" des Gefangenen[249]. Art. 104 II 1 GG wird deshalb herangezogen, weil der über die Fortdauer oder Beendigung des Freiheitsentzugs allein entscheidungskompetente Richter durch eine Lockerungsmöglichkeiten vernachlässigende Anstaltsleitung daran gehindert sein kann, eine bei gegebener Vorbereitung durch Lockerungen an sich schon mögliche Entlassung anzuordnen. Diese Verzahnung bringt es mit sich, dass der Aussetzungsmaßstab des § 57 I Nr. 2 StGB auch auf die von der Anstalt zu treffende Lockerungsentscheidung Einfluss gewinnt[250]. Doch geht es bei den Lockerungsprognosen um überschaubare Zeiträume, weshalb hier die Unsicherheiten geringere sind als bei

---

[247] Ausführlich hierzu *Sperber*, Lockerungen im Strafvollzug, 2020.

[248] BVerfG NJW 2009, 1941 ff.; vgl. auch OLG Karlsruhe StV 2009, 595 ff.

[249] BVerfG NJW 1998, 1133.

[250] BVerfG NJW 1998, 1133 ff.; OLG Karlsruhe ZfStrVo 2004, 108 ff.; OLG Karlsruhe StV 2004, 557 f.

der vollstreckungsgerichtlichen Prognoseentscheidung im Rahmen von §§ 57, 57a StGB[251].

Des Weiteren betont das BVerfG, dass mit **zunehmender Dauer der Freiheitsentziehung** der Anspruch des Gefangenen auf die Einräumung einer Entlassungschance durch vorbereitende Lockerungsmaßnahmen an Gewicht gewinnt. Angesichts dessen können auch besondere Verpflichtungen der Anstalt bestehen, Lockerungen durch Gewährung von vorbereitenden Therapiemöglichkeiten überhaupt erst zu ermöglichen[252]. Das Gericht hat zu prüfen, ob die Vollzugsbehörden die erforderlichen Maßnahmen getroffen haben und im Negativfalle deutlich zu machen, dass Vollzugslockerungen geboten sind. Das BVerfG verweist hierfür auf § 454a I StPO, der zur Vorverlagerung der Bestimmung des (gem. § 454a II StPO bei Nichtbewährung widerrufbaren) Entlassungszeitpunkts ermuntert[253]. Die zunehmende Vollzugsdauer beeinflusst auch den relativen Stellenwert der für Lockerungsmaßnahmen zentralen Prognose zu Flucht- oder Missbrauchsgefahr[254]. Dass Vollzugslockerungen nicht als Belohnung für Wohlverhalten zu verstehen sind, ergibt sich schon aus § 7 II Nr. 7 StVollzG (ohne Entsprechung im BayStVollzG), wonach es sich bei den Lockerungen um im Vollzugsplan zu regelnde **Behandlungsmaßnahmen** handelt. 433

Merke: Der Gefangene hat keinen Rechtsanspruch auf Vollzugslockerungen, sondern nur das Recht auf einen ermessensfehlerfreien Bescheid. Die gerichtliche Anwendung des unbestimmten Rechtsbegriffs Flucht- und Missbrauchsgefahr richtet sich nach dem in § 115 V StVollzG für die Ermessensausübung enthaltenen Kontrollmaßstab. Eine eigene Entscheidung in der Sache an Stelle der Vollzugsbehörde trifft das Gericht nur im Falle einer Ermessensreduzierung des Beurteilungs- und Ermessensspielraums auf Null, also dann, wenn nur eine Entscheidung rechtlich vertretbar ist (*Roth*, NStZ 2010, 438). 434

b) Lockerungen des Vollzugs

Lockerungen unter ständiger Aufsicht sind: 435

– § 11 I Nr. 1 Alt. 1 StVollzG (Art. 13 I Nr. 1 Alt. 1 BayStVollzG): **Außenbeschäftigung** (in Arbeitskommandos; in Vollzugsaußenstellen).

---

[251] Vgl. auch OLG Karlsruhe StraFo 2009, 169 ff.

[252] Vgl. OLG Karlsruhe ZfStrVo 2005, 244 f.

[253] BVerfG NJW 2009, 1941 ff. (1945).

[254] Vgl. BVerfG NJW 1998, 1133 ff.; ferner BVerfG ZfStrVo 1998, 180 ff.; OLG Karlsruhe ZfStrVo 2005, 244 f.

– § 11 I Nr. 2 Alt. 1 StVollzG (Art. 13 I Nr. 2 Alt. 1 BayStVollzG): **Ausführung** (Behördengänge; dringende persönliche Angelegenheiten[255]; Entlassungsvorbereitung bei Langstraflern); – evtl. als Gruppenausführung und Ferienlager (Mischformen).

436 **Lockerungen ohne ständige Aufsicht** sind:

– § 11 I Nr. 1 Alt. 2 StVollzG (Art. 13 I Nr. 1 Alt. 2 BayStVollzG): **Freigang** (tagsüber Berufstätigkeit außerhalb der Anstalt in einem freien Beschäftigungsverhältnis iSv § 39 I StVollzG bzw. Art. 42 I BayStVollzG).
– § 11 I Nr. 2 Alt. 2 StVollzG (Art. 13 I Nr. 2 Alt. 2 BayStVollzG): **Ausgang** (vorübergehendes Verlassen der Anstalt für eine bestimmte Tageszeit).

437 **Voraussetzung** für Lockerungen jeder Art ist gem. § 11 II StVollzG (Art. 13 II BayStVollzG):

– die Zustimmung des Gefangenen sowie
– Fehlen von Flucht- oder Missbrauchsgefahr.

438 § 11 StVollzG (Art. 13 BayStVollzG) enthält die Kombination von unbestimmten Rechtsbegriffen (Abs. 2: Flucht- und Missbrauchsgefahr) mit einer Ermächtigung zu einer Ermessensausübung (Abs. 1: „kann"). In solchen Fällen steht – wie bereits erwähnt – der Vollzugsbehörde ein **Beurteilungsspielraum** zu. Das Gericht überprüft bei Anwendung der unbestimmten Rechtsbegriffe nur, ob der Sachverhalt richtig ermittelt ist und ob richtige Wertmaßstäbe angewendet sind[256]. Klassischer Fall hierfür ist die vollzugliche Prognoseentscheidung, speziell bezüglich der hier fraglichen Flucht- oder Missbrauchsgefahr. Wichtig ist indes, dass bei der Auslegung des Begriffes eine **Differenzierung je nach Lockerungsart** erfolgt (BVerfG StV 2012, 681). **Richtlinien für die Gefahrabwägung** geben die Verwaltungsvorschriften; hier sind auch Ausschlussgründe benannt, die aber ausnahmefähig sind. Ermessens- bzw. Auslegungsfehler liegen vor, wenn nicht überprüft wird, ob **im Einzelfall** diese typischerweise vorliegenden Gefahren auch gegeben sind.

439 Über die in den Verwaltungsvorschriften niedergelegten Regeln hinausgehend ist das **ganze Vollzugsverhalten** des Gefangenen unter Berücksichtigung seiner **Vorgeschichte** zu bewerten[257]. Bezüglich des Zusammenspiels beider Themenbereiche ist im Auge zu behalten, dass ein

---

[255] Ein solch wichtiger Anlass wäre bspw. die lebensgefährliche Erkrankung eines Angehörigen, vgl. OLG Celle, Beschl. v. 4.9.2013 – 1 Ws 337/13 = BeckRS 2013, 16272.

[256] Vgl. BGHSt 30, 320 (324 ff.); ferner BVerfG ZfStrVo 1998, 180 (183); BVerfG NStZ 1998, 430 f.; OLG Zweibrücken ZfStrVo 1998, 179 f.; OLG Karlsruhe ZfStrVo 2004, 108 (109).

[257] Vgl. Schl.-Holst.OLG ZfStrVo 2004, 114 f.

angepasstes und daher eigentlich prognostisch positiv zu bewertendes Vollzugsverhalten stark an Aussagekraft verliert, wenn der Täter seine Tat(en) bereits aus sozialer Unauffälligkeit und Angepasstheit heraus begangen hatte. In diesem Falle müssen andere verhaltensrelevante Dimensionen, insbesondere prognoserelevante Veränderungen, sichtbar sein, um eine positive Prognose begründen zu können. Besondere Bedeutung wird gemeinhin dem Bestehen tragender **Bindungen zu Personen außerhalb des Strafvollzugs** (Familie; Lebensgefährtin) beigemessen, da dann viel dafürspricht, dass der Gefangene Halt und Unterstützung findet, um den gerade auch in Lockerungen liegenden Versuchungen zu widerstehen.

Kritisch muss in diesem Zusammenhang die Praxis des Vollzugs gesehen werden, als wichtiges Kriterium für die Frage der Flucht- und Missbrauchsgefahr den Umstand heranzuziehen, ob sich der Gefangene selbst gestellt hat oder ob er flüchtig war. **440**

Art. 15 BayStVollzG regelt außerdem nochmals ausdrücklich, dass bei Gefangenen, die wegen schwerer Gewalt- und Sexualstraftaten eine Freiheitstrafe verbüßen, die Voraussetzungen für den offenen Vollzug, Lockerungen und Urlaub besonders gründlich zu prüfen sind. Dabei sind auch **Feststellungen des Strafurteils und im Laufe des Strafverfahrens erstattete Gutachten** zu berücksichtigen. **441**

Eine wesentliche Erleichterung gegenüber einer Entlassungsprognose liegt darin, dass Lockerungen immer nur eine sehr begrenzte Freiheit eröffnen, weshalb bei **Lockerungsprognosen** auch leichter eine hinlänglich günstige Prognose gestellt werden kann. Es wäre rechtsfehlerhaft, bezüglich Flucht- oder Missbrauchsgefahr dieselben Anforderungen zu stellen wie für die vorzeitige Entlassung aus dem Strafvollzug[258]. **442**

Umstritten ist an VV Nr. 7 zu § 11 StVollzG der Abs. 1 S. 2 (vergleichbare VV in Bayern VV Nr. 4 I zu Art. 14 BayStVollzG), wonach bei der Lockerungsentscheidung zu berücksichtigen ist, ob der Gefangene die **Bereitschaft** gezeigt hat, „an der Erreichung des Vollzugszieles **mitzuwirken**". Der Gesetzgeber hat ja eine Mitwirkungspflicht in § 4 StVollzG (Art. 6 BayStVollzG) gerade nicht festgelegt. Richtigerweise ist aber davon auszugehen, dass bei Mitwirkungsbereitschaft das Sicherheitsrisiko regelmäßig als geringer einzustufen sein wird[259]. Begrenzt kann die Dauer der noch zu verbüßenden Strafe berücksichtigt werden, hingegen nach richtiger Ansicht gar nicht die Schwere der begangenen Straftat, wenn die Prognose eindeutig günstig ausfällt. **443**

---

[258] Vgl. OLG Karlsruhe ZfStrVo 2004, 108 ff. (110); OLG Karlsruhe StV 2004, 557 f.; OLG Karlsruhe StraFo 2009, 169 ff.

[259] Vgl. BVerfG NStZ 2002, 222.

444 Davon unabhängig gilt, dass man Gefangene im Regelfall nicht endlos in Haft halten kann, weshalb bei Erreichen der **Phase möglicher Strafrestaussetzung** größere Risikobereitschaft angesagt ist, um trotz aller Risiken diejenigen Hilfen zur Bewältigung eines reibungsarmen Übergangs in Freiheit zu eröffnen, die in Lockerungen angelegt sind.

445 VV Nr. 5 verlangt für Lockerungen im Vollzug der **lebenslangen Freiheitsstrafe** u. a., dass entsprechend der Urlaubsregelung des § 13 III StVollzG zehn Jahre verbüßt sind (Art. 14 III BayStVollzG: zwölf Jahre) oder sich der Gefangene im offenen Vollzug befindet. Dieser Bezug zur Urlaubsregelung ist unangebracht. Erstens hat der Gesetzgeber bewusst für den Urlaub strengere Anforderungen festgelegt als für Lockerungen. Zweitens sind die Anforderungen und Risiken beim Urlaub auch größer als bei Lockerungen. – Die Entscheidung ist bei lebenslanger Freiheitsstrafe in einer **Konferenz** nach § 159 StVollzG (Art. 183 BayStVollzG) vorzubereiten (vergl. VV zu Art. 14 BayStVollzG).

446 Im Übrigen sind Lockerungen bei **langjährig Inhaftierten** nicht pauschal mit dem Argument abzulehnen, dass sich bei ihnen noch keine „konkrete Entlassungsperspektive" zeige[260]. Vielmehr ist es gerade bei diesen Gefangenen notwendig, aktiv den schädlichen Folgen des Freiheitsentzugs entgegenzuwirken und ihre Lebenstüchtigkeit auch durch Lockerungen zu erhalten. Dies gilt selbst dann, wenn der Gefangene aus der Haft in das Ausland abgeschoben werden soll[261]. Der ausländerrechtliche Status allein ist kein ausreichender Ablehnungsgrund für Vollzugslockerungen[262]. Kommt ein Urlaub aus Sicherheitsgründen nicht in Betracht, muss der Gefahr einer Haftdeprivation mit Ausführungen entgegengewirkt werden[263].

447 § 11 I StVollzG (Art. 13 I BayStVollzG) ist als „kann"-Regelung formuliert. Demnach hat der Gefangene **keinen Anspruch** auf Lockerungen trotz Vorliegens der Voraussetzungen! Aus Gründen des Personalmangels etc. kann die Anstalt daher auf die Durchführung von Lockerungen verzichten, obwohl Gefangene die nötigen Voraussetzungen mitbringen. Immerhin besteht ein **Anspruch auf ermessensfehlerfreie Entscheidung**[264].

---

[260] BVerfG StV 2012, 681; StV 2011, 488; OLG Brandenburg, Beschl. v. 25.9.2013 – 2 Ws (Vollz) 148/13 = BeckRS 2014, 07702.

[261] BVerfG StV 2014, 350.

[262] BVerfG, Beschl. v. 31.10.2019 – 2 BvR 1339/19 = BeckRS 2019, 30998.

[263] BVerfG NStZ 2021, 473.

[264] BVerfG, Beschl. v. 5.8.2010 – 2 BvR 729/08 = BeckRS 2010, 52527; OLG Brandenburg, Beschl. v. 6.11.2012 – 2 Ws 183/12; OLG Karlsruhe ZfStrVo 2005, 125.

Die **Erfahrungen** mit den Lockerungen ohne Aufsicht sind überaus günstig, wie schon dargelegt wurde (S. 30). Schwere Straftaten werden zwar in den Medien herausgestellt, sind aber sehr selten. Von den Vollzugsbehörden und der Strafvollzugswissenschaft werden die geringen **Missbrauchsraten** zu Recht als Erfolg bewertet. Es muss beachtet werden, dass auch in diesen Fällen ein Verzicht auf Lockerungen vielfach einen nur kriminalitätsverzögernden Effekt gehabt hätte. Besonders aber ist der unter Resozialisierungsgesichtspunkten nachteilige Effekt eines Ausschlusses aller denkbaren Risiken durch eine extrem restriktive Lockerungspolitik zu beachten: Es würden für viele Gefangene wesentliche Integrationshilfen unterbleiben. **448**

Gewährte Lockerungen in Form offenen Vollzugs können durch Rückverlegung beendet, d.h. **widerrufen** werden, wenn dies aus Behandlungsgründen (vgl. etwa § 10 II a.E. StVollzG bzw. Art. 12 III a.E. BayStVollzG) oder aus Sicherheitsgründen erforderlich ist. Eine allgemeine Regelung zu Widerruf und Rücknahme von Lockerungen findet sich in § 14 II StVollzG (Art. 16 II BayStVollzG). **449**

Fall („Bagatelle"): Der im gelockerten Vollzug der JVA A untergebrachte und als Freigänger tätige Gefangene G wird wegen eines Ladendiebstahls hinsichtlich einer Packung Zigaretten angezeigt. Daraufhin wird er in den geschlossenen Vollzug zurückverlegt; er selbst wird nicht angehört. G sieht sich zu Unrecht beschuldigt, hält den Tatvorwurf überdies für eine „Bagatelle" und geht gegen die Rückverlegung gerichtlich vor. – „Die Rückverlegung aus dem offenen in den geschlossenen Vollzug ist nach § 49 II Nr. 3 VwVfG iVm § 10 StVollzG zu beurteilen"[265]; für Bayern sind Art. 12 III und Art. 16 II BayStVollzG einschlägig. Bei Vollzugslockerungen handelt es sich um wesentliche Behandlungsmaßnahmen; ganz speziell gilt dies für Freigang gem. § 39 I StVollzG (Art. 42 I BayStVollzG). Diesen abzubrechen setzt gewichtige Gründe voraus. Daher darf die Anstalt die Lockerungsmaßnahme nicht einfach aussetzen und warten, bis die StA entschieden hat. Denn in der Zwischenzeit verliert der Gefangene im Zweifel seine Arbeitsstelle und dies ginge zulasten des Behandlungsauftrages der Anstalt. Daher hat die Anstaltsleitung mit den ihr zur Verfügung stehenden Mitteln selbst zu untersuchen, ob an dem Tatvorwurf etwas dran ist; zumindest sollte zu klären versucht werden, ob der Tatverdacht über einen bloßen Anfangsverdacht hinausgeht[266]. Dies ist in concreto nicht einmal durch Anhörung des **450**

---

[265] OLG Celle NStZ-RR 2005, 29 f.

[266] Vgl. BVerfG ZfStrVo 2004, 301 ff.; KG NStZ 2003, 391 f.; OLG Celle NStZ-RR 2005, 29 f.; KG StV 2007, 309 (311 f.).

G geschehen. Hinzu kommt, dass es sich bei der vorgeworfenen Tat um eine sehr leichte handelt. Hier wäre abzuwägen gewesen, ob bei nachweisbarer Tat die Voraussetzungen des § 10 I StVollzG (Art. 12 II BayStVollzG) tatsächlich entfallen wären; erst dies würde einen Widerruf der begünstigenden Entscheidung gem. § 49 II Nr. 3 VwVfG (Art. 12 III, 16 II BayStVollzG) ermöglichen. Ob ein Gefangener bei Vorliegen eines solchen Diebstahls nicht mehr als hinreichend zuverlässig anzusehen wäre und er insbesondere ein erhöhtes Fluchtrisiko verkörpern würde, erscheint zumindest fraglich und wäre daher für den Einzelfall von der Anstalt zu begründen[267]. Dies fehlt hier. Die Rückverlegung in den geschlossenen Vollzug kann daher keinen Bestand haben.

c) Urlaub aus der Haft und Ausgang

451 **Ausgang** ist gem. § 11 I Nr. 2 StVollzG (Art. 13 I Nr. 2 BayStVollzG) das Verlassen der Anstalt für eine bestimmte Tageszeit ohne Aufsicht durch einen Vollzugsbediensteten. Weitergehend ist **Urlaub** (§ 13 StVollzG bzw. Art. 14 BayStVollzG), der sich über mehrere Tage erstreckt. Auch Urlaub ist in der Sache eine Lockerung, wird im Gesetz aber selbständig geregelt. In den meisten anderen Landesgesetzen wird Urlaub im Übrigen als **Langzeitausgang** bezeichnet.

452 Gem. § 13 I 1 StVollzG (Art. 14 I 1 BayStVollzG) ist Urlaub aus der Haft von bis zu 21 Kalendertagen pro Jahr möglich. S. 2 verweist für die **Urlaubsvoraussetzungen** zunächst auf § 11 II StVollzG bzw. Art. 13 II BayStVollzG (Lockerungen). Vorliegen muss für Urlaub – ebenso wie für Ausgang – die Zustimmung des Gefangenen und es darf keine Flucht- oder Missbrauchsgefahr bestehen. Zusätzliches allgemeines (Soll-)Erfordernis ist gem. § 13 II StVollzG (Art. 14 II BayStVollzG), dass der Gefangene sich bereits mindestens sechs Monate im Strafvollzug befindet.

453 Die Entscheidung über Ausgangs- oder Urlaubsgewährung ist eine **Ermessensentscheidung** auf der Basis der Verneinung von Flucht- oder Missbrauchsgefahr (§ 11 II StVollzG bzw. Art. 13 II BayStVollzG) als unbestimmten Rechtsbegriffen; es kommt der Anstalt hier demnach ein justizfreier **Beurteilungsspielraum** zu. Unzulässig ist dabei die Berücksichtigung von Abschreckungsaspekten. Problematisch ist die Berücksichtigung von früheren Disziplinarmaßnahmen; jedenfalls sollten sie nicht allein entscheidend sein und nicht zu lange berücksichtigt werden.

---

[267] Vgl. OLG Celle NStZ-RR 2005, 29 f.

Die Flucht- und Missbrauchsgefahr muss mit **konkreten Anhaltspunkten** belegt werden und darf nicht allein auf Basis pauschaler Wertung angenommen werden[268].

Eine **Reststrafenregelung** für die Zulässigkeit von Lockerungen und auch Urlaub findet sich im Gesetz nicht. Allerdings bestimmt VV Nr. 4 IIa zu § 13 StVollzG, dass solche Gefangene in der Regel **für Urlaub ungeeignet** sind, die sich im geschlossenen Vollzug befinden und die bis zum voraussichtlichen Entlassungszeitpunkt noch mehr als achtzehn Monate zu verbüßen haben. Dabei ist hier nicht auf das Strafende gem. Urteil, sondern auf den individuell unter Beachtung der Möglichkeiten des § 57 StGB ermittelten voraussichtlichen Entlassungszeitpunkt abzustellen. Diese Regelung wird teils als gesetzeswidrig angesehen; allgemein hält man den Reststrafenaspekt allerdings für relevant unter dem Gesichtspunkt der Flucht- und Missbrauchsgefahr. Abzulehnen ist jedenfalls eine pauschale, nicht differenzierende Durchführung von VV Nr. 4 IIa. **454**

Beim Vollzug **lebenslanger Freiheitsstrafe** sind naheliegenderweise die Anforderungen an das Nichtvorliegen von Flucht- und Missbrauchsgefahr iSv § 13 I 2 iVm § 11 II StVollzG (Art. 14 I 2 iVm Art. 13 II BayStVollzG) sehr hoch. Daher werden zur Vorbereitung weithin auch Prognosegutachten angefertigt (in Bayern regelmäßig sogar zwei). In jedem Falle ist gem. VV Nr. 7 III für die Entscheidungsfindung eine Konferenz nach § 159 StVollzG (Art. 183 BayStVollzG) durchzuführen. Urlaub kann gem. § 13 III StVollzG regelmäßig erst nach zehn Jahren Vollzugsdauer (Art. 14 III BayStVollzG: zwölf Jahren) gewährt werden (s.o. zu Lockerungen). **455**

Fall („Lebenslang“; BVerfG StV 2011, 488): Der zu lebenslanger Freiheitsstrafe Verurteilte V verbüßte seit 1994 seine Strafe. Im Taturteil war die besondere Schwere seiner Schuld festgestellt worden. Die Festlegung der Mindestverbüßungszeit für seine Strafe stand noch aus. Vollzugslockerungen wurden 2007 aus genau diesem Grund abgelehnt. Das Vollzugsverhalten des V war beanstandungsfrei. Die Verfassungsbeschwerde des V hatte Erfolg, weil auch dem zu lebenslanger Freiheitsstrafe Verurteilten nicht jegliche Lockerungsperspektive allein mit der Begründung versagt werden darf, die Festlegung der Mindestverbüßungsdauer stehe noch aus. Die Versagung der Lockerungen verletzt V in seinem Grundrecht aus Art. 2 II 1 iVm Art. 1 I GG, da der Vollzug von Freiheitsstrafen nicht nur kraft einfachen Gesetzesrechts (§ 2 S. 1 StVollzG), sondern von **456**

---

[268] BayObLG, Beschl. v. 21.9.2020 – 203 StObWs 318/20 = BeckRS 2020, 29194.

Verfassungs wegen dem Ziel der Resozialisierung verpflichtet ist. Der Vollzugsplan setzt dieses Element konkret um. Dies ist unabhängig davon, ob sich ein Entlassungszeitpunkt bereits konkret abzeichnet.

457 **Lebenslange Freiheitsstrafe**

In Bayern erfolgt der Vollzug der lebenslangen Freiheitsstrafe für männliche Inhaftierte zentral in der JVA Straubing. Aktuell verbüßen hier 224 Männer diese Strafe. 15 Frauen verbüßen eine lebenslange Freiheitsstrafe in der JVA Aichach[269].

458 **§ 13 IV StVollzG** ist in seiner Bedeutung **umstritten**. Teils sieht man seine Bedeutung vor allem darin, dass er implizit die Landesjustizverwaltungen ermächtige, für den offenen Vollzug über § 13 I 1 StVollzG hinausgehende Urlaubsregelungen zu treffen, also etwa eine Verlängerung des Regelurlaubs über die grds. vorgesehenen 21 Tage hinaus[270]. Eher überzeugend hält man diese Regelung bei solchen „Lebenslänglichen" für einschlägig, die trotz Eignung für den offenen Vollzug im geschlossenen Vollzug untergebracht sind; für diese entfällt dann die Zehnjahresgrenze von § 13 III StVollzG, wobei allein die Tauglichkeit des Gefangenen (Flucht- und Missbrauchsgefahr) entscheidungsleitend sein soll, nicht aber die baulichen und organisatorischen Rahmenbedingungen der Anstalt[271].

459 Der bayerische Gesetzgeber hat diese Unklarheit beseitigt. Gem. **Art. 14 IV 1 BayStVollzG** ist für Freigänger oder freigang-taugliche Gefangene zusätzlicher Hafturlaub bis zu sechs Tagen pro Monat möglich. § 13 V StVollzG (Art. 14 V BayStVollzG) bestimmt, dass die Strafvollstreckung durch Urlaub nicht unterbrochen wird, also **Urlaub nicht zu einer Verschiebung des Strafendes führt** – es sei denn, der Urlaub würde eigenmächtig überzogen.

460 Gem. § 15 III StVollzG (Art. 17 III BayStVollzG) kann zum Zwecke der Entlassungsvorbereitung **Sonderurlaub** bis zu einer Woche (Bayern: bis zu einem Monat) gewährt werden. Für sozialtherapeutische Anstalten gibt § 124 StVollzG (Art. 118 I BayStVollzG) eine Spezialregelung für den „Urlaub zur Vorbereitung der Entlassung"; dieser Sonderurlaub kann bis zu sechs Monate betragen.

---

269 Strafvollzugsstatistik in Bayern 2023.

270 Vgl. AK-StVollzG/*Burkhardt,* Teil II § 38 LandesR Rn. 27.

271 Vgl. *Harrendorf/Ullenbruch*, in: Schwind/Böhm/Jehle/Laubenthal, 10. Kap. C Rn. 23; KG StV 2002, 36 f. m. zust. Anm. von *Heischel*.

Gem. § 35 I StVollzG (Art. 37 I BayStVollzG) kann **„Urlaub aus wichtigem Anlass"** gewährt werden. Dieser dient der Wahrnehmung wichtiger persönlicher, geschäftlicher und rechtlicher Angelegenheiten des Gefangenen, die für die Wiedereingliederung des Gefangenen von entscheidender Bedeutung sind; nur bei Urlaub aus Anlass lebensgefährlicher Erkrankungen oder des Todes eines Angehörigen darf der Sonderurlaub länger als sieben Tage betragen (S. 1, 2. Halbs.). Gem. Abs. 2 wird dieser Urlaub nicht auf den Regelurlaub angerechnet. § 36 I StVollzG (Art. 38 I BayStVollzG) stellt eine Ergänzung zum Urlaub aus wichtigem Anlass dar und betrifft Urlaub zwecks Teilnahme an einem gerichtlichen Termin. In gleicher Weise wie gem. §§ 35 I, 36 I StVollzG (Art. 37 I, 38 I BayStVollzG) Urlaub gewährt werden kann, kann auch **Ausgang aus wichtigem Anlass** gewährt werden. **461**

Die Regelung des § 14 StVollzG (Art. 16 BayStVollzG) gilt sowohl für die Lockerungen als auch für den Urlaub. Es können gem. Abs. 1 dem Gefangenen für den Ausgang oder den Urlaub **Weisungen** erteilt werden, z.B. bei einem bestimmten Angehörigen zu wohnen, Meldeauflagen, Nichtaufsuchen des Opfers seiner Straftat oder das Gebot des Meidens von Alkohol[272]. Da das Gesetz zu Details schweigt, benennt die VV Nr. 1 II zu § 14 StVollzG bedeutsame Arten von Weisungen (b–e). **462**

Gem. § 14 II 1 StVollzG (Art. 16 II 1 BayStVollzG) können Lockerungen oder Urlaub **widerrufen** werden, falls nachträglich ein Versagungsgrund eintritt oder der Gefangene die Maßnahmen missbraucht oder Weisungen nicht nachkommt. Gem. § 14 II 2 StVollzG (Art. 16 II 2 BayStVollzG) können Lockerungen und Urlaub für die Zukunft **zurückgenommen** werden, wenn die Voraussetzungen für ihre Bewilligung nicht vorgelegen haben. **463**

Ein Hafturlaub, der im **Ausland** verbracht werden soll, wird als grds. unzulässig angesehen. Denn in diesem Fall wären die Überwachung der Einhaltung von Weisungen und auch ein unmittelbarer Zugriff im Falle eines Missbrauchs der Vollzugslockerung unmöglich. Dies gilt auch für einen Hafturlaub im EU-Ausland[273]. VV Nr. 1 zu § 11, § 13 StVollzG verlangt dementsprechend, dass die Lockerung bzw. der Hafturlaub im Geltungsbereich des StVollzG stattfindet. **464**

Bei der Befassung mit dem Gebiet der Lockerungen und des Urlaubs stellen die **Kataloge in den Verwaltungsvorschriften** bezüglich des Ausschlusses von und der Ungeeignetheit für Lockerungen oder Urlaub ein wichtiges und zugleich problematisches Hilfsmittel dar. Diese Aufzählungen in den Verwaltungsvorschriften stellen Richtlinien für die Gefahrabwägung im Hinblick auf die Flucht- und Missbrauchsgefahr **465**

---

[272] Ausführlich hierzu BeckOK Strafvollzug Bayern/*Arloth* Art. 16 Rn. 2–3.

[273] OLG München, Forum Strafvollzug 2010, 365 f.

(§ 11 II StVollzG bzw. Art. 13 II BayStVollzG) dar. Solche Auslegungs- bzw. Ermessensrichtlinien können unter dem Aspekt der **Selbstbindung der Verwaltung** und daher des Gleichbehandlungsgrundsatzes rechtlich relevant sein. Sie sind es in concreto ganz besonders, weil wegen der Kombination von unbestimmtem Rechtsbegriff (Flucht- oder Missbrauchsgefahr) und Ermessensspielraum („kann") die Gerichte den Vollzugsbehörden einen gewissen nicht überprüfbaren Beurteilungsspielraum einräumen. Da zudem die in den Verwaltungsvorschriften niedergelegten Gefahrkriterien nicht als unsachlich bezeichnet werden können, kann der Gefangene sich nur begrenzt dagegen wehren, wenn die Anstalt ihn wegen Zutreffens eines Gefahrkriteriums von Lockerungen oder Urlaub ausschließt.

466 **Fehlerhaft** kann die Entscheidung nur dann genannt werden, wenn unzutreffende Fakten oder Entscheidungsmaßstäbe zugrunde gelegt werden oder die Anstalt sich nur formelhaft auf die Verwaltungsvorschriften beruft, ohne eine pflichtgemäße Abwägung aller im Einzelfall für und gegen die Lockerung sprechenden Umstände vorgenommen zu haben. „In die **Gesamtabwägung** (sind) namentlich die Persönlichkeit des Gefangenen, die Art und Weise, sowie die Motive der Tat, das Nachtatverhalten, die Entwicklung des Gefangenen im Vollzug sowie die Bedingungen, unter denen die Vollzugslockerung erfolgt, einzustellen"[274]. Auch in den Verwaltungsvorschriften selbst wird darauf hingewiesen, dass individualisierende Entscheidungen zu treffen sind: Es sind grds. „Ausnahmen" – d.h. abweichende Gefährlichkeitsurteile – möglich (vgl. etwa VV Nr. 3 II und VV Nr. 4 III zu § 13). Außerdem ist in den Verwaltungsvorschriften verankert, dass für die Eignungsfrage wesentlich ist, ob der Gefangene „durch sein Verhalten im Vollzug die Bereitschaft gezeigt hat, an der Erreichung des Vollzugszieles mitzuwirken" (VV Nr. 7 I 2 zu § 11 StVollzG; VV Nr. 4 I 2 zu § 13 StVollzG).

d) Ausführung

467 Die **Ausführung** gem. § 11 I Nr. 2 StVollzG (Art. 13 I Nr. 2 BayStVollzG) stellt eine Behandlungsmaßnahme dar und setzt daher die **Zustimmung** des Gefangenen voraus. Freilich ist schon angesichts des Personalmangels die unter Aufsicht wenigstens eines Vollzugsbediensteten erfolgende Ausführung eine eher seltene **Behandlungsmaßnahme**. Ihr Potential im Rahmen eines Behandlungsvollzugs sollte aber nicht unterschätzt werden, da eine Ausführung auch etwa dazu dienen kann, die Kommunikation zwischen Begleiter und Gefangenem zu verbessern; auch kann die Ausführung als vorbereitende Maßnahme für

[274] OLG Frankfurt NStZ-RR 2004, 127.

weitergehende Lockerungen eingesetzt werden. Möglich sind auch **Gruppenausführungen** zum Besuch kultureller oder sportlicher Veranstaltungen.

Keine Behandlungsmaßnahme stellt die **Ausführung aus besonderen Gründen** gem. § 12 StVollzG (Art. 37 IV BayStVollzG) dar, die daher auch ohne Zustimmung durchgeführt werden kann. Beispiele: Fachärztliche Untersuchung, Vorstellung bei Ämtern etc. In der Sozialtherapie in Erlangen werden solche Ausführungen generell mit gefesselten Gefangenen unternommen, um kein unnötiges Risiko einzugehen. **468**

Ebenfalls aus dem Rahmen der Lockerungen des § 11 StVollzG (Art. 13 BayStVollzG) fällt die **Ausführung aus wichtigem Anlass** gem. § 35 III StVollzG (Art. 37 III BayStVollzG). Diese kann dann erfolgen, wenn die Voraussetzungen des § 11 II StVollzG (Art. 13 II BayStVollzG) für eine Vollzugslockerung oder Urlaub nicht vorliegen, also Flucht- oder Missbrauchsgefahr besteht. Gem. § 35 III 2 StVollzG (Art. 37 III 2 BayStVollzG) hat der Gefangene hier grds. (vgl. aber S. 3) die Kosten der Ausführung zu tragen, da die Ausführung in seinem Interesse erfolgt. VV Nr. 2 regelt den Sonderfall des Fortbestehens von Flucht oder Missbrauchsgefahr trotz Anordnung angemessener besonderer Sicherungsmaßnahmen; dann ist nur im Falle einer unmittelbaren Leibes- oder Lebensgefahr trotzdem zu Behandlungszwecken auszuführen. **469**

Die **Ausführung zwecks Teilnahme an gerichtlichem Termin** gem. § 36 II StVollzG (Art. 38 II BayStVollzG) erfolgt dann, wenn die Voraussetzungen des § 36 I StVollzG (Art. 38 I BayStVollzG), der die Verneinung von Flucht- und Missbrauchsgefahr voraussetzt, nicht vorliegen und eine solche Ausführung angesichts des begleitenden Vollzugsbeamten aber gefahrlos möglich erscheint. **470**

12. Sicherheit und Ordnung

a) Grundlagen

Geradezu als Gegenstück zu den Lockerungen kann man den Aspekt der Wahrung der **„Sicherheit oder Ordnung (der Anstalt)“** ansehen, der in den §§ 81–93 (Elfter Titel) bzw. Art. 87–100 BayStVollzG (Abschnitt 12) und in mannigfaltigen Einzelbestimmungen (vgl. §§ 4 II 2, 17 III Nr. 3, 19 II, 22 II 1, 25 Nr. 1, 28 II Nr. 1 StVollzG etc.; Art. 6 II 2, 19 III, Nr. 3, 21 II, 24 II, 28 Nr. 1, 31 II Nr. 1 BayStVollzG) geregelt ist. **471**

Was ist nun mit „Sicherheit oder Ordnung der Anstalt“ gemeint?

– **Ordnung** meint das „geordnete Zusammenleben in sozialer Verantwortung in der Anstalt“, d.h. ein bestimmten Regeln folgendes, möglichst reibungsloses Zusammenleben, das überhaupt erst das Miteinanderauskommen vieler Menschen auf engem Raum ermöglicht. **472**

Zugleich stellt Ordnung „eine Art Vorstufe der Sicherheit" dar[275], da Gefahren für die Sicherheit bei guter Ordnung relativ schnell erkennbar sind.

473 – Was unter **Sicherheit** zu verstehen ist, ist in der Grenzziehung umstritten: Nach verbreiteter Meinung betreffen §§ 81 ff. StVollzG (Art. 87 ff. BayStVollzG) speziell nur die **Anstaltssicherheit**, nicht aber den von § 2 S. 2 StVollzG (Art. 2 S. 1 BayStVollzG) erfassten Schutz der Allgemeinheit vor den Gefangenen[276]. Die Anstaltssicherheit lässt sich aufgliedern in eine interne Sicherheit bezüglich der von den Insassen ausgehenden Gefahren und eine äußere Sicherheit bezüglich der von außen gegen den sicheren Gewahrsam der Gefangenen drohenden Gefahren. Freilich ist die Differenzierung zwischen Anstaltssicherheit und allgemeiner Sicherheit in den §§ 81 ff. StVollzG (Art. 87 ff. BayStVollzG) nicht konsequent durchgehalten, da ja § 87 StVollzG (Art. 95 BayStVollzG) das Festnahmerecht bei Entweichungen regelt, welches nicht zuletzt der Sicherung der Allgemeinheit vor Straftaten des entflohenen Gefangenen dienen dürfte. Tatsächlich lässt sich die Sicherheit der Anstalt also nicht eindeutig vom Schutz der Allgemeinheit durch Verhinderung von Straftaten Gefangener abgrenzen.

„Sicherheit und Ordnung" stellen **unbestimmte Rechtsbegriffe** dar, deren Auslegung voller gerichtlicher Nachprüfung unterliegt.

474 Während im früheren Verwahrvollzug die Wahrung von Sicherheit und Ordnung ganz unproblematisch geradezu als Wesen und Rechtfertigung des Strafvollzugs dienen konnte, führt die Wahrung von Sicherheit und Ordnung im Strafvollzug heute zu echten **Zielkonflikten**. Dies lässt sich besonders gut am Beispiel der Vollzugslockerungen deutlich machen, die notgedrungen ein gewisses Sicherheitsrisiko beinhalten, aber aus Resozialisierungsgründen eben doch durchgeführt werden. Ein „Resozialisierungsvollzug" ist ohne Risiko, ohne Vertrauensvorschuss und ohne die Möglichkeit des Lernens aus Fehlern von vornherein unmöglich[277].

475 Die Wahrnehmung dieses Zielkonflikts hat zur Kodifizierung des **„Grundsatzes der Selbstverantwortung"** in § 81 I StVollzG (Art. 87 I BayStVollzG) geführt, nämlich einer Verpflichtung der Anstalt, „das

---

[275] *Böhm*, Strafvollzug, 3. Aufl., 2003, Rn. 332.

[276] Zum Begriff vgl. auch *Harrendorf/Ullenbruch*, in: Schwind/Böhm/Jehle/Laubenthal, 11. Kap. A Rn. 5; BayObLG Beschl. v. 15.8.2023 – 204 StObWs 172/23 = BeckRS 2023, 24308.

[277] Vgl. AK-StVollzG/*Goerdeler,* Teil II Vor § 72 LandesR Rn. 16 ff.; *Böhm*, Strafvollzug, 3. Aufl., 2003, Rn. 337 f.

Verantwortungsbewusstsein des Gefangenen für ein geordnetes Zusammenleben in der Anstalt ... zu wecken und zu fördern". Derart hat der Gesetzgeber ausgedrückt, dass Maßnahmen der Sicherheit und Ordnung kein Selbstzweck sein können, sondern sich in die Aufgabe der Erreichung des Vollzugszieles bzw. des Behandlungsauftrags des § 2 I StVollzG bzw. Art. 2 S. 2 BayStVollzG („künftig in sozialer Verantwortung ein Leben ohne Straftaten zu führen") einzufügen haben. Weiterhin besagt § 81 I StVollzG (Art. 87 I BayStVollzG) implizit, dass Pflichten und Beschränkungen nach den folgenden Vorschriften nur dann auferlegt werden dürfen, wenn andere, zugleich das Verantwortungsgefühl ansprechende Maßnahmen (Gespräche, Therapie etc.) nicht erfolgversprechend sind: **„Grundsatz der Subsidiarität"**. § 81 II StVollzG (Art. 87 II BayStVollzG) schließlich enthält das **Verhältnismäßigkeitsprinzip**, welches neben Proportionalität der Maßnahme auch die Einhaltung des Prinzips des geringstmöglichen Eingriffs einfordert.

b) Sicherungsmaßnahmen

Bei den Sicherungsmaßnahmen unterscheidet man **die allgemeinen Sicherungsmaßnahmen** (§§ 83–87 StVollzG bzw. Art. 90–95 BayStVollzG) und die **besonderen Sicherungsmaßnahmen** (§§ 88–92 StVollzG bzw. Art. 96–100 BayStVollzG). Daneben enthält § 82 StVollzG (Art. 88 BayStVollzG) allgemeine Verhaltensvorschriften für die Gefangenen, doch gibt diese Regelung der Vollzugsbehörde keine generalklauselartige Eingriffsermächtigung. 476

Themen der **allgemeinen Verhaltensvorschriften** sind: 477

- sich nach der Tageseinteilung der Anstalt richten und
- das geordnete Zusammenleben nicht stören (§ 82 I StVollzG bzw. Art. 88 I BayStVollzG);
- Anordnungen befolgen und
- einen zugewiesenen Bereich nicht unerlaubt verlassen (§ 82 II StVollzG bzw. Art. 88 II BayStVollzG);
- Haftraum und überlassene Sachen pfleglich behandeln (§ 82 III StVollzG bzw. Art. 88 III BayStVollzG);
- Gefahrenlagen melden (§ 82 IV StVollzG bzw. Art. 88 IV BayStVollzG).

Die **allgemeinen Sicherungsmaßnahmen** der §§ 83 ff. StVollzG (Art. 90 ff. BayStVollzG) werden unabhängig von konkreten Gefahrenlagen, also quasi routinemäßig, getroffen. Zunächst gibt § 83 StVollzG (Art. 90 BayStVollzG) **Gewahrsams- und Verfügungsbeschränkungen**, zugleich regelt diese Vorschrift, was mit den dem Gefangenen vorzuenthaltenden Sachen zu geschehen hat. 478

479 § 84 I StVollzG (Art. 91 BayStVollzG) ermächtigt die Vollzugsbehörde zu **Durchsuchungen** der Sachen und des Haftraums des Gefangenen auch ohne konkrete Verdachtslage. Hierbei sind für die Verteidigung relevante Schriftstücke von der Durchsuchung auszunehmen, wenn diese deutlich als solche gekennzeichnet in einem verschlossenen Umschlag aufbewahrt werden; besteht die Befürchtung, dass in dem Umschlag verbotene Gegenstände versteckt sind, ist die dann zulässige Durchsuchung so durchzuführen, dass der tätig werdende Beamte keine Kenntnis vom Inhalt der Dokumente nehmen kann[278].

480 Es darf „eine mit einer **Entkleidung** verbundene körperliche Durchsuchung" gem. § 84 II StVollzG (Art. 91 II BayStVollzG) nur bei Gefahr im Verzuge oder auf Einzelanordnung des Anstaltsleiters (gem. § 156 III StVollzG bzw. Art. 177 III BayStVollzG: Delegation mit Zustimmung der Aufsichtsbehörde möglich) vorgenommen werden. Hierbei sind stichprobenartige Durchsuchungen auch bei an sich unverdächtigen Gefangenen zulässig, da anderenfalls solche Gefangene von gefährlichen Gefangenen risikolos zu Botengängen gezwungen werden könnten (BVerfG NStZ 2004, 227). Gem. § 84 III StVollzG (Art. 91 III BayStVollzG) kann eine **körperliche Untersuchung allgemein** für die Aufnahme der Gefangenen in die Anstalt, nach Besuch und für jede Rückkehr in die Anstalt allgemein angeordnet werden. Bezüglich Besuchskontakten und Rückkehr in den Vollzug werden in der Lit. vermehrt Bedenken gegen eine Praxis unbegrenzter und pauschaler Anordnung körperlicher Untersuchungen erhoben[279]. Durchsuchungen, die mit einer Entkleidung des Gefangenen verbunden sind, sind ein besonders schwerer Eingriff in das Persönlichkeitsrecht, gerade wenn sie mit Inspektionen der sonst bedeckten Körperöffnungen verbunden sind[280]. Das BVerfG hatte schon früher klargestellt, dass die allgemeine Anordnung nur in den im Gesetz genannten drei Konstellationen (u.a. *nach* Besuchskontakt) zulässig ist, nicht aber generell *vor* Besuchskontakt. Mit der neuen Rspr. des EGMR muss nun dringend überdacht werden, ob derartige Durchsuchungen per Allgemeinverfügung überhaupt noch zulässig sind[281]. Demnach gehen wiederholte stichprobenartige Leibesvisitationen eines Häftlings vor oder nach Besuchskontakten, bei denen sich dieser vollständig entkleiden und auch an Körperöffnungen untersuchen lassen muss (sog. strip searches), wenn ein konkretes Sicherheitsinteresse der Haftanstalt nicht gegeben ist, über das mit einer Leibesvisitation unvermeidliche Element des Leidens und der Demütigung hinaus

---

278 OLG Karlsruhe NStZ 2005, 52 f.

279 Vgl. AK-StVollzG/*Goerdeler*, Teil II § 74 LandesR Rn. 19 ff.

280 BVerfG NStZ-RR 2019, 261.

281 *Esser*, NStZ 2022, 24.

und stellen eine erniedrigende Behandlung iSv Art. 3 EMRK (Verbot der Folter) dar. Die bloße Feststellung der Rechtswidrigkeit einer staatlichen Maßnahme nimmt dem Beschwerdeführer dann nicht die Opfereigenschaft iSv Art. 34 EMRK (Individualbeschwerde), wenn die Schwere der Konventionsverletzung eine weitergehende Wiedergutmachung erfordert.

Fall („Demütigung", EGMR NJW 2022, 35): Der Gefangene G verbüßt eine lebenslange Freiheitsstrafe in der JVA Straubing. Im Zeitraum von Januar 2014 bis September 2016 erfolgten bei ihm vor und nach Besuchskontakten zahlreiche Leibesvisitationen. Diese waren auf eine Anordnung der Gefängnisleitung gestützt, die ihrerseits auf Art. 91 II BayStVollzG beruhte. Die Leibesvisitationen wurden stichprobenartig, verdachtsunabhängig und ohne Ausnahme bei jedem fünften Häftling durchgeführt. G musste sich hierbei vollständig entkleiden und im Mund, unter den Achseln und dem Anus untersuchen lassen. Bei den Besuchskontakten des G handelte es sich um Angestellte der Geschäftsstelle des Amtsgerichts bzw. in einem Fall um einen Polizisten. **481**

2016 entschied das BVerfG (NJW 2017, 725) auf die Beschwerde eines anderen Häftlings der JVA Straubing hin, dass die stichprobenartigen Leibesvisitationen vor Besuchskontakten einen schweren und unverhältnismäßigen Eingriff in dessen allgemeines Persönlichkeitsrecht darstellten und daher verfassungswidrig seien. Die Anordnung der Gefängnisleitung hätte den Vollzugsbeamten die Möglichkeit einräumen müssen, von den körperlichen Durchsuchungen in den Fällen abzusehen, in denen ein Missbrauch der Besuchsrechte durch den Häftling sehr unwahrscheinlich war.

In der Folgezeit erwirkte G vor dem LG Regensburg und dem OLG Nürnberg die Feststellung der Rechtswidrigkeit einzelner Leibesvisitationen. Im Anschluss stellte er Anträge auf Prozesskostenhilfe für eine Amtshaftungsklage nach § 839 BGB iVm Art. 34 GG auf Ersatz des durch die körperlichen Durchsuchungen erlittenen immateriellen Schadens. Das LG lehnt hinsichtlich der meisten Leibesvisitationen die Anträge nach einer summarischen Prüfung unter Hinweis auf die fehlenden Erfolgsaussichten ab. Eine Entschädigung sei, so das Gericht, bereits durch die Feststellung der Rechtswidrigkeit der Leibesvisitationen seitens des BVerfG und die Entscheidungen des LG Regensburg und des OLG Nürnberg in ausreichendem Maße gewährt worden. Zudem könne nicht von einem Verschulden der Angestellten der JVA ausgegangen werden, da die Leibesvisitationen vor der Entscheidung des BVerfG von den Gerichten als rechtmäßig erachtet worden seien. Das OLG Nürnberg bestätigte beide Entscheidungen. Trotz des schweren Eingriffs in die Persönlichkeitsrechte des G sei allenfalls von einem geringfügigen Verschulden der Angestellten der JVA auszugehen, die Feststellung der Rechtswidrigkeit sei eine ausreichende Entschädigung, zumal keine Wiederholungsgefahr bestehe. Das BVerfG hat die dagegen gerichteten Verfassungsbeschwerden am 23.1.2018 (1 BvR 1688/17) bzw. 29.8.2018 (1 BvR 1322/18) nicht zur Entscheidung angenommen.

Die Beschwerde des G beim EGMR hatte Erfolg. Der EGMR entschied, dass eine Verletzung von Art. 3 EMRK grds. einen Nichtvermögensschaden verursacht, der finanziell auszugleichen ist. G müsse auch nicht erst das Hauptsacheverfahren durchlaufen, da im Rahmen seines Prozesskostenhilfeersuchens die zuständigen Gerichte bereits deutlich gemacht haben, dass sie die Position des Beschwerdeführers nicht für vertretbar halten und Zweifel am Ausgang des Hauptsacheverfahrens nicht bestehen.

482 Gem. § 85 StVollzG (Art. 92 BayStVollzG) können fluchtgefährdete Gefangene und generell Gefangene, die die Sicherheit oder Ordnung der Anstalt gefährden, **in eine Anstalt mit hohem Sicherheitsgrad verlegt** werden. Da Verlegungen aber für den Gefangenen regelmäßig einschneidende Wirkungen haben, ist der Verhältnismäßigkeitsgrundsatz zu beachten. So hat das BVerfG es für ermessensfehlerhaft gehalten, einen Gefangenen ohne weiteres schon deshalb zu verlegen, weil die Gefahr gesehen wurde, dass andere Gefangene rechtswidrige Angriffe auf ihn vornehmen werden. In Pflicht zu nehmen seien vorrangig die (potentiellen) Störer, nicht aber das potentielle Opfer[282]. Gleichermaßen für rechtswidrig erklärt hat das BVerfG die Verlegung eines Gefangenen in eine andere Anstalt mit der Begründung, einige Vollzugsbeamte hätten ihn nicht gründlich genug überwacht und so die notwendige Distanz zu dem Gefangenen vermissen lassen. Diese Begründung ist mit den Voraussetzungen von § 85 StVollzG (Art. 92 BayStVollzG) nicht vereinbar. Es liegt daher eine Verletzung von Art. 2 I GG vor; außerdem sei die Maßnahme unverhältnismäßig, da primär eine Einwirkung auf die Vollzugsbediensteten in Betracht käme[283].

483 Gem. § 86 StVollzG (Art. 93 BayStVollzG) können vor allem zur Erleichterung der Festnahme bei Entweichung sowie zur allgemeinen Sicherung des Vollzugs **erkennungsdienstliche Maßnahmen** durchgeführt werden (z.B. Fingerabdruckaufnahme, Fotografieren, Messen).

---

[282] BVerfG NJW 2006, 2683 ff.

[283] BVerfG StV 2006, 146 f.

Das Gesetz gibt keine besonderen Voraussetzungen für die Durchführung dieser allgemeinen Sicherungsmaßnahmen; allerdings müssen diese Vorschriften nach allgemeinen datenschutzrechtlichen Vorgaben ausgelegt werden[284]. Die Verwahrung der erkennungsdienstlichen Unterlagen und deren datenschutzrechtliche Behandlung ist in § 86 II StVollzG (Art. 93 II BayStVollzG) geregelt. Gem. § 86 III StVollzG kann der Gefangene nach Abschluss der Vollstreckung verlangen, dass die erkennungsdienstlichen Unterlagen vernichtet werden. Art. 93 BayStVollzG hingegen sieht das nicht vor. Die Daten können weiterhin etwa für polizeiliche Zwecke gespeichert bleiben und genutzt werden (Art. 93 II BayStVollzG).

In Bayern gibt Art. 94 BayStVollzG auch eine einschlägige Regelung **484** für die Zulässigkeit auch von allgemeinen **Maßnahmen zur Feststellung von Suchtmittelkonsum**, also nicht nur bei Verdachtsfällen. Die Abgabe einer Urinprobe kann demnach anlassunabhängig verlangt werden, muss aber selbstverständlich die Persönlichkeitsrechte des Gefangenen wahren und alternative Testmöglichkeiten in Betracht ziehen[285].

§ 87 StVollzG (Art. 95 BayStVollzG) gibt der Vollzugsbehörde bzw. **485** ihren Mitarbeitern ein **Festnahmerecht** im Rahmen der Nacheile. Auch dürfen den Polizei- und Vollstreckungsbehörden für den Zweck der Fahndung und Festnahme Daten übermittelt werden (Abs. 2). „Führt die unmittelbare Verfolgung oder die von der Anstalt veranlasste Fahndung (Einschaltung der Polizei) nicht alsbald zur Wiederergreifung, so sind weitere Maßnahmen der Vollstreckungsbehörde (Staatsanwaltschaft bei Erwachsenen) zu überlassen“ (VV I 3 zu § 87 StVollzG).

Nicht im Gesetz verankerte allgemeine Sicherungsmaßnahmen sind **486** Kontrollen, Wachgänge, Uniformierung des Allgemeinen Vollzugsdienstes oder Einrichtung eines Sicherheitsgürtels aus Dienstwohnungen um die Anstalt herum. Die Maßnahmen nach § 85 StVollzG bzw. Art. 92 BayStVollzG (Sichere Unterbringung) und nach § 87 StVollzG bzw. Art. 95 BayStVollzG (Festnahme) gehören schon in den Übergangsbereich zu den besonderen Sicherungsmaßnahmen gegen Gefangene, die in erhöhtem Maße gefährdet oder gefährlich erscheinen.

§ 88 I StVollzG (Art. 96 BayStVollzG) regelt die **Voraussetzungen** **487** **für besondere Sicherungsmaßnahmen**. Danach muss das Verhalten des Gefangenen oder sein seelischer Zustand besorgen lassen, dass

---

[284] Vgl. *Harrendorf/Ullenbruch*, in: Schwind/Böhm/Jehle/Laubenthal, 11. Kap. A Rn. 11.

[285] BVerfG NJW 2022, 2610 im Fall einer Urinkontrolle mit freiem Blick der Bediensteten auf das nicht bekleidete Genital des Gefangenen. Hier hätte auch durch Punktion der Fingerbeere eine geringe Menge Blut entnommen werden können und diese Möglichkeit dem Gefangenen zur Wahl angeboten werden müssen.

Fluchtgefahr besteht oder er Gewaltdelikte oder gravierende Selbstschädigungen begehen kann.

488 § 88 II StVollzG (Art. 96 II BayStVollzG) enthält einen **Katalog** der zulässigen besonderen Sicherungsmaßnahmen:

– Entzug von Gegenständen;
– Beobachtung bei Nacht;
– Absonderung von anderen Gefangenen;
– Entzug oder Beschränkung des Aufenthalts im Freien;
– Sicherungshaftraum (= besonders gesicherter Haftraum);
– Fesselung und Fixierung.

489 § 88 III StVollzG (Art. 96 III BayStVollzG) betrifft den Fall, dass die **Gefahr oder die Störung nicht von Gefangenen selbst ausgeht** (z.B. Befreiung). § 88 V StVollzG (Art. 96 V BayStVollzG) betont nochmals den schon in § 81 II StVollzG (Art. 87 II BayStVollzG) **enthaltenen Grundsatz der Verhältnismäßigkeit**[286].

490 §§ 89 und 90 StVollzG (Art. 97, 98 BayStVollzG) geben besondere Vorschriften für die strenge „Einzelhaft" und die „Fesselung". Die **Einzelhaft** gem. § 89 StVollzG (Art. 97 BayStVollzG) ist als besondere Form der „Absonderung von anderen Gefangenen" des § 88 II Nr. 3 StVollzG (Art. 96 II Nr. 3 BayStVollzG) zu verstehen[287]. Während die normale Absonderung nur eine kurzfristige oder bestimmte Teile des Tages betreffende Trennung von den anderen Gefangenen meint, betrifft § 89 StVollzG (Art. 97 BayStVollzG) den Fall einer längerdauernden ganztägigen („unausgesetzten") Absonderung. Dass die „Einzelhaft" als besonders einschneidende Sicherungsmaßnahme unter Verhältnismäßigkeitsgesichtspunkten mit zunehmender Dauer immer problematischer und daher nur angesichts erheblicher Sicherheitsbelange der Anstalt oder angesichts Fluchtgefahr zu rechtfertigen ist, wurde vom BVerfG nachdrücklich betont. Als den Gefangenen möglicherweise weniger belastende Sicherungsmaßnahme als Einzelhaft ist etwa auch die Verlegung in eine höher gesicherte Anstalt in Betracht zu ziehen[288].

491 § 92 I StVollzG (Art. 100 BayStVollzG) schreibt für den Fall der Unterbringung in einem besonders gesicherten Haftraum (Beruhigungszelle) und für Fälle der Fesselung besondere **„ärztliche Überwachung"** vor. Gem. § 92 II StVollzG (Art. 100 II BayStVollzG) ist der Arzt auch zu hören bei Entzug des täglichen Aufenthalts im Freien (§ 88 II Nr. 4 StVollzG bzw. Art. 96 II Nr. 4 BayStVollzG).

---

[286] Vgl. auch OLG Frankfurt NStZ-RR 2002, 155 (157) zu besonderen Anforderungen bei kumulativer Anordnung von Sicherungsmaßnahmen.

[287] Vgl. OLG Hamm ZfStrVo 2000, 179 f.

[288] Vgl. BVerfG NStZ 1999, 428 f.

Fall („Papierunterhose"; BVerfG, Beschl. v. 24.1.2008 – 2 BvR 1661/06 = BeckRS 2008, 32830): Es verstößt klar gegen das Verhältnismäßigkeitsprinzip, wenn ein Gefangener in einer Haftanstalt über mehr als 14 Tage (!), nur mit einer Papierunterhose bekleidet, unter Kameraüberwachung und bei durchgehender Beleuchtung in einem besonders gesicherten Haftraum (bgH) untergebracht ist. Ausstattung dieses bgH: Betonliege, in Boden eingelassenes WC mit nur von außerhalb der Zelle bedienbarer Spülung, keine Waschgelegenheit, keine Matratze, keine Bettdecke. Der Untersuchungsgefangene galt als suizidgefährdet. 492

Das BVerfG bezieht bezüglich der Wegnahme von Kleidung in den besonders gesicherten Hafträumen noch klarer Stellung und unterwirft ein solches Verhalten der Behörden einer strengen Verhältnismäßigkeitsprüfung: 493

Fall („Wütend"; BVerfG, Beschl. v. 18.3.2015 – 2 BvR 1111/13 = BeckRS 2015, 44029): Strafgefangener G hat einen Zahnarzttermin im Vollzug. Als der Termin kurzfristig verlegt wird, wird er wütend und beginnt zu randalieren. Er wird unter Anlegung von Handfesseln in einen **besonders gesicherten Haftraum** (bgH) ohne gefährdende Gegenstände mit durchgehender Kameraüberwachung verbracht und dort nach Entfernung der Handfesseln vollständig entkleidet. Erst am Tag darauf erhält er eine Hose und eine Decke aus schnell reißendem Material. Einen Tag später wird er in seinen Haftraum zurückverlegt. G strengt ein Verfahren nach § 109 StVollzG an, weil er nackt war und, obwohl er gefroren habe, ihm eine Decke verweigert worden war. Erst seine Verfassungsbeschwerde hat Erfolg. Das BVerfG sieht seine Grundrechte verletzt: 494

Leitsatz 1: Die Unterbringung eines vollständig entkleideten Strafgefangenen über mehr als einen Tag in einer durchgängig videoüberwachten Zelle ist mit dessen allgemeinem Persönlichkeitsrecht unvereinbar.

Leitsatz 2: Besonders gesicherte Hafträume müssen, soweit der Gefangene gezwungen ist, ohne Kleidung und Bettwäsche die Nacht zu verbringen, stärker beheizt werden als reguläre Hafträume. Die Temperatur ist dabei regelmäßig zu kontrollieren.

Die **Befugnis zur Anordnung** besonderer Sicherungsmaßnahmen liegt gem. § 91 I StVollzG (Art. 99 I BayStVollzG) beim Anstaltsleiter (Delegationsmöglichkeit des § 156 III StVollzG bzw. Art. 177 III BayStVollzG); nur bei Gefahr im Verzug sind auch andere Bedienstete 495 zur vorläufigen Anordnung (vgl. § 91 I 2, 3 StVollzG bzw. Art. 99 I 2, 3 BayStVollzG) befugt.

496 Inzwischen ist zusätzliche Voraussetzung einer **Fixierung**, dass diese vom zuständigen Gericht angeordnet wird (Art. 99 III 1 BayStVollzG). Nur bei Gefahr im Verzug ist der **Richtervorbehalt** kurzfristig verzichtbar und muss aber unverzüglich nachgeholt werden. Diese Neuregelung ist notwendig geworden, nachdem das BVerfG festgestellt hat, dass zum einen zwischen Fesselung und Fixierung unterschieden werden muss und dass die Fixierung eines Menschen einen Eingriff in dessen Grundrecht auf Freiheit der Person gem. Art. 2 II 2 iVm. Art. 104 GG darstellt[289]. Das heißt, allein der Umstand, dass ein Strafgefangener bereits rechtmäßig eine Freiheitsstrafe verbüßt, erlaubt nicht automatisch eine weitere Freiheitsentziehung durch eine Fixierung. Vielmehr bedarf diese ebenfalls der Anordnung durch ein Gericht. Es kann also eine Freiheitsentziehung in der Freiheitsentziehung geben. Noch kurz zu den Begrifflichkeiten: Eine Fesselung erfolgt an Händen oder an den Füßen, in Ausnahmefällen an Händen und Füßen (Art. 98 I 1 BayStVollzG). Eine Fixierung bedeutet den vollständigen Verlust der Bewegungsfreiheit des Gefangenen durch Fesselung an ein Bett. Dies erfolgt mittels 5-Punkt-Fixierung (alle Gliedmaßen und ein Bauchgurt) oder 7-Punkt-Fixierung (alle Gliedmaßen, Bauch, Brust und Stirn).

497 **Besondere Sicherungsmaßnahmen im untechnischen Sinne** (nicht vorgesehen in § 88 II StVollzG bzw. Art. 96 II BayStVollzG) sind etwa geregelt in § 68 II 2 StVollzG bzw. Art. 70 II 2 BayStVollzG (Vorenthalten von einzelnen Zeitungsausgaben oder -teilen), § 69 I 3 StVollzG bzw. Art. 71 II BayStVollzG (Untersagung von Hörfunk- oder Fernsehempfang), § 70 II Nr. 2 StVollzG bzw. Art. 72 II Nr. 2 BayStVollzG (Verbot des Besitzes von Gegenständen zur Freizeitbeschäftigung), § 22 II 1 StVollzG bzw. Art. 24 II 1 BayStVollzG (gegenstandsbezogene Einkaufsbeschränkung), § 25 Nr. 1 StVollzG bzw. Art. 28 Nr. 1 BayStVollzG (Besuchsverbot) etc.

498 Auch für solche, auf die Gefährdung der „Sicherheit oder Ordnung der Anstalt" abstellende Entscheidungen ist der in § 81 II StVollzG (Art. 87 II BayStVollzG) niedergelegte **Grundsatz der Verhältnismäßigkeit** zu beachten.

499 § 93 StVollzG (Art. 89 BayStVollzG) gibt der Vollzugsbehörde einen Anspruch auf **Aufwendungsersatz** in Fällen, in denen der Gefangene vorsätzlich oder grob fahrlässig sich selbst oder andere Gefangene verletzt hat.

500 **Quantitative Angaben** zu den Sicherungsmaßnahmen sind nur begrenzt möglich, da sie nicht statistisch erfasst werden. Im Kalenderjahr

---

[289] BVerfG NJW 2018, 2619 = BVerfGE 149, 293.

2018 erfolgten bspw. im Erwachsenenvollzug in Bayern eine Fesselung in 59 Fällen (darunter 29 Fixierungen von Gefangenen). Die Unterbringung in einem besonders gesicherten Haftraum musste 1.409-mal angeordnet werden. Das Vorenthalten von Gegenständen erfolgte in 157, eine technische Beobachtung von Gefangenen in 2.201, eine Absonderung in 159 und ein Entzug oder die Beschränkung des Aufenthalts im Freien in 300 Fällen[290].

13. Unmittelbarer Zwang

a) Allgemeines

Als letztes Mittel der Durchsetzung von Sicherungsmaßnahmen und **501**
auch von sonstigen Vollzugsmaßnahmen kommt die Anwendung unmittelbaren Zwangs in Frage. Wie sich aus § 94 I a.E. StVollzG (Art. 101 I a.E. BayStVollzG) ergibt, darf unmittelbarer Zwang nur als ultima ratio angewendet werden, also wenn Behandlungsmaßnahmen, Disziplinarmaßnahmen und normale Sicherungsmaßnahmen nicht erfolgversprechend sind. Es gilt somit der **Subsidiaritätsgrundsatz**.

Weitere Einschränkungen gibt § 96 StVollzG (Art. 103 BayStVollzG), **502**
der den **Verhältnismäßigkeitsgrundsatz** kodifiziert: Gem. Abs. 2 unterbleibt unmittelbarer Zwang, „wenn ein durch ihn zu erwartender Schaden erkennbar außer Verhältnis zu dem angestrebten Erfolg steht". Gem. Abs. 1 ist das Prinzip des geringstmöglichen, den Einzelnen und die Allgemeinheit voraussichtlich am wenigsten beeinträchtigenden Eingriffs zu beachten.

Die **Ermächtigung** zur Anwendung von unmittelbarem Zwang **503**
ergibt sich im Einzelfall nicht ohne weiteres aus den §§ 94 ff. StVollzG (Art. 101 ff. BayStVollzG), sondern zunächst aus den Vorschriften über die durchzusetzenden Vollzugs- und Sicherungsmaßnahmen im StVollzG. Man kann hier vom Prinzip der **Akzessorietät** vollzugsrechtlicher Zwangsmaßnahmen sprechen[291]. Allein auf §§ 94 ff. StVollzG (Art. 101 ff. BayStVollzG) kann eine unmittelbare Zwangsmaßnahme also grds. nicht gestützt werden (Ausnahmen: § 94 II, § 101 I StVollzG bzw. Art. 101 II, 108 II BayStVollzG).

Fall (vgl. *Böhm*, Strafvollzug, 3. Aufl., 2003, Rn. 349): Ein als Zeuge **504**
vorgeladener Gefangener weigert sich, zum Gericht zu gehen. Da es sich beim Zeugenauftritt nicht um eine Vollzugs- oder Sicherungs-

[290] Vgl. Drs. des Bay. Landtags 18/4320 v. 20.12.2019, Anlage 2.

[291] Vgl. *Laubenthal*, Rn. 722.

maßnahme handelt, kann nicht mit unmittelbaren Zwangsmaßnahmen „nachgeholfen“ werden. Erst wenn der Richter einen Vorführungsbefehl (§ 134 StPO für Beschuldigte; § 51 I 3 iVm § 135 StPO für Zeugen) erlassen hat, könnte die Anstalt den Gefangenen im Wege der Amtshilfe zwangsweise in den Transport zum Gericht setzen.

505 Dass Vollzugsbedienstete die **allgemeinen Notrechte** (etwa Notwehr, Nothilfe- und Notstandsrechte) wahrnehmen können und in diesem Rahmen zur Gewaltanwendung berechtigt sind, ist auch ohne die Regelung des § 94 III StVollzG (Art. 101 III BayStVollzG) klar. Diese Norm hat Bedeutung für Fälle, in welchen Polizei in der Anstalt eingesetzt wird (z.B. bei Geiselnahmen oder Aufständen in Gefängnissen); für die Polizeimaßnahmen gilt also auch in dieser Konstellation das jeweilige **Landespolizeigesetz** (in Bayern das BayPAG).

506 Im Normalfall unmittelbaren Zwangs wird dieser gegen Gefangene angewendet. **Gegen Nicht-Gefangene** darf gem. § 94 II StVollzG (Art. 101 II BayStVollzG) unmittelbarer Zwang nur dann eingesetzt werden, „wenn sie es unternehmen, Gefangene zu befreien oder in den Anstaltsbereich widerrechtlich einzudringen, oder wenn sie sich unbefugt darin aufhalten“. Diese Vorschrift gibt ausnahmsweise selbst eine Ermächtigung für unmittelbare Zwangsmaßnahmen.

507 In welcher Form unmittelbarer Zwang ausgeübt werden kann, ergibt sich auch aus § 95 StVollzG (Art. 102 BayStVollzG). Die in Abs. 1 gegebene **Begriffsbestimmung** des unmittelbaren Zwangs lautet: „Einwirkung auf Personen oder Sachen durch körperliche Gewalt, ihre Hilfsmittel und durch Waffen“. Art. 102 II BayStVollzG definiert „körperliche Gewalt“ als „jede unmittelbare körperliche Einwirkung auf Personen oder Sachen“. § 95 III StVollzG (Art. 102 III BayStVollzG) zufolge sind **Hilfsmittel** der körperlichen Gewalt „namentlich Fesseln“. Als **Waffen** definiert § 95 IV StVollzG (Art. 102 IV BayStVollzG) die „dienstlich zugelassenen Hieb- und Schusswaffen sowie Reizstoffe“.

508 Unmittelbarer Zwang kann entweder aufgrund **eigenen Entschlusses des dazu berechtigten Beamten** oder auf **Anordnung des Vorgesetzten** angewendet werden. Für das Handeln auf Anordnung regelt § 97 StVollzG (Art. 104 BayStVollzG) den Umfang und die Grenzen der Gehorsamspflicht des Untergebenen im Einzelnen (Abs. 1: Gehorsamspflicht und ihre Grenzen; Abs. 2: Gehorsamsverweigerungspflicht und Irrtumsregelung; Abs. 3: Verpflichtung zu Gegenvorstellungen bei möglicher Rechtswidrigkeit). Ergänzend bestimmt VV Nr. 2 I, dass Anordnungen von unmittelbarem Zwang durch nicht am Ort des Geschehens befindliche Vorgesetzte nur dann zulässig sind, wenn sie trotz Abwesenheit voll über die Situation „im Bilde“ sind. Verändern sich die Fakten vor

Ort, dann sind die Beamten dort selbst verantwortlich bis der Vorgesetzte wiederum voll informiert ist und neu entschieden hat.

Gem. § 98 StVollzG (Art. 105 BayStVollzG) ist unmittelbarer Zwang – wenn irgend möglich – **vorher anzudrohen**; dies ist schon i.S. des Verhältnismäßigkeitsprinzips angesagt, da bereits die ernsthafte Androhung in vielen Fällen zur Bereinigung der Problemsituation führt. Enge Ausnahmen vom Androhungsgrundsatz regelt S. 2. 509

b) Schusswaffengebrauch

Waffen in der Anstalt 510

In den JVAs sind die Beschäftigten im täglichen Umgang mit den Gefangenen unbewaffnet. Im Hinblick darauf, dass man überwältigt und die Waffe weggenommen werden könnte, wäre es zu gefährlich, Waffen bei sich zu tragen. Selbstverständlich gibt es aber Schusswaffen im Vollzug, die besonders verwahrt sind und bei Bedarf ausgegeben werden. Die Mitarbeiter werden regelmäßig am Schießstand geschult.

Besonders restriktive Regelungen geben §§ 99 f. StVollzG (Art. 106 f. BayStVollzG) für den **Schusswaffengebrauch**. Der Schusswaffengebrauch ist die ultima ratio, das nur im Notfall anwendbare letzte Mittel des unmittelbaren Zwangs. Gegen Personen ist Schusswaffeneinsatz nur zulässig, wenn Waffenwirkung gegen Sachen nicht ausreicht. Um Schäden durch das Fehlverhalten von an Schusswaffen Ungeübten zu vermeiden, dürfen gem. § 99 II 1 StVollzG (Art. 106 II 1 BayStVollzG) „nur die dazu bestimmten Vollzugsbediensteten“ Schusswaffen gebrauchen. Das Ziel des Schusswaffengebrauchs darf nur die **Angriffs- oder Fluchtunfähigkeit** sein (§ 99 II 1 StVollzG bzw. Art. 106 II 1 BayStVollzG), nicht jedoch der Tod des Gefangenen (vgl. auch Art. 2 I, II EMRK). 511

Der besonderen Gefährlichkeit der Schusswaffen entspricht es auch, dass gem. § 99 III StVollzG (Art. 106 III BayStVollzG) gerade der Gebrauch dieser Waffen eindeutig und möglichst ausnahmslos vorher anzudrohen ist; erforderlichenfalls durch einen Warnschuss. Schusswaffengebrauch **ohne Androhung** ist nur zur Abwehr einer gegenwärtigen Leibes- oder Lebensgefahr zulässig (§ 99 III 3 StVollzG bzw. Art. 106 III 3 BayStVollzG). 512

§ 100 I 1 StVollzG (Art. 107 I 1 BayStVollzG) liefert eine abschließende Aufzählung der den **Schusswaffengebrauch gegen Gefangene** rechtfertigenden Situationen: 513

– Nicht Ablegen einer Waffe oder eines gefährlichen Werkzeugs trotz wiederholter Aufforderung;
– Meuterei (§ 121 StGB);
– Flucht.

514 Zur Verhinderung der **Flucht aus einer Einrichtung des offenen Vollzugs** ist der Schusswaffengebrauch gem. § 100 I 2 StVollzG (Art. 107 I 2 BayStVollzG) unzulässig (vgl. ferner § 178 III StVollzG zu Einschränkungen bei sonstigen Haftformen; Art. 194 BayStVollzG zum Strafarrest).

515 Gem. § 100 II StVollzG (Art. 107 II BayStVollzG) darf **gegen andere Personen** als Gefangene mit Schusswaffen nur vorgegangen werden, wenn sie gewaltsam Befreiungs- oder Eindringensversuche unternehmen. Gem. § 99 II 2 StVollzG (Art. 106 II 2 BayStVollzG) hat der Schusswaffengebrauch im Rahmen des unmittelbaren Zwangs zu unterbleiben, „wenn dadurch erkennbar **Unbeteiligte** (Gefangene oder Außenstehende) **mit hoher Wahrscheinlichkeit gefährdet** würden“; eine gewisse Wahrscheinlichkeit von Drittschäden darf der Vollzugsbedienstete also sehenden Auges in Kauf nehmen.

516 Kritisch ist zu den Regelungen der §§ 99 f. StVollzG (Art. 106 f. BayStVollzG) anzumerken, dass es wohl ratsam gewesen wäre, den Schusswaffengebrauch zur Fluchtvereitelung dann zu untersagen, wenn es sich bei dem **Flüchtenden erkennbar nicht** um einen **Gewalttäter** handelt[292].

517 Stirbt der vom Schusswaffeneinsatz Betroffene, dann kann der Vollzugsbedienstete nur bestraft werden, wenn er in Bezug auf den **Todeserfolg** mindestens fahrlässig gehandelt hat; die voraussehbare übliche Lebensgefährdung, die immer mit dem Schießen auf Personen verbunden ist, zählt hier nicht. Im Übrigen kann eine **Tötung eines Angreifers** durch einen Vollzugsbediensteten im Rahmen von Notwehr oder Nothilfe (§ 32 StGB), also nach den „Jedermann-Standards“ (vgl. § 94 III StVollzG bzw. Art. 101 III BayStVollzG), gerechtfertigt sein. An die Merkmale der Erforderlichkeit und der Gebotenheit ihrer Maßnahmen wird man bei den einschlägig ausgebildeten Vollzugsbediensteten aber höhere Anforderungen stellen müssen als beim „Normalbürger“[293].

c) Zwang und Gesundheitsfürsorge

518 Eine besonders heikle und umstrittene Regelung beinhaltet § 101 StVollzG (Art. 108 BayStVollzG) zu den **„Zwangsmaßnahmen auf dem Gebiet der Gesundheitsfürsorge“**; besonders diskutiert wurde

---

[292] Vgl. auch *Böhm*, Strafvollzug, 3. Aufl., 2003, Rn. 351.
[293] Laubenthal/Nestler/Neubacher/Verrel/*Verrel* Kap. M Rn. 132.

diese Regelung in früheren Jahren wegen der wiederholten „Hungerstreiks“ von inhaftierten Mitgliedern terroristischer Gruppierungen und der daraus erwachsenden Streitfrage der „Zwangsernährung“.

Unproblematisch ist zunächst die Regelung des § 101 II StVollzG **519**
(Art. 108 VI BayStVollzG), wonach der Gefangene zum Gesundheitsschutz und zur Hygiene **zwangsweise untersucht werden** darf, wobei aber kein körperlicher Eingriff zulässig ist. Es handelt sich hier um die zwangsweise Durchsetzung der Verpflichtung des Gefangenen aus § 56 II StVollzG (Art. 58 II BayStVollzG). **Zwangsweise Behandlung** und insbesondere körperliche Eingriffe sind gem. § 101 I 1 StVollzG (Art. 108 I BayStVollzG) nur zulässig bei schwerwiegender Gesundheitsgefahr und bei Lebensgefahr des Gefangenen – hingegen schon bei (einfacher) Gesundheitsgefahr für andere Personen. Gem. § 101 I 2 StVollzG (Art. 108 I BayStVollzG) ist die Vollzugsbehörde zur Durchführung solcher schwerwiegender Maßnahmen nur dann **verpflichtet**, wenn dem die Behandlung verweigernden Gefangenen die freie Willensbestimmung fehlt; diese Regelung zielt allerdings allein auf Fälle der Selbstgefährdung.

Bei **Fremdgefährdung** ist nicht die freie Willensbestimmung des **520**
Kranken, sondern die Pflicht der Anstalt zur Verhinderung von Gefährdung der anderen Personen des Umfelds maßgeblich; hier ist § 56 I 1 StVollzG (Art. 58 I 1 BayStVollzG) einschlägig. Entgegen der systematischen Stellung von § 101 I 1 Hs. 2 StVollzG (Art. 108 I BayStVollzG) müssen die Maßnahmen in jedem Fall für die Beteiligten (auch für die Ärzte) **zumutbar** sein – auch bei fehlender freier Willensbestimmung – und dürfen nicht mit erheblicher Gefahr für Leben oder Gesundheit des Gefangenen verbunden sein.

Nicht ganz klar war lange Zeit, wer letztlich die **Entscheidung über** **521**
die Zwangsbehandlung trifft: Gem. § 101 I 2 StVollzG die Vollzugsbehörde oder gem. § 101 III StVollzG der Arzt? Insbesondere unter dem Aspekt möglicher kollektiver Hungerstreiks mit ihrer politischen Dimension erschien es sinnvoll und mit dem Gesetz vereinbar, die Diagnose und Modalitäten der Durchführung in die Verantwortung des Arztes zu stellen, die Entscheidung über das Ob von Zwangsmaßnahmen aber zum Aufgabenbereich der Vollzugsbehörde zu zählen. Freilich sieht man inzwischen ganz überwiegend allein den Arzt als anordnungsbefugt an[294]. – Art. 108 III BayStVollzG bestimmt, dass der Arzt **mit Zustimmung der Anstaltsleitung** die Anordnung trifft – es sei denn, es liegt ein Fall Erster Hilfe vor. Dass der **Arzt die Maßnahmen zu leiten hat**, erscheint selbstverständlich und ergibt sich zudem aus dem Gesetz.

---

[294] Vgl. *Nestler*, in: Schwind/Böhm/Jehle/Laubenthal, 11. Kap. L Rn. 20; AK-StVollzG/*Lesting*, Teil II § 67 LandesR Rn. 33.

14. Disziplinarmaßnahmen

a) Allgemeines

522 Disziplinarmaßnahmen kann gem. § 102 I StVollzG (Art. 109 I BayStVollzG) der Anstaltsleiter (vgl. aber die Delegationsmöglichkeit des § 156 III StVollzG bzw. Art. 177 III BayStVollzG) gegen einen Gefangenen dann verhängen, wenn dieser **„schuldhaft gegen Pflichten**, die ihm durch dieses Gesetz oder aufgrund dieses Gesetzes auferlegt sind“, **verstößt**.

Voraussetzung für die Anordnung einer Disziplinarmaßnahme ist ein **schuldhafter Pflichtenverstoß.** Bei Vorliegen eines bloßen Verdachts dürfen keine Disziplinarmaßnahmen verhängt werden. Vielmehr gilt der aus Art. 2 I iVm Art. 1 I GG und dem Rechtsstaatsprinzip aus Art. 20 III GG abgeleitete Schuldgrundsatz[295]. Daher muss die Sanktion auch schuldangemessen sein[296].

523 Die Disziplinarmaßnahmen dienen der Einhaltung der Spielregeln für ein geordnetes Zusammenleben und der Wahrung der Sicherheit der Anstalt. Sie sollen diese Ziele durch Druck auf die Gefangenen, also durch **Repression**, verfolgen. Dennoch sollen sie auch pädagogisch i.S. der Förderung von Resozialisierung wirken. Die Maßnahmen haben eine general- und spezialpräventive Zielsetzung, dh sie dienen der Disziplinierung der einzelnen Gefangenen, aber auch der Abschreckung anderer[297].

524 Diese **pädagogische Zielrichtung** schlägt sich insbesondere in § 103 IV StVollzG nieder, demzufolge die **speziellen Disziplinarmaßnahmen** des § 103 I Nr. 3–8 StVollzG „möglichst nur dann angeordnet werden (sollen), wenn die Verfehlung mit den zu beschränkenden oder zu entziehenden Befugnissen im Zusammenhang steht“. Die Idee dieses „Spiegelungserfordernisses“ ist, dass die Sanktion als regelrechte Antwort auf das Spezifische der Verfehlung verständlich sein soll[298]. Das BayStVollzG verzichtet auf diese Anpassung der Disziplinarmaßnahme an die Art der Verfehlung.

525 Der **Katalog spezieller Disziplinarmaßnahmen** in Nrn. 3–8 des § 103 I StVollzG (bzw. Art. 110 I BayStVollzG) umfasst:

---

[295] BVerfG StV 2004, 612 f.

[296] Vgl. auch BVerfG NJW 1994, 1339; BVerfG StV 1994, 437 (439); BVerfG ZfStrVo 1995, 53 ff.

[297] BeckOK Strafvollzug Bayern/*Arloth* Art. 109 Rn. 1.

[298] Allg. dazu *Streng*, ZStW 111 (1999), 827 ff., 852 ff.

– Beschränkung oder Entzug von Medien für einen Zeitraum von maximal drei Monaten (Radio; TV); das StVollzG sah auch den Entzug des Lesestoffs für maximal zwei Wochen vor.
  Beschränkung oder Entzug von Möglichkeiten der Freizeitbeschäftigung (Gegenstände; Gemeinschaftsveranstaltungen) bis zu drei Monaten;
– getrennte Unterbringung in der Freizeit bis zu vier Wochen;
– Entzug der Arbeit bis zu vier Wochen unter Wegfall der entsprechenden Bezüge;
– Beschränkung der Kommunikation nach draußen bis zu drei Monaten.

Hingegen handelt es sich um **allgemeine Disziplinarmaßnahmen** **526** beim Verweis (§ 103 I Nr. 1 StVollzG bzw. Art. 110 I Nr. 1 BayStVollzG) und bei Beschränkung oder Entzug des Hausgeldes und des Einkaufs bis zu drei Monaten (§ 103 I Nr. 2 StVollzG bzw. Art. 110 I Nr. 2 BayStVollzG). Das „Spiegelungserfordernis" ist ebenfalls nicht relevant für die qualifizierte Disziplinarmaßnahme des Arrestes bis zu vier Wochen (§ 103 I Nr. 9 StVollzG bzw. Art. 110 I Nr. 8 BayStVollzG), der gem. § 103 II StVollzG (Art. 110 II BayStVollzG) „nur wegen schwerer oder mehrfach wiederholter Verfehlungen" verhängt werden darf.

Die Disziplinarmaßnahmen des § 103 I StVollzG (Art. 110 I **527** BayStVollzG) als Ahndung schuldhafter Pflichtverstöße unterliegen dem **Garantieprinzip** des Art. 103 II GG, weshalb es unzulässig ist, ganz andere oder ähnliche Strafmaßnahmen zu verhängen[299].

Dass das Mittel Disziplinarmaßnahme grds. **mit großer Vorsicht** **528** **einzusetzen** ist, zeigen nicht nur die hohen Anforderungen für die Arrestverhängung (vgl. § 103 II bzw. Art. 110 II BayStVollzG; vgl. zum Arrestvollzug § 104 V StVollzG bzw. Art. 111 V BayStVollzG[300]). Für darunter liegende Schwerebereiche regt § 102 II StVollzG (Art. 109 II BayStVollzG) an, es nach Möglichkeit erst einmal mit einer **Verwarnung** (kein Verweis iSv § 103 I Nr. 1 StVollzG bzw. Art. 110 I Nr. 1 BayStVollzG) zu versuchen und so zunächst einmal von einer Disziplinarmaßnahme abzusehen. Im Zusammenhang mit einer zurückhaltenden Anwendung verdient auch § 104 II StVollzG (Art. 111 II BayStVollzG) Erwähnung, der die Möglichkeit eröffnet, Disziplinarmaßnahmen „ganz oder teilweise **bis zu sechs Monaten zur Bewährung**" auszusetzen.

Allerdings darf auch nicht übersehen werden, dass u.U. gerade die **529** Verhängung von Disziplinarmaßnahmen die **günstigere Lösung für**

---

[299] KG NStZ 2002, 613 f.

[300] Den früher zulässigen „verschärften Arrest" gibt es heute nicht mehr.

den Gefangenen darstellen kann – wenn nämlich wegen dieser Maßnahmen die Anstalt dann auf eine Strafanzeige verzichtet oder die Staatsanwaltschaft wegen der bereits eingetretenen Sanktionierung das Verfahren gem. § 153 StPO einstellt. Man denke etwa an leichte Formen des Widerstands gem. § 113 StGB, an Beleidigung gem. § 185 StGB (vgl. auch § 194 III StGB zum Strafantragsrecht des Dienstvorgesetzten) oder an Sachbeschädigung gem. § 303 StGB.

530 Im ungünstigsten Fall der Bestrafung und auch Disziplinierung kann es wegen derselben Tat allerdings zu einer **Doppelbestrafung** kommen, wie § 102 III StVollzG (Art. 109 III BayStVollzG) klarstellt. Demzufolge besteht auch kein Vorrang des Strafverfahrens gegenüber dem Disziplinarverfahren. § 102 III StVollzG soll aber nach neuer Rspr. dann einschränkend ausgelegt werden, wenn die Disziplinarmaßnahme gerade unter dem Gesichtspunkt der Begehung einer rechtswidrigen und schuldhaften Straftat verhängt wird, diese aber noch gar nicht abgeurteilt ist und auch kein Geständnis des Betroffenen vorliegt. Hier müsse dem Grundsatz der **Unschuldsvermutung** nach Art. 6 II EMRK insoweit Rechnung getragen werden, als das Strafverfahren abzuwarten ist[301]. Im Grundsatz können aber Disziplinarmaßnahmen und Strafe oder Sanktionierung nach dem OWiG zusammentreffen. Dann ist allerdings nach den allgemeinen rechtsstaatlichen Grundsätzen der Schuldbindung staatlicher Sanktionierung bei der zweiten Sanktionierung die erste strafmildernd zu berücksichtigen.

531 Mit einer Doppelbestrafung nichts zu tun hat die Regelung des § 103 III StVollzG (Art. 110 III BayStVollzG), der zufolge bei der Ahndung einer Verfehlung **mehrere Disziplinarmaßnahmen verbunden** werden dürfen. Diese Verbindung von Maßnahmen darf – wiederum nach den allgemeinen rechtsstaatlichen Grundsätzen schuldangemessener Sanktionierung – nicht zu einer schuldüberschreitenden Gesamtbelastung führen.

b) Ahndungsfähige Pflichtverstöße

532 § 102 StVollzG (Art. 109 BayStVollzG) enthält keinen Tatbestandskatalog der **zu ahndenden Pflichtverstöße,** sondern nur eine Generalklausel. Die hier angesprochenen Pflichten können sich unmittelbar aus

---

[301] OLG Hamm NStZ 2013, 174 m. Anm. *Walter*, Forum Strafvollzug 2012, 308 f., der die Entscheidung zwar begrüßt, aber auf erhebliche Probleme bei der praktischen Umsetzung verweist. Keine Bedenken unter dem Gesichtspunkt von Art. 6 II EMRK bestehen hingegen, wenn ein Vorfall ungeachtet seines strafrechtlichen Gehalts geahndet wird; er also auch mit einer Disziplinarmaßnahme zu ahnden wäre, wenn das Verhalten nicht strafbar wäre.

dem StVollzG (z.B. § 41 StVollzG bzw. Art. 43 BayStVollzG: Arbeitspflicht; § 82 I 2 StVollzG bzw. Art. 88 I 2 BayStVollzG: Verhalten gegenüber Vollzugsbediensteten etc.) ergeben, aus der Hausordnung (vgl. § 161 StVollzG bzw. Art. 184 BayStVollzG)[302] oder aus Anordnungen von Vollzugsbediensteten (vgl. § 82 II StVollzG bzw. Art. 88 II BayStVollzG). Art. 88 IV BayStVollzG normiert zudem **Meldepflichten** für den Fall, dass Umstände vorliegen, die eine Gefahr für das Leben oder eine erhebliche Gefahr für die Gesundheit einer Person bedeuten. Eine solche Meldepflicht wird von der Rspr. angenommen, wenn ein Mitgefangener Kenntnis von der bloßen Existenz von „**Angesetztem**" in einem Haftraum hat, da der Genuss von selbst hergestelltem Alkohol die beschriebenen Gefahren hervorrufen kann[303].

Suizidversuche und fehlende Mitwirkung des Inhaftierten an seiner Behandlung sind dagegen keine ahndungsfähigen Pflichtverstöße. Für den Fall einer einverständlichen körperlichen Auseinandersetzung zwischen zwei Gefangenen hat der BGH entschieden, dass der Umstand, dass dies als Pflichtenverstoß geahndet werden kann, sich nicht auf die strafrechtliche Beurteilung der Körperverletzung auswirkt. Ist diese aufgrund einer rechtfertigenden Einwilligung gem. § 228 StGB gerechtfertigt, würde die disziplinarrechtliche Verfolgbarkeit nicht automatisch eine Sittenwidrigkeit bewirken[304]. Allerdings kann die Eskalationsgefahr gruppendynamischer Prozesse zu einer Sittenwidrigkeit der Körperverletzungshandlung führen[305]. Von einer solchen Gefahr kann in Anstaltskontexten regelmäßig ausgegangen werden. 533

Fall („Flucht"): Der Gefangene G kann aus der Anstalt fliehen, indem er sich auf einem in einem Arbeitsbetrieb der JVA zu beladenden LKW versteckt. Nach der Wiederergreifung erhält er 14 Tage Arrest. – Für diese Konstellation einer **einfachen Flucht** ohne Beschädigung von Landeseigentum oder gar Verletzung von Beamten ist umstritten, ob sie als Pflichtverstoß iSv § 102 I StVollzG (Art. 109 I BayStVollzG) disziplinarrechtlich geahndet werden darf. Eine ablehnende Ansicht wird auf das Fehlen eines expliziten Fluchtverbotes im StVollzG gestützt; zudem verweist man auf das auch in § 120 StGB mittelbar und § 258 V StGB explizit verankerte Prinzip 534

[302] OLG Nürnberg ZfStrVo 2002, 179 f.; *Laubenthal*, in: Schwind/ Böhm/Jehle/Laubenthal, 11. Kap. M Rn. 15.

[303] BayOblG NStZ-RR 2020, 158 mAnm *Bode*.

[304] BGH, Beschl. v. 26.1.2021 – 1 StR 463/20 = BeckRS 2021, 7946.

[305] BGH NStZ 2013, 342.

der straflosen Selbstbegünstigung[306]. Eine andere Linie wird von dieser Ausgangsposition für den Fall des offenen Vollzugs und der Durchführung von Lockerungen vertreten, da hierfür die Zustimmung des Gefangenen vorliegen muss und eine auf Grund des Gesetzes erfolgende Pflichtenübernahme zu bejahen sei[307]. Nach überwiegender Ansicht und insbesondere in der Rspr. der OLGs wird die generelle Ahndbarkeit mit der Begründung bejaht, dass die Bleibepflicht des Gefangenen dem ganzen StVollzG unausgesprochen zugrunde liege; zudem verweist man auf § 82 II 2 StVollzG (Art. 88 II 2 BayStVollzG), der den Gefangenen dazu verpflichtet, einen ihm zugewiesenen Bereich nicht ohne Erlaubnis zu verlassen[308]. Zur Untermauerung dieser Ansicht lässt sich die Erst-Recht-Überlegung heranziehen, dass an der Disziplinierbarkeit der Nichtrückkehr aus dem Urlaub kaum gezweifelt wird[309], weshalb man ja wohl erst recht die Flucht ahnden können muss[310].

c) Das Verfahren

535 **Zuständig** für die Anordnung von Disziplinarmaßnahmen ist gem. § 105 I StVollzG (Art. 112 I BayStVollzG) der Anstaltsleiter; gem. § 156 III StVollzG (Art. 177 III BayStVollzG) kann er diese Aufgabe mit Genehmigung der Aufsichtsbehörde delegieren. Die grds. dem **Anstaltsleiter** zugewiesene Disziplinierungskompetenz soll das Verhältnis der übrigen Vollzugsbediensteten zu den Gefangenen entlasten und eine gleichmäßige Sanktionierung „aus einer Hand" gewährleisten. Wenn sich die Verfehlung gegen den Anstaltsleiter gerichtet hat, entscheidet gem. § 105 II StVollzG (Art. 112 II BayStVollzG) die Aufsichtsbehörde, da sonst Befangenheit zu befürchten wäre.

536 § 106 I StVollzG (Art. 113 I BayStVollzG) regelt die Einhaltung rechtsstaatlicher Erfordernisse im **Disziplinarverfahren** (Abs. 1 S. 1, 2): Gründliche Klärung des Sachverhalts; Anhörung des Gefangenen usw. Hierfür schreibt Art. 113 I 2 BayStVollzG vor, dass dem Gefangenen eröffnet wird, welche Verfehlung ihm zur Last gelegt wird und dass es

---

[306] Vgl. *Laubenthal*, Rn. 731, der aber darauf hinweist, dass in den meisten Landesgesetzen das Entweichen bzw. der Versuch des Entweichens ausdrücklich als Disziplinartatbestand normiert ist. In Bayern gibt es indes keine gesonderte Vorschrift. Einen Mitgefangenen, der von den Fluchtplänen erfährt, trifft keine Meldepflicht, OLG Frankfurt ZfStrVo 2001, 372 f.

[307] Zum Meinungsstand vgl. *Ostendorf* NStZ 2007, 315.

[308] Laubenthal/Nestler/Neubacher/Verrel/*Verrel* Kap. M Rn. 193 mwN.

[309] Vgl. AK-StVollzG/*Lindemann,* Teil II § 86 LandesR Rn. 11 f.

[310] Vgl. Kaiser/*Schöch*, Lehrbuch, § 8 Rn. 29.

ihm offenstehe, sich dazu zu äußern. Bei schweren Fällen soll der Anstaltsleiter gem. § 106 II StVollzG (Art. 113 II BayStVollzG) eine Konferenz (§ 159 StVollzG bzw. Art. 183 BayStVollzG) durchführen. Vor einer Disziplinierung eines in ärztlicher Behandlung befindlichen Gefangenen ist gem. § 106 II 2 StVollzG der Anstaltsarzt zu hören; das BayStVollzG hat auf diese Vorgabe verzichtet.

Nach der gem. § 106 III StVollzG bzw. Art. 113 III BayStVollzG **(mündlichen) Eröffnung** der Entscheidung und Übergabe der schriftlichen Begründung sollen gem. § 104 I StVollzG (Art. 111 I BayStVollzG) die Maßnahmen in der Regel **sofort vollstreckt** werden. Das hier deutlich werdende **„Beschleunigungsgebot"** soll dem mit der Disziplinarmaßnahme bezweckten Lernerfolg dienen; zieht sich das Disziplinarverfahren wegen eines vom Gefangenen nicht zu vertretenden langwierigen Rechtsschutzverfahrens unvertretbar lange hin, muss das Verfahren eingestellt werden[311]. **537**

Der Grundsatz sofortiger Vollstreckung bringt spezifische **Bedürfnisse vorläufigen Rechtsschutzes** mit sich, die durch die Möglichkeit der Aussetzung des Vollzugs der Maßnahme (§ 114 II 1 StVollzG) befriedigt werden können[312]. **538**

d) Quantitative Dimension

Disziplinarmaßnahmen spielen in der Praxis eine große Rolle. 2022 wurden in Bayern 7.169 Disziplinarmaßnahmen verhängt. Ländervergleiche sind indes schwierig zu bewerkstelligen, da die Zahlen nicht regelmäßig veröffentlicht werden und die Disziplinarmaßnahmen aus Gründen der Verfahrensvereinfachung seit 1997 nicht mehr in der Strafvollzugsstatistik erfasst werden. **539**

III. Entlassung und ihre Vorbereitung

1. Stellenwert dieser Vollzugsphase

Von großem Gewicht für die Wiedereingliederung der Gefangenen sind **Hilfen zur Entlassung** (§§ 74, 75 StVollzG bzw. Art. 79, 80 BayStVollzG) und **nach der Entlassung** (Art. 81 BayStVollzG). Beim Übergang in die Freiheit handelt es sich um eine besonders schwierige Phase. Ihrer Bewältigung dienen auch die in § 15 StVollzG (Art. 17 BayStVollzG) genannten Maßnahmen der „Entlassungsvorbereitung", **540**

---

[311] Vgl. OLG Hamburg NStZ 2004, 518 f.

[312] Vgl. auch BVerfG NStZ 2004, 223 ff.

nämlich Vollzugslockerungen, Verlegung in den offenen Vollzug und Sonderurlaub. Ebenfalls der Ermöglichung eines guten Starts dienen das Überbrückungsgeld (§ 51 StVollzG bzw. Art. 51 BayStVollzG) und die Regelungen des § 16 StVollzG (Art. 18 BayStVollzG) zum Entlassungszeitpunkt, die bewirken sollen, dass der Gefangene Gelegenheit hat, sich an Behörden, potentielle Arbeitgeber, Vermieter oder Hilfsorganisationen zu wenden. Sogar schon im bei Beginn der Haftzeit zu erstellenden Vollzugsplan sind gem. § 7 II Nr. 8 StVollzG die „notwendigen Maßnahmen zur Vorbereitung der Entlassung" zu berücksichtigen (ohne Entsprechung im BayStVollzG).

2. Einzelne Maßnahmen

541 Gem. § 74 StVollzG (Art. 79 BayStVollzG) ist „der Gefangene bei der Ordnung seiner persönlichen, wirtschaftlichen und sozialen Angelegenheiten zu beraten" (sprachlich etwas anders in Art. 79 BayStVollzG). Bedeutsam ist hier insbesondere die **Regulierung der oft immensen Schulden** (z.B. Umschuldung; Privatinsolvenz) und Hilfe bei der **Arbeitsplatz- und Wohnungssuche** (§ 74 S. 3 StVollzG bzw. Art. 79 S. 3 BayStVollzG). Es sind dem Gefangenen auch die für Sozialleistungen zuständigen Stellen zu nennen (§ 74 S. 2 StVollzG bzw. Art. 79 S. 2 BayStVollzG).

542 **Bewährungshilfe** wird gem. § 57 III 2 StGB in der Regel angeordnet, wenn „die verurteilte Person mindestens ein Jahr ihrer Strafe verbüßt (hat), bevor deren Rest zur Bewährung ausgesetzt wird"; dies schließt es nicht aus, dass auch bei kürzerer Verbüßungsdauer von der Strafvollstreckungskammer Bewährungshilfe angeordnet wird. **Führungsaufsicht** tritt „automatisch" gem. § 68f StGB ein bei Nichtaussetzung eines Strafrestes in Fällen einer mindestens 2-jährigen Freiheitsstrafe und außerdem in Bewährungsfällen bei oder nach freiheitsentziehenden Maßregeln der Besserung und Sicherung (vgl. § 67b II, § 67c I 2 und II 4, § 67d II 2 und V 2 StGB). Trotz Bedenken wegen der Koppelung von Kontrolle und Hilfe bei Bewährungshilfe und Führungsaufsicht sind beide Instrumente grds. nützlich für die Bewältigung der schwierigen Phase des Neubeginns in Freiheit.

543 Besondere Bedeutung kommt auch der Versorgung mit finanziellen Mitteln für die erste Zeit in Freiheit zu. Wie schon ausgeführt, wird zu diesem Zweck aus den Einnahmen des Gefangenen, die nicht in das Hausgeld gehören, zunächst ein (unpfändbares) **Überbrückungsgeld** gem. § 51 StVollzG bzw. Art. 51 BayStVollzG angespart. Dieses soll dem Gefangenen und seinen Unterhaltsberechtigten den Unterhalt für die ersten vier Wochen nach der Entlassung sichern. Das Überbrückungsgeld soll gem. VV 1 II zu § 51 StVollzG mindestens das 4-fache des monatlichen Sozialhilfesatzes betragen. Gem. § 51 IV StVollzG ist das Überbrückungsgeld wegen seiner unverzichtbaren Aufgabe einer materiellen Absicherung des Übergangs in Freiheit grds. unpfändbar (vgl. aber § 51 V StVollzG zu Unterhaltsansprüchen). Eine entsprechende Regelung fehlt im BayStVollzG, da insoweit keine Gesetzgebungskompetenz des Landes besteht. Gem. Art. 208 BayStVollzG gelten daher die Regelungen des § 51 IV, V StVollzG fort.

Wenn der Gefangene eine entsprechende Summe (aus Überbrü- **544**
ckungsgeld und Eigengeld) nicht ansparen kann oder aus sonstigen Gründen seine eigenen Mittel nicht ausreichen, erhält er gem. § 75 StVollzG (Art. 80 BayStVollzG) **Entlassungsbeihilfe**, nämlich Reisebeihilfe, Überbrückungsbeihilfe und erforderlichenfalls Kleidung. Für die Überbrückungsbeihilfe gelten die Sozialhilfesätze. Die Leistungen sind gem. § 75 III StVollzG (Art. 208 BayStVollzG) unpfändbar.

Noch wichtiger als eine finanzielle Ausstattung, die in kurzer Zeit **545**
aufgebraucht sein wird, ist das **Anbahnen von tragfähigen Kontakten** zum einen **persönlicher Art** und zum anderen im **Arbeitssektor**. Gem. § 15 I StVollzG (Art. 17 BayStVollzG) soll der Vollzug zur Vorbereitung der Entlassung gelockert werden (§ 11 StVollzG bzw. Art. 13 BayStVollzG). Eine optimale Kombination zum Zwecke des Trainings für die Freiheit und der beruflichen Etablierung stellt die Unterbringung im offenen Vollzug gem. § 15 II StVollzG (Art. 17 II BayStVollzG) bei gleichzeitiger Beschäftigung gem. § 39 I StVollzG (Art. 42 I BayStVollzG) als Freigänger in einem freien Beschäftigungsverhältnis dar. Zwischen den Anstalten und vor allem auch zwischen den Bundesländern bestehen bei der Handhabung des Freigangs große Unterschiede.

Es kann Gefangenen gem. § 15 III StVollzG (Art. 17 III **546**
BayStVollzG) in den letzten drei Monaten vor Entlassung insgesamt bis zu einer Woche **Sonderurlaub** gewährt werden (vgl. ferner § 124 StVollzG bzw. Art. 118 BayStVollzG zu Sozialtherapie). Freigängern können gem. § 15 IV StVollzG in den letzten neun Monaten vor Entlassung bis zu sechs Tage Sonderurlaub im Monat gewährt werden (systematisch anders, aber inhaltlich gleich Art. 14 IV BayStVollzG).

Allerdings wird der **Entlassungszeitpunkt** nicht von der Vollzugs- **547**
behörde bestimmt, wenngleich sie durch § 16 II, III StVollzG (Art. 18 II, III BayStVollzG) einen gewissen Spielraum hat, um dem Gefangenen die unmittelbar nach Entlassung erforderlichen Behördengänge zu ermöglichen. Die Strafzeitberechnung erfolgt durch die Vollstreckungsbehörde (gem. § 451 StPO die Staatsanwaltschaft bei Verurteilung nach allgemeinem Strafrecht). Obwohl über vorzeitige Entlassungen aufgrund Strafrestaussetzung gem. §§ 57, 57a StGB bekanntlich die Strafvollstreckungskammer entscheidet (§§ 462a, 454 StPO), muss die Vollzugsbehörde zunächst von ihren eigenen Einschätzungen der

vermutlichen Entlassungszeit ausgehen. Sie muss ihre **Entlassungsvorbereitungen vorausschauend planen** und hat zumeist noch keine Stellungnahme der Vollstreckungskammer zur Verfügung.

548 Nur für den sozialtherapeutischen Vollzug geregelt ist eine **Wiederaufnahme in den Vollzug** auf freiwilliger Grundlage zum Zwecke der „Krisenintervention" (§ 125 StVollzG bzw. Art. 120 BayStVollzG). Wie von den Anstalten berichtet wird, nehmen Gefangene dieses Angebot insoweit in Anspruch, als sie das Gespräch mit den früheren Bezugspersonen suchen (umstritten ist, ob Art. 120 BayStVollzG tatsächlich auch das Recht auf eine echte Wiederaufnahme i.S. einer Selbsteinweisung beinhaltet). Dass dies für die aus dem Normalvollzug Entlassenen nicht möglich ist, wird vielfach bedauert. Art. 81 BayStVollzG regelt aber die Möglichkeit einer **Hilfe nach Entlassung**. Darunter sind wohl einmalige Beratungsgespräche zu verstehen. Das heißt, der entlassene Gefangene kann sich in einer Konfliktsituation wieder für eine kurzfristige Unterstützung an die Anstalt wenden.

549 Nachfolgende **ambulante Betreuungsmöglichkeiten** (vgl. § 126 StVollzG bzw. Art. 119 BayStVollzG) bestehen in speziellen Wohneinrichtungen, die früher als Freigängerhäuser bezeichnet wurden. Unverkennbar herrschen im Bereich der Nachbetreuung und der Krisenintervention bei Entlassenen aber nach wie vor Defizite vor (vor allem im Bereich des Strafvollzugs, aber auch im Bereich der freien Träger der Straffälligenhilfe als Organisationen außerhalb des Strafvollzugs). Es gibt bei weitem nicht genug „Anlaufstellen" und Wohnheime für Strafentlassene. Begrüßenswert ist es daher, dass Bayern aktuell plant, das (bislang grobmaschige) Netz von Beratungsstellen für Strafentlassene auszubauen. Bislang gibt es als solche Einrichtungen nur zehn zentrale Beratungsstellen für ehemalige Häftlinge (in Augsburg, Ansbach, Aschaffenburg, Bamberg, München, Nürnberg, Regensburg, Rosenheim, Passau und Würzburg)[313]. Von einem „Entlassungsmanagement", wie es von den Behörden vollmundig propagiert wird, kann in der Praxis noch keine Rede sein.

---

313 Bayerischer Landesverband für Gefangenefürsorge und Bewährungshilfe e.V. (BayLGB) mit den Adressen der zentralen Beratungsstellen (https://www.baylgb.de/partner/).

C. Aktuelle Probleme des Strafvollzugs

I. Fehlende Arbeitsangebote

Eines der dringendsten Probleme des Vollzugs sind die fehlenden Arbeitsangebote. Nicht jedem Strafgefangenen kann derzeit ein Arbeitsplatz im Vollzug zugewiesen werden, selbst wenn dieser sogar eigentlich arbeiten will (ausführlich hierzu S. 98 ff.). Für viele Gefangene bedeutet Behandlungsvollzug, dass sie die Zeit überwiegend im Haftraum verbringen. Um Resozialisierung leisten zu können, müsste mehr Geld in die Bereitstellung von Arbeitsangeboten investiert werden, doch die Lobby für Gefangene ist nicht groß. **550**

II. Überbelegung

Die Qualität des Behandlungsvollzugs leidet im Fall von **Überbelegung**[314]. Gerade die ab 1992 zeitweise steil angestiegenen Gefangenenzahlen bedeuteten, dass Hafträume über die ohnehin nach Minimalstandards errechnete Kapazität hinaus belegt wurden. Dies ist unter Menschenwürdeaspekten bedenklich und führt unter den Gefangenen zu Konflikten. Des Weiteren sind die Mitarbeiter dann nicht nur mit erschwerten Arbeitsbedingungen konfrontiert, sondern haben zudem weniger Zeit, sich dem einzelnen Gefangenen zu widmen. Inzwischen ist die Zahl der Gefangenen allerdings seit Jahren rückläufig, so dass von einem Trend gesprochen werden kann. Von dem Idealzustand einer Einzelunterbringung in einem Haftraum zur Nachtzeit ist man gleichwohl noch weit entfernt (vgl. S. 84). Zudem täuscht der bloße Blick auf die Zahlen: Wenn die Belegungsquote unter 100% liegt, heißt das nicht, dass manche Abteilungen nicht doch überbelegt sind. Bspw. gibt es oft freie Kapazitäten im offenen Vollzug mangels (jedenfalls nach Einschätzung der Behörden) geeigneter Gefangener, die geschlossenen Abteilungen sind aber zeitgleich überbelegt. **551**

III. Hoher Ausländer- und Migrantenanteil

Darüber hinaus führt auch der hohe **Ausländeranteil** unter den Gefangenen zu Konflikten im Anstaltsleben (Zahlenmaterial S. 95). Die Verständigungsschwierigkeiten komplizieren den täglichen Umgang **552**

---

[314] Vgl. *Dünkel/Kunkat*, NK 1997, 28 f.

und behindern den Resozialisierungsvollzug, der auf Kommunikation aufbaut. Art. 40 II BayStVollzG sieht verpflichtenden Deutschunterricht vor, sofern die Gefangenen der deutschen Sprache nicht ausreichend mächtig sind. Zudem müssen die Gefangenen an Integrationskursen teilnehmen, wenn sie Integrationsdefizite aufweisen. Nicht beurteilt werden kann, inwieweit diese gesetzlichen Vorgaben in der Praxis tatsächlich umgesetzt werden. Darüber hinaus bereiten nationale oder ethnische Gruppenbildungen mit den daraus resultierenden Abkapselungen und Frontstellungen Probleme – zu denken ist etwa an Konflikte zwischen **Aussiedlern** (Russlanddeutschen) und Türken. Zudem läuft die bei vielen ausländischen Gefangenen bevorstehende Ausweisung darauf hinaus, dass weniger behandelt als verwahrt wird[315]. Die Entlastung des Vollzugs von später ohnehin abzuschiebenden Gefangenen ist über ein **„Absehen von Vollstreckung"** gem. § 456a StPO möglich. Dies bedeutet, dass bei zeitiger Freiheitsstrafe die Vollstreckung nach Verbüßung der Hälfte der Strafe unterbrochen und der Gefangene in das Heimatland ausgeliefert oder ausgewiesen wird[316]. Der insbesondere bei längeren Freiheitsstrafen vorzugswürdige **Vollstreckungstransfer**, also die Strafverbüßung im Heimatland, scheitert oft an inländischen wie ausländischen Hemmnissen – etwa einer fehlenden Zustimmung des Gefangenen oder seines Heimatlandes[317].

IV. Drogen

553 Die **drogenabhängigen Strafgefangenen**, die trotz ihrer Therapiebedürftigkeit überwiegend im Normalvollzug untergebracht sind, sind „zu einem der drängendsten Probleme der aktuellen Vollzugsausgestaltung geworden"[318]. Diese schon 1992 vorgenommene Einschätzung der Lage hat sich zwischenzeitlich eher noch zugespitzt. Teilweise gewinnt man heute den Eindruck, dass von Suchtabhängigkeit betroffene Gefangene eher die Regel als die Ausnahme darstellen und man gar nicht mehr von Sonderfällen sprechen kann. Grds. gehören zu dieser Sonderpopulation nicht nur die Drogentäter, die wegen Verstößen gegen das BtMG verurteilt sind, sondern auch sonstige Delinquenten, insbesondere wenn sekundäre

---

[315] Vgl *Böhm*, FS H.J. Schneider, 1998, S. 1013 (1028 ff.); *J. Walter*, NK 2003, 10 (11 f.).

[316] Ausführlich *Giehring*, FS StA Schlewig-Holstein, 1992, S. 475 ff., 501 ff.; *Bammann*, JA 2001, 95 ff.

[317] *Rolinski*, FS Lenckner, S. 828 ff.; *Laubenthal*, FS Böhm, S. 317 ff.; *Schwind*, FS Böhm, S. 358 f.; ferner OLG Hamm StV 2001, 523 f.; *Baechtold*, ZStr 2000, 265 f.

[318] *Kaiser/Kerner/Schöch*, Strafvollzug, 4. Aufl., 1992, § 17 Rn. 54.

Beschaffungsdelikte (Eigentums- und Vermögensdelikte) der Verurteilung zugrunde liegen. Hinzu kommen Gefangene, die während der Inhaftierung drogenabhängig wurden, sei es in Reaktion auf die psychische Belastung durch den Vollzug, sei es infolge des Kontakts mit der anstaltsinternen Drogensubkultur[319]. Das **Zahlenmaterial** ist alarmierend: Bei 41% der 56.736 erfassten Inhaftierten am Stichtag 31.3.2021 wurde eine stoffgebundene Suchtproblematik (Abhängigkeit und Missbrauch) zum Zeitpunkt des Haftantritts festgestellt. Bei 27% der Inhaftierten ist von einer Abhängigkeit und bei 14% von schädlichem Gebrauch (Missbrauch) psychotroper Substanzen, einschließlich Alkohol, auszugehen[320]. Die Drogenproblematik zermürbt aktuell beide Seiten: Die Bediensteten, die ständig hintergangen werden, und die suchtkranken Gefangenen. Wie soll mit Strafgefangenen an einem Behandlungskonzept gearbeitet werden, die ihre Energie nur darauf verwenden, an den nächsten „Schuss" zu kommen?

Drogenfreie Anstalten? 554

Die Drogen gelangen z.B. durch Besucher, durch Mitbringen aus Lockerungen (bspw. als sog. „Bodypack" – also Drogen, die in einem Kondom verpackt, verschluckt oder in Körperöffnungen versteckt werden) oder auch durch korrupte Beamte in die Anstalten. Es wäre eine Illusion zu hoffen, man könnte Anstalten drogenfrei halten. Zu erfinderisch sind die Gefangenen und zu groß der Kontrollaufwand321. Schließlich sind vor allem Vollzugslockerungen ein wichtiger Baustein des Behandlungskonzepts. Jede Lockerung beinhaltet aber auch die Gefahr des Missbrauchs. Mit Drogensuchhunden werden zwar die Hafträume regelmäßig durchsucht, doch die Tiere ermüden schnell bzw. können eben erst in die Tasche gesteckte Drogen (etwa bei der Rückkehr vom Ausgang), die ihren Geruch noch nicht entfaltet haben, nur schwer erschnüffeln. Ein Problem bereiten zudem Kräutermischungen, deren Konsum mit Urintests (noch) nicht

---

[319] Vgl. *Kaiser/Kerner/Schöch*, 1992, § 17 Rn. 55 für Baden-Württemberg; *Kreuzer*, Drogenabhängige im Strafverfahren und Strafvollzug, in: Drogen und Strafjustiz, hrsg. von Reindl/Nickolai, 1994, S. 44 f. und *Kreuzer/Schäfer/Schoppe*, Handb. des Betäubungsmittelstrafrechts, 1998, § 4 Rn. 40.

[320] Jährliches Fact-Sheet zur stoffgebundenen Suchtmittelabhängigkeit in bundesdeutschen Strafvollzugsanstalten, 2021.

[321] Die Durchsuchung mit Entkleidung ist eine der Möglichkeiten, Drogenschmuggel zu verhindern. Als schwerwiegender Eingriff in das Persönlichkeitsrecht darf sie aber nicht routinemäßig, unabhängig von fallbezogenen Verdachtsgründen, durchgeführt werden; BVerfG NStZ-RR 2013, 324. Art. 91 III BayStVollzG ist indes weitergefasst (vgl. S. 167).

nachzuweisen ist. Schwer nachweisbar sind auch synthetische Cannabinoide („Spice"). Hier sollen Drogenscanner Abhilfe schaffen. Die Geräte erkennen nicht nur synthetische Cannabinoide, sondern auch andere Betäubungsmittel, darunter Cannabis oder Kokain. Wenn ein Papier mit Drogen getränkt sei, leuchtet ein rotes Alarmsignal auf. Die mit Drogen beschichteten Papiere werden von Insassen zerkleinert, in Zigaretten eingemischt und geraucht. Neuerdings werden auch mit ferngesteuerten Drohnen Drogenpakete (und andere Schmuggelware) auf das Gelände der Anstalten eingeflogen. In Bayern wurden nach Auskunft des Justizministeriums 2023 bis Mitte November fünf Drohnenflüge über oder nahe von Anstalten registriert. In acht JVAs sind inzwischen Drohnenabwehrsysteme installiert, die Netze verschießen und so die Rotoren einer Drohne blockieren sollen. Bislang konnte aber noch keine Drohne erfolgreich abgeschossen werden. Andere Anstalten erwägen das Spannen von Netzen über den Außenbereichen.

555 Die negativen **Folgen des Drogenkonsums** der Gefangenen sind immens[322]:

- Verfestigt sich die Drogenabhängigkeit im Vollzug, bedeutet dies eine entsprechende Rückfallgefährdung nach der Entlassung.
- Im Vollzug führt die Abhängigkeit von harten Drogen durch „needle sharing" zu einem hohen Infektionsrisiko (Hepatitis, HIV).
- Der Gefangene verschuldet sich im Vollzug und wird durch die Abhängigkeit von anderen Gefangenen Teil der „Subkultur".
- Die ständige Konfrontation mit der Anstalt wegen der Kontrollmaßnahmen wirkt resozialisierungshemmend.
- Resozialisierungsfördernde Maßnahmen (Lockerungen, Besuch) werden für alle Gefangenen wegen erforderlicher Kontrollmaßnahmen erschwert.

556 Ein überzeugendes Programm zur Bekämpfung des Drogenproblems im Strafvollzug ist trotz des getätigten Kontrollaufwands nicht in Sicht. Detaillösungen wie die Ausgabe von sauberen Spritzen zum Zwecke einer Eindämmung der Ansteckungsgefahren des „needle sharing" sind trotz praktischer Bewährung umstritten, da dadurch ein irritierend widersprüchliches Signal einer gewissen Kooperation im Felde verbotenen Drogenkonsums gegeben würde[323]. Sehr hilfreich in diesem Zusammenhang kann eine **Substitutionsbehandlung** mit Methadon für abhängige

---

[322] *Streng*, Strafrechtliche Sanktionen, Rn. 267.

[323] Vgl. etwa *Kreuzer/Schäfer/Schoppe*, Handbuch des Betäubungsmittelstrafrechts, 1998, § 21 Rn. 39 ff.

Strafgefangene sein; bundesweit ist aber diesbezüglich eine äußerst uneinheitliche Praxis festzustellen[324]. Nach h.M. stellt die Substitution nicht nur eine ärztliche Maßnahme dar, sondern auch eine Maßnahme des Vollzugs, die sich an den Vollzugsaufgaben und -zielen zu orientieren hat. Argument der Anstalten ist, dass die Substitution der Resozialisierung zuwiderlaufe, da es Ziel sein müsse, dass der Gefangene gänzlich drogenfrei werde. Doch diese Sichtweise ist überholt; die Abstinenzorientierung steht der Resozialisierung eher im Wege[325]. Die Langzeitsubstitution kann vielmehr für den Gefangenen durchaus eine Chance sein, künftig ein straffreies Leben zu führen, da er von dem Beschaffungszwang befreit wird. Die nach wie vor sehr rigide Ablehnung des bayerischen Strafvollzugs zur Versorgung drogenabhängiger Gefangener mit Substituten ist angesichts des Elends dieser Gefangenen daher nicht nachvollziehbar. Doch inzwischen werden auch in Bayern etliche Gefangene substituiert. Dieses gewisse Umdenken hat aber keineswegs freiwillig eingesetzt, sondern war Folge einer richtungsweisenden Entscheidung des EGMR (StV 2018, 619)[326]:

Fall („Substitution", EGMR StV 2018, 619): Der 1955 geborene Gefangene W. ist seit seinem 17. Lebensjahr heroinabhängig, seit 1975 leidet er an Hepatitis C und seit 1988 ist er HIV-positiv. Er ist zu 100% als schwerbehindert eingestuft und bezieht seit 2001 eine Erwerbsunfähigkeitsrente. Mehrere Versuche, seine Heroinabhängigkeit zu überwinden, scheiterten. Von 1991 bis 2008 wurde er mit einer Drogensubstitutionstherapie behandelt. 2008 wurde gegen ihn wegen des Verdachts des Drogenhandels Untersuchungshaft angeordnet. Er kam in die JVA Kaisheim, wo seine Substitutionsbehandlung gegen seinen Willen unterbrochen wurde. Am 3.6.2009 verurteilte ihn das LG Augsburg wegen Handels mit Betäubungsmitteln zu einer Freiheitsstrafe von drei Jahren und sechs Monaten. Diese Strafe verbüßte er ebenfalls in der JVA Kaisheim. W. beantragte erneut die Behandlung seiner Heroinsucht mithilfe einer Drogensubstitutionstherapie: die JVA lehnte den Antrag am 16.1.2012 ab, weil eine solche Behandlung weder aus medizinischer Sicht erforderlich noch eine geeignete Maßnahme zur Resozialisierung sei. Das LG Augsburg bestätigte diesen Bescheid, die Rechtsbeschwerde des Gefangenen verwarf das OLG München daraufhin als unbegründet und 557

[324] *Körner/Patzak/Volkmer*, BetäubungsmittelG, 9. Aufl. 2019, Vorbemerkungen zu §§ 29 Rn. 496 ff.; AK-StVollzG/*Stöver*, Teil VII Kap. 4 Rn. 74.

[325] Ausführlich hierzu AK-StVollzG/*Stöver*, Teil VII Kap. 4 Rn. 70 ff.

[326] Vgl. auch BVerfG NStZ-RR 2024, 61 zur Verpflichtung der JVA Kaisheim zur Substitution.

am 10.4.2013 lehnte es das BVerfG ohne Angabe von Gründen ab, seine Verfassungsbeschwerde zur Entscheidung anzunehmen. Der EGMR entschied, dass hier ein Verstoß gegen Art. 3 EMRK gegeben sei. Art. 3 EMRK (Verbot der Folter) verpflichtet die Konventionsstaaten sicherzustellen, dass ein Gefangener unter Bedingungen festgehalten wird, die mit der Achtung seiner Menschenwürde vereinbar sind, dass Art und Vollzug der Haft nicht über das mit einer Haft unvermeidbar verbundene Maß an Leiden hinausgeht und dass seine Gesundheit und sein Wohlbefinden unter Berücksichtigung der Erfordernisse der Haft angemessen gewahrt werden, indem er u.a. notwendige und angemessene medizinische Hilfe und Behandlung erhält. Dies war hier nicht gewährleistet.

558 Das Urteil bedeutet aber nicht, dass nun allen drogenabhängigen Gefangenen eine Substitutionsbehandlung angeboten werden muss. Vielmehr ging es in diesem Fall darum, dass bei dem Gefangenen eine bereits viele Jahre laufenden Behandlung ohne medizinischen Grund abgebrochen wurde. Das BayObLG (NStZ 2020, 109) hat daher in der Folge in einem weiteren Fall entschieden, dass Gefangene keinen grundsätzlichen Anspruch auf Aufnahme einer Substitutionsbehandlung haben.

559 **Therapieerfolg**

Die Behandlung von Suchtkranken ist typischerweise von Misserfolgen gekennzeichnet. Daraus darf jedoch nicht auf die Sinnlosigkeit künftiger therapeutischer Bemühungen geschlossen werden. Allein die Rückfallgefahr in die Sucht begründet nicht die Annahme konkreter Gefahrenumstände, die einen Ausschluss jedweder Lockerungen rechtfertigten (OLG Schleswig NStZ 2010, 436).

V. Gewalt unter Gefangenen

560 **Fall** („Siegburg"): In der JVA Siegburg wurde 2007 ein 20-jähriger Gefangener über 12 Stunden von seinen Mitgefangenen in einer Gemeinschaftszelle brutalst gequält, vergewaltigt und letztlich ermordet. Während dieser Quälerei gelang es dem Opfer, einen Rufknopf in der Zelle zu drücken und damit das Aufsichtspersonal zu alarmieren. Die Täter beteuerten über eine Sprechanlage, dass sie den Schalter nur versehentlich berührt hätten. Später wurde die Zelle dann sogar von einem Aufseher betreten, nachdem sich andere Häftlinge über Lärm beschwert hatten. Der Beamte habe aber keinen Verdacht

geschöpft, sagte der ermittelnde Staatsanwalt. Der 20-Jährige lag im Bett und „war wohl schon derart misshandelt, dass er nicht mehr zu irgendwelchen rationalen Handlungen fähig war“. Die zur Tatzeit jugendlichen bzw. heranwachsenden Täter wurden vom LG Bonn zu Jugend- bzw. Freiheitsstrafen von 10, 14 und 15 Jahren verurteilt.

Ein altes Problem, das kurzzeitig verstärkt ins Bewusstsein der Öf- **561**
fentlichkeit gelangte, ist Gewalt im Gefängnis, nämlich der Gefangenen untereinander. Inzwischen gibt es Studien zum Umfang dieser Gewaltausübung[327]. Dabei handelt es sich um Befragungsstudien, die angesichts einzukalkulierender Verschweigetendenzen das tatsächliche Ausmaß nur erahnen lassen. Gewaltausübung ist im Vollzug sehr viel mehr als im normalen Leben in Freiheit ein wesentliches Element im Herstellen von Rangordnungen sowie im Erlangen von Privilegien, Macht und Einfluss. Mit Gewalt oder Gewaltdrohung werden Tabak, Kaffee oder auch sexuelle Dienstleistungen abgezwungen. Wird man Opfer von Gewalt, will man aus Angst vor weiteren Taten niemanden denunzieren oder schämt sich bspw. als Mann, zuzugeben, dass man von einem anderen Mann vergewaltigt wurde. Man sei in der Dusche ausgerutscht, ist eine klassische Ausrede. Anwälte berichten, dass sie ihren Mandanten nicht empfehlen, von der Kronzeugenregelung des § 31 BtMG Gebrauch zu machen, da sie dann zwar mit Strafmilderung rechnen können, im Vollzug aber laufend Repressalien ausgesetzt sind. Dies gehe so weit, dass die Gefangenen zum Haftantritt den Mitgefangenen ihr Strafurteil vorlegen müssen, damit überprüft werden kann, ob die Strafmilderungsvorschrift zur Anwendung kam.

Dies bedeutet, dass Rückfallprävention durch Verhängen von Straf- **562**
vollzug sich sehr begrenzt auswirkt, denn man schützt für die Vollzugsdauer zwar die Gesellschaft, aber nicht die Gefangenen voreinander. Ein amerikanischer Strafgefangener gab zu Protokoll: „*The worst thing about prison is you have to live with other prisoners*“[328]. Einzelunterbringung ist daher dringend vonnöten. Übergriffe von Gefangenen auf JVA-Mitarbeiter sind dagegen eher selten. Eine **Einzelfallauswertung** für das Jahr 2018 ergab, dass 46 Tätlichkeiten (in 31 Fällen von Strafgefangenen und in 15 Fällen von Untersuchungsgefangenen) begangen wurden[329].

---

[327] *Bieneck/Pfeiffer*, Viktimisierungserfahrungen im Strafvollzug, 2012; *Neubacher*, Gewalt unter Gefangenen, NStZ 2008, 361; *Ernst*, MschrKrim 2010, 16; *NeubacherOelsner/Boxberg/Schmidt*, BewHi 2011, 133.

[328] Zit. nach *Neubacher*, Gewalt hinter Gittern, 2008, S. 21.

[329] Vgl. Drs. des Bay. Landtags 18/4320 v. 20.12.2019, S. 5.

VI. Langstrafenvollzug und alte Gefangene

563 Der Langstrafenvollzug ist ein „Wachstumsmarkt“. Mit der Kriminalitätsentwicklung ist dieser Prozess nicht zu erklären, eher mit der Bereitschaft, höhere Strafen zu verhängen und Strafrestaussetzung restriktiver anzuwenden[330]. Dieser Vollzug stellt hohe Anforderungen an die Infrastruktur[331]. Eng mit diesem Problemkreis verbunden ist das Phänomen des demographischen Wandels im Strafvollzug: Die Anzahl der Gefangenen nimmt ab, das Durchschnittsalter der Gefangenen aber steigt. Die Anstalten müssen sich auf diese Klientel einstellen. Teilweise werden eigene Abteilungen für Rentner (JVA Waldheim in Sachsen) mit seniorengerechten Hafträumen eingerichtet. Die JVA Singen (Außenstelle der baden-württembergischen JVA Konstanz) ist gänzlich auf Strafgefangene ab 62 Jahren spezialisiert. Hier wird spezielle Ernährung und ein Mehr an medizinischer Versorgung geboten. Derzeit entsteht auch in Bayern in Marktredwitz eine Anstalt mit einer geriatrischen Abteilung mit 24 Plätzen für ältere Gefangene.

VII. Ersatzfreiheitsstrafe

564 Im Juni 2022 beruhte in 4.411 Fällen (in Bayern 636 Fälle) der Freiheitsentzug auf einer uneinbringlichen Geldstrafe, die als Ersatzfreiheitsstrafe verbüßt werden muss. Dies bringt Belastungen für die Strafvollzugsanstalten mit sich. Die zusätzlichen Kosten belaufen sich auf ca. 9 Mio. € im Jahr[332]. Da die Anstalten schon genug damit zu tun haben, sich um ihre eigentliche „Klientel“ zu kümmern, werden diese Gefangenen für die Dauer ihres Vollzugs nur verwahrt. Zu Zeiten der Corona-Pandemie wurden die Ersatzfreiheitsstrafen zeitweise nicht mehr vollstreckt und den Anstalten brachte dies eine deutlich spürbare Erleichterung (S. 81). Vermeidungsstrategien durch gemeinnützige Arbeit („Schwitzen statt Sitzen“) oder Überwachung durch den Einsatz einer elektronischen Fußfessel müssten dringend weiter ausgebaut werden. Flankierend hierzu wurde der **Umrechnungsschlüssel** in § 43 StGB verändert. Zwei Tagessätze einer Geldstrafe entsprechen seit 2024 einem Tag Ersatzfreiheitsstrafe[333]. Das heißt, die Aufenthaltsdauer im Vollzug wurde halbiert.

---

[330] *Müller,* Forens Psychiol Kriminol 2011, 100 ff.

[331] *Drenkhahn*, Langstrafenvollzug und Menschenrechte – Ergebnisse einer internationalen Untersuchung, 2009.

[332] *Dünkel/Flügge/Lösch/Pörksen,* ZRP 2010, 175.

[333] Vgl. Gesetz zur Überarbeitung des Sanktionenrechts BGBl. 2023 I Nr. 203 v. 2.8.2023.

D. Besondere Arten des Vollzugs

I. Jugendstrafvollzug

1. Rechtlicher Rahmen

Das **StVollzG galt grds. nicht für den Jugendstrafvollzug** und dennoch hatte der Bundesgesetzgeber kein JugendstrafvollzugsG geschaffen. Die eigentliche **gesetzliche Grundlage** für den Jugendstrafvollzug fand sich in §§ 91, 92 a.F. JGG. Eine in § 115 JGG gegebene Ermächtigung zum Erlass von Rechtsverordnungen für den Bereich der Jugendstrafe hatte der Bund nicht genutzt. Vielmehr waren zum 1.1.1977 von den Justizverwaltungen der Länder bundeseinheitlich die „Verwaltungsvorschriften zum Jugendstrafvollzug (VVJug)" in Kraft gesetzt worden; die neueste Fassung stammte aus dem Jahre 1999. Die **VVJug** lehnten sich an das StVollzG an[334]. **565**

Mit Urteil vom 31.5.2006 stufte das BVerfG das Fehlen einer umfassenden gesetzlichen Regelung des Jugendstrafvollzugs aber als verfassungswidrig ein und setzte eine Übergangsfrist bis Ende 2007 für die **Schaffung von Jugendstrafvollzugsgesetzen** bzw. entsprechender Regelungen in allgemeinen Strafvollzugsgesetzen[335]. Das BVerfG gab den Gesetzgebern einen umfangreichen Pflichtenkatalog vor, in welchem der **Vorrang des Vollzugsziels der „sozialen Integration"** festgeschrieben wurde. Die hier skizzierte legislatorische Aufgabe wurde infolge der Streichung des Strafvollzugs in Art. 74 I Nr. 1 GG (konkurrierende Gesetzgebung) durch die **Föderalismusreform** Sache der Bundesländer[336]. Diese haben entsprechende Gesetze in Kraft gesetzt. Dadurch ist eine leider einigermaßen unübersichtliche Rechtslage entstanden[337], die nur wenig dadurch entschärft wird, dass zehn Bundesländer auf der Grundlage gemeinsamer Vorbereitung immerhin weitgehend ähnliche Jugendstrafvollzugsgesetze geschaffen haben[338]. Wie einige andere **566**

---

[334] Zum Ganzen *Dünkel/Walkenhorst/Walter*, Jugendstrafvollzugsgesetze der Länder, 2015; *Ostendorf*, ZJJ 2015, 112 ff.

[335] Vgl. BVerfGE 116, 69 ff.; dazu *Streng*, Jugendstrafrecht, Rn. 502 ff.

[336] BGBl. 2006, I, S. 2034 (2035).

[337] *Streng*, Jugendstrafrecht, Rn. 504 mwN.

[338] Dies gilt für Berlin, Brandenburg, Bremen, Mecklenburg-Vorpommern, Rheinland-Pfalz, Saarland, Sachsen, Schleswig-Holstein, Thüringen und (eingeschränkt) Sachsen-Anhalt. Eigenständige Jugendstrafvollzugsgesetze haben Baden-Württemberg, Hessen und Nordrhein-Westfalen erlassen. Im Rahmen von umfassenden Strafvollzugsgesetzen (sog. Kombigesetzen) ist in Bayern und Niedersachsen der Jugendstrafvollzug jeweils in einem besonderen Kapitel geregelt,

Länder auch, hat Bayern seine Regelungen zum Jugendstrafvollzug in ein sog. **Kombi-Gesetz** eingefügt, nämlich in die **Art. 121–158 BayStVollzG**. Eine Gruppe von Fachleuten und -organisationen unter Federführung der Deutschen Vereinigung für Jugendgerichte und Jugendgerichtshilfen (DVJJ) hatte im Vorfeld einen Katalog von „Mindeststandards für den Jugendstrafvollzug" veröffentlicht, die aber von keinem Gesetz erreicht werden.

567 Einen **Rechtsweg** gegen Maßnahmen der Strafvollzugsbehörde (sog. Justizverwaltungsakte) gaben für den Jugendstrafvollzug herkömmlich die §§ 23 ff. EGGVG. Seit dem 2. JGGÄndG vom Dezember 2007 enthält der neu gefasste **§ 92 JGG** die maßgeblichen Regelungen zum Rechtsschutz[339], die sich gem. § 92 I 2 JGG an die Regelungen der §§ 109 ff. StVollzG anlehnen. Gegen eine Vollzugsmaßnahme kann der von ihr betroffene Gefangene oder sonst ein Betroffener **Antrag auf gerichtliche Entscheidung bei der Jugendkammer** beim Landgericht stellen, in dessen Bezirk die beteiligte Vollzugsbehörde ihren Sitz hat (§ 92 II JGG)[340]. Wird eine Jugendstrafe an einem Jugendlichen, der das 18. Lebensjahr vollendet hat und sich nicht für den Jugendvollzug eignet, im Erwachsenenvollzug vollzogen (vgl. § 89b I JGG), gelten einige Vorgaben des § 92 JGG nicht (vgl. Abs. 6). Dasselbe gilt für einen nach Jugendstrafrecht verurteilten Täter, der das 24. Lebensjahr vollendet hat.

568 Gem. § 92 I 1 JGG gilt für den Rechtsschutz von **im Maßregelvollzug** untergebrachten Jugendlichen gleichermaßen die Anwendung von §§ 109 ff. StVollzG.

Jugendvollzug in Bayern

Am 31.3.2023 befanden sich 336 männliche und 16 weibliche Gefangene im Jugendstrafvollzug[341]. Erfreulicherweise ist im Jugendstrafvollzug seit 2005 keine Überbelegung mehr zu registrieren. Für den Vollzug von Jugendstrafe stehen in Bayern die drei Jugendstrafanstalten Laufen-Lebenau, Neuburg-Herrenwörth und Ebrach sowie für weibliche Verurteilte eine Jugendabteilung der JVA Aichach zur Verfügung. Nach einer im Jahre 2022 durchgeführten Erhebung kann davon ausgegangen werden, dass nur etwa 60% der Jugendstrafgefangenen eine abgeschlossene Schulbildung und etwa 6% eine abgeschlossene Berufsausbildung besitzen. Knapp drei Viertel der jungen Gefangenen waren vor der Inhaftierung beschäftigungslos. Derzeit

---

während in Hamburg die Sonderregelungen für Jugendvollzug über das ganze Gesetz verstreut im jeweiligen Sachzusammenhang zu finden sind.

339 Zur Zuständigkeit des Bundes vgl. BT-Drs. 16/6293, S. 8. 05 ff.

340 Kritisch *Meier*, RdJB 2007, 141 (153); vgl. *Dünkel*, NK 2008, 2 (3 f.).

341 Strafvollzugsstatistik in Bayern 2023.

stehen 366 Ausbildungsplätze im Jugendstrafvollzug zur Verfügung. Die Beschäftigungslage im Jugendstrafvollzug ist besser als im Normalvollzug; fast alle Gefangenen arbeiten oder werden ausgebildet.

Quelle: https://www.justiz.bayern.de/justizvollzug/justizvollzug-in-bayern/wir-ueber-uns/

2. Strafvollzugsrechtliche Grundlagen

Schon das **Vollzugsziel** wird in den neuen Jugendstrafvollzugsgeset- **569**
zen nicht ganz einheitlich definiert. Vorherrschende Programmatik ist, dass der Vollzug den Gefangenen dazu befähigen soll, „in sozialer Verantwortung ein **Leben ohne Straftaten** zu führen". Regelmäßig verknüpft ist dies mit der weiteren Aufgabe, dass „der Vollzug der Jugendstrafe dem Schutz der Allgemeinheit vor weiteren Straftaten" dient. Damit wird – gerade auch in dieser Reihenfolge – die doppelte Zielsetzung des bisher für den Erwachsenenvollzug maßgeblichen § 2 StVollzG reproduziert.

Ähnlich wie für den Erwachsenenvollzug wählte der **bayerische Ge- 570**
setzgeber andere Schwerpunktsetzungen: In Art. 121 S. 1 BayStVollzG wird der „Schutz der Allgemeinheit" zum Ziel des Strafvollzugs erklärt. S. 2 definiert anschließend einen „Erziehungsauftrag" mit dem weitgehenden Ziel, dass der Gefangene „künftig einen rechtschaffenen Lebenswandel in sozialer Verantwortung" führen solle. Ob der Schutzvorrang in Art. 121 BayStVollzG dem § 2 I 2 JGG entspricht, der verlangt, dass „die Rechtsfolgen … vorrangig am Erziehungsgedanken auszurichten" sind, erscheint genauso zweifelhaft wie die Vereinbarkeit mit dem vom BVerfG für den Jugendstrafvollzug vorgeschriebenen Prinzip des Schutzes der Gesellschaft durch soziale Integration[342]. Außerdem ist zu befürchten, dass resozialisierungsrelevante Entscheidungen über Lockerungen erschwert werden.

In den neuen Jugendstrafvollzugsgesetzen finden sich betreffend In- **571**
halt und Umfang sehr unterschiedliche **Vorgaben für die Erfüllung des Erziehungsauftrags**. Erwähnenswert ist in diesem Zusammenhang § 2 II JVollzGB IV (Jugendstrafvollzug) des Landes Baden-Württemberg, der im Rahmen eines umfangreichen Katalogs u.a. eine Erziehung „*in der Ehrfurcht vor Gott, im Geiste der christlichen Nächstenliebe, … in der Liebe zu Volk und Heimat*" usw. vorsieht – nicht nur angesichts

[342] Zu letzterem *Goerdeler/Pollähne*, ZJJ 2006, 250 (252); *Tondorf/Tondorf*, ZJJ 2006, 241 (244).

der großen Anzahl von (muslimischen) Migranten in den Vollzugsanstalten eine recht befremdliche Zielsetzung[343]. Bayern tat gut daran auf eine vergleichbare Regelung zu verzichten.

572 Beim Vollzug der Jugendstrafe an Minderjährigen ist der Aspekt der **Elternrechte** zu beachten. Wichtig erscheint, dass man angesichts der Garantie des Art. 6 II GG die Eltern auch bei der Planung der schulischen und beruflichen Ausbildung zu beteiligen hat. Entsprechendes gilt für die Durchführung weitreichender therapeutischer Maßnahmen. Eine angemessene Wahrung von Elternrechten i.S. der Personensorge wird aber durch die spezifische Situation des Freiheitsentzugs behindert. Da der Gefangene ganz unter unmittelbarer Kontrolle der Vollzugsbehörde und des Jugendrichters als Vollstreckungsleiter steht, haben die Eltern von vornherein nur geringe Einwirkungsmöglichkeiten. In den meisten Ländern ist die **Mitwirkung der Personensorgeberechtigten** in pauschaler Form vorgesehen. Art. 130 II BayStVollzG regelt sie im Zusammenhang mit der Vollzugsplanung als bloßes Anregungs- und Informationsrecht. Zudem ist für minderjährige Gefangene ein spezielles Besuchsverbot oder ein Verbot des Schriftwechsels geregelt, welches Bedenken der Personensorgeberechtigten gegen bestimmte Kontaktpersonen umsetzt (Art. 144 II, VI BayStVollzG).

573 Einige **erziehungsmotivierte Einschränkungen** der Rechtsstellung von Jugendstrafgefangenen im Vergleich zum Erwachsenenvollzug regeln die Jugendstrafvollzugsgesetze für Bereiche, in denen eine Ausübung von Erziehungsrechten der Eltern unrealistisch erscheint und obendrein das Anliegen eines auf Kriminalprävention ausgerichteten Strafvollzugs betroffen ist. So können die Genehmigung eines eigenen Fernsehgerätes und die **Zulassung elektronischer Medien** erziehungsorientiert eingeschränkt werden (Art. 152 II BayStVollzG). Problematisch erscheint hingegen die in den Landesgesetzen gerade für Jugendstrafgefangene normierte **Verpflichtung zur Mitwirkung** bei der Erfüllung des Erziehungsauftrags (Art. 123 II BayStVollzG). Es ist schwer einzusehen, weshalb man damit von dem bewährten Muster des § 4 I StVollzG (Art. 6 I BayStVollzG) abweicht und in einem Teil der Länder damit die jungen Gefangenen in wenig hilfreicher Weise sogar unter den Druck von Disziplinarmaßnahmen setzt[344].

574 Die Landesgesetze zum Jugendstrafvollzug bestimmen, dass die Jugendstrafe in besonderen Jugendstrafanstalten (Art. 166 I BayStVollzG)

---

[343] Heftige Kritik daran bei *Dünkel/Pörksen*, NK 2007, 55.

[344] *Streng*, Jugendstrafrecht, Rn. 511.

oder in getrennten Abteilungen einer Erwachsenenvollzugsanstalt vollzogen wird[345]. Diese Konkretisierung des **Trennungsprinzips,** wonach die jungen Gefangenen von den nach Allgemeinem Strafrecht Verurteilten fernzuhalten sind[346], dient einer Verhinderung „krimineller Ansteckung“ durch in der kriminellen Karriere weiter fortgeschrittene ältere Gefangene und soll Übergriffe der Älteren auf die Jüngeren unterbinden. Dieser Trennungsgrundsatz wird aber nur für männliche Gefangene weitgehend kompromisslos realisiert[347]. Zum einen ist die Zahl der verurteilten jungen Frauen für Sonderanstalten oder auch nur Sonderabteilungen zu niedrig; zum anderen erscheint die Gefährdung der jungen Gefangenen durch ältere Mitgefangene im Frauenvollzug weniger gravierend. Auch für männliche Jugendstrafgefangene wird in den Gesetzen vielfach eine Möglichkeit zu gemeinsamer Aus- und Fortbildung zusammen mit anderen Gefangenen eröffnet. Rigider ist das Trennungsprinzip angesichts des klaren Wortlauts von Art. 166 I BayStVollzG für Bayern geregelt.

Das Trennungsprinzip wird durch die Regelungen des § 89b JGG, die **575**
für den Vollzug der **Jugendstrafe bei mindestens 18-jährigen** gelten, relativiert. Ab Vollendung des 18. Lebensjahres kann die Jugendstrafe in Strafanstalten für Erwachsene vollzogen werden; dann gelten gem. § 89b I 1 JGG auch die Vorschriften des StVollzG[348]. Ab Vollendung des 24. Lebensjahres soll der Gefangene gem. § 89b I 2 JGG in den Erwachsenenvollzug verlegt werden.

Eine gegenüber § 89b I JGG (Ausnahme vom Jugendstrafvollzug) **576**
konträre Situation ist in § 114 JGG geregelt. Es kann nämlich **normale Freiheitsstrafe in Jugendstrafanstalten vollzogen** werden, wenn der Verurteilte das 24. Lebensjahr noch nicht vollendet hat. Gem. Richtlinie 2 zu § 114 JGG sind Verurteilte unter 21 Jahren, also solche, die als Heranwachsende nach allgemeinem Strafrecht verurteilt wurden und auch zum Vollstreckungszeitpunkt noch Heranwachsende sind, grds. in eine Jugendstrafanstalt einzuweisen. In der Praxis wird von der Möglichkeit des § 114 JGG jedoch selten Gebrauch gemacht.

Für den Fall des Verstoßes gegen Verpflichtungen, die dem Gefange- **577**
nen durch oder auf Grund des Gesetzes auferlegt sind, kommt die Verhängung von **Disziplinarmaßnahmen** in Betracht. Herkömmlich erfolgt dies gerade im Jugendstrafvollzug sehr häufig. Die neuen Gesetze

---

345 Zur Möglichkeit, die Jugendstrafe auch in sonstigen „Einrichtungen für den Vollzug der Jugendstrafe“ zu vollstrecken, vgl. § 17 I JGG.

346 Vgl. schon *Krohne*, ZStW 1 (1881), 53 (81 ff.).

347 Öffnungsregelung für den Frauenstrafvollzug: § 112 I 2 JStVollzG NRW; vgl. § 98 I 2 JStVollzG (Berlin; Bremen; Rheinland-Pfalz; Sachsen; Thüringen).

348 Zu Problemkonstellationen vgl. *Dünkel*, NK 2008, 2 (3).

sehen vor, nach Möglichkeit durch **erzieherische Maßnahmen** auf Pflichtverstöße zu reagieren, um formelle Disziplinierungen zu vermeiden (Art. 155 I BayStVollzG)[349].

3. Erziehungsorientierter Jugendstrafvollzug

578 Dem verfassungsgerichtlich als Erziehungs- und Behandlungsvollzug auf das Ziel der „sozialen Integration" festgelegten Jugendstrafvollzug entspricht es zwingend, dass bei der Aufnahme in den Strafvollzug eine **Behandlungsuntersuchung** (Feststellung des Erziehungs- und Förderbedarfs)[350] durchgeführt und darauf aufbauend ein **Vollzugsplan** (Erziehungsplan; Erziehungs- und Förderplan) erstellt wird (Art. 129, 130 BayStVollzG; im Übrigen verweist Art. 122 BayStVollzG auf die allg. Regelungen der Art. 8–9 BayStVollzG). Gleichermaßen gilt für alle Landes-Jugendstrafvollzugsgesetze, dass die hier eingangs festgeschriebenen Maßnahmen, wie etwa Unterbringung im geschlossenen oder offenen Vollzug, Zuweisung zu Wohngruppen, Teilnahme an schulischen oder berufsbezogenen Ausbildungsmaßnahmen, Teilnahme an Therapiemaßnahmen, Vollzugslockerungen etc. regelmäßig **überprüft und fortgeschrieben** werden[351].

579 Durch eine Unterbringung in überschaubaren und daher interaktionsfähigen **Wohngruppen** sollen die Behandlung und das soziale Lernen im Strafvollzug gefördert werden[352]. Dass ein solches, der Idee einer „problemlösenden Gemeinschaft" verpflichtetes, therapeutisch wohl begründetes Gruppenkonzept darauf abgestimmte Baulichkeiten verlangt, ist naheliegend. Die Justizvollzugsgesetze haben den Wohngruppenvollzug daher als Regel-Unterbringungsform zugrunde gelegt, allein das Land Bayern hat ihn in Art. 140 I BayStVollzG lediglich als mögliche Unterbringungsform vorgesehen. Davon zu unterscheiden ist die Unterbringung in der Ruhezeit, für welche in allen Gesetzen grds. **Einzelunterbringung** vorgesehen ist, um einer Subkulturentwicklung entgegenzuwirken und Übergriffe auf Mitgefangene zu verhindern (Art. 139 iVm Art. 20 BayStVollzG). Mit ihrer Zustimmung können Gefangene gemeinsam untergebracht werden, ohne ihre Zustimmung ist das nur aus Gründen der Gefahrenabwehr iwS. zulässig. Ansonsten ist gemeinschaftliche Unterbringung im Haftraum aus zwingenden Gründen, dann

---

[349] Für Grundsatzkritik an Disziplinarverfahren im Jugendvollzug vgl. *Tondorf/Tondorf*, ZJJ 2006, 241 (246 f.).

[350] Die Begrifflichkeit ist hier uneinheitlich; etwa auch: Aufnahmeuntersuchung; Diagnoseverfahren.

[351] Vgl. zum Ganzen Art. 8, 9 BayStVollzG.

[352] Vgl. *Laubenthal,* Rn. 373 f.; *Jesse*, Forum Strafvollzug 2007, 23 (24).

aber nur vorübergehend, zulässig[353]. Einzelne Gesetze beschränken die dort zulässige freiwillige gemeinsame Unterbringung auf nicht mehr als zwei Gefangene[354]. Als völlig verfehlt ist es einzustufen, wenn Art. 139 I iVm Art. 20 III BayStVollzG dennoch – offenbar für den Fall einer Überfüllung der Anstalten – eine Unterbringung von bis zu acht Gefangenen in einem Haftraum zulässt und dafür auch keine Zeitgrenze wie etwa „vorübergehend" vorgibt.

Um den Strafvollzug durch Reduzierung von Prisionierungseffekten resozialisierungstauglich zu gestalten, ist eine Unterbringung im **offenen Vollzug** naheliegend. Die meisten Länder legen aber den geschlossenen Vollzug als Regelvollzug fest, darunter Bayern (Art. 133 iVm Art. 12 BayStVollzG). Außerdem wird zumeist – nicht so in Bayern – ein über den offenen Vollzug hinausgehender **Vollzug in freien Formen** eröffnet, etwa die Unterbringung in Jugendhilfeeinrichtungen. **580**

Für das Aufrechterhalten von sozialen Bindungen und für die Vorbereitung der späteren Wiedereingliederung ist eine Öffnung nach außen von großer Bedeutung. So geben die Jugendstrafvollzugsgesetze in Relation zum Erwachsenenstrafvollzug eine großzügige **Regelbesuchszeit** von mindestens vier Stunden pro Monat (etwa Art. 144 II BayStVollzG). Die Möglichkeiten von **Lockerungen** und **Hafturlaub** verbessern sich gegenüber dem vom StVollzG seit jeher vorgegebenem Standard allenfalls geringfügig. **581**

Die für einen Erziehungsvollzug wichtige Aufgabe, den üblicherweise schlecht bzw. unvollständig ausgebildeten jungen Gefangenen **Schulausbildung und berufliche Ausbildung** zu ermöglichen, wird in den Jugendstrafvollzugsgesetzen differenziert geregelt. Solche Bildungsmaßnahmen genießen dabei Vorrang vor einer Zuweisung von Arbeit (Art. 123 III, 145 BayStVollzG). Um die Attraktivität von Ausbildung zu gewährleisten, ist eine dem Arbeitsentgelt vergleichbare Ausbildungsbeihilfe vorgesehen (Art. 149 II iVm Art. 47 BayStVollzG). **582**

Als Neuerung ist unter dem Aspekt von Erziehung und Reintegration hervorzuheben, dass nun **sozialtherapeutische Anstalten** bzw. Abteilungen für den Jugendstrafvollzug vorgesehen werden. Gleichermaßen sinnvoll erscheint die für den Jugendstrafvollzug insgesamt festgeschriebene Verankerung einer substantiellen **Entlassungsvorbereitungshilfe** (Art. 136 BayStVollzG) und **Übergangsbetreuung**[355] sowie **Nachentlassungshilfe** bis hin zur Möglichkeit einer **Unterbringung** **583**

---

[353] Allein § 20 II HmbJStVollzG erlaubt eine gemeinsame Unterbringung nur zum Zwecke des Schutzes eines gefährdeten Gefangenen.

[354] § 25 II 3 JStVollzG (Berlin, Sachsen-Anhalt, Schleswig-Holstein).

[355] Vgl. § 58 JStVollzG BW; § 16 HmbStVollzG; § 16 HessJStVollzG; § 119 NJVollzG; § 21 JStVollzG NRW; § 19 ff. JStVollzG.

auf freiwilliger Grundlage (Art. 137 BayStVollzG), etwa zum Abschließen einer Berufsausbildung.

II. Maßregelvollzug

584 **Freiheitsentziehende Maßregeln der Besserung und Sicherung** (§§ 61 ff. StGB) sind die Unterbringung gem. § 63 StGB in einem psychiatrischen Krankenhaus, die Unterbringung gem. § 64 StGB in einer Entziehungsanstalt und die Sicherungsverwahrung der §§ 66 ff. StGB. Die ursprünglich als Maßregel konzipierte Unterbringung in einer sozialtherapeutischen Anstalt (§ 65 StGB a.F.) wurde zu einer bloßen Maßnahme der Differenzierung des Strafvollzugs (§§ 9, 141 StVollzG bzw. Art. 117–120 BayStVollzG) umgestaltet.

1. Sicherungsverwahrung

585 Die einzige stationäre Maßregel, die derzeit **von den Justizverwaltungen selbst vollzogen** wird, ist die Sicherungsverwahrung des § 66 StGB. Gem. Art. 1 des neuen bayerischen Gesetzes über den Vollzug der Sicherungsverwahrung und der Therapieunterbringung (BaySvVollzG[356]) wird sie in den JVAs nach Art. 165 BayStVollzG oder in einer besonderen Abteilung (Einrichtung für Sicherungsverwahrung) vollzogen. Eine solche Einrichtung ist zentral für Bayern auf dem Gelände der JVA Straubing mit 84 Haftplätzen errichtet worden.

586 Die Durchführung der Sicherungsverwahrung dient gem. Art. 2 I BaySvVollzG (vgl. § 129 StVollzG, Art. 159 I BayStVollzG) primär dem Ziel, die Gefährlichkeit der Sicherungsverwahrten für die Allgemeinheit so zu mindern, dass die Vollstreckung der Unterbringung möglichst bald beendet werden kann. Dazu sollen die Sicherungsverwahrten befähigt werden, künftig in sozialer Verantwortung ein selbstbestimmtes Leben in Freiheit ohne Straftaten zu führen (Abs. 2). Erst Abs. 3 stellt klar, dass der Vollzug der Sicherungsverwahrung zugleich dem Schutz der Allgemeinheit dient. Diese Reihung ist insofern erstaunlich, als sie selbst gegenüber Art. 2 BayStVollzG konträr ist und es doch in der Sicherungsverwahrung in erster Linie um die Sicherung der Gesellschaft geht.

587 Der Sicherungsverwahrte hat die gleichen **Rechtsbehelfe** zur Verfügung wie der Gefangene im allgemeinen Strafvollzug (Beschwerde gemäß Art. 82 BaySvVollzG, der auf Art. 115, 115a BayStVollzG verweist), einschließlich des Rechts aus §§ 109 ff. StVollzG zur Stellung eines Antrags auf gerichtliche Entscheidung.

---

[356] GVBl 2013, S. 275.

Zudem gibt Art. 6 II BaySvVollzG die Vorgabe, dass unter mehreren möglichen und geeigneten Maßnahmen immer diejenige zu wählen sei, die die Sicherungsverwahrten am wenigstens beeinträchtigt. Dass diese Selbstverständlichkeit jetzt gesetzlich geregelt wurde, zeigt das neue Selbstverständnis der Sicherungsverwahrung, das dem Verwahrten nun endlich **weitergehende Rechte** im Vergleich zu Strafgefangenen bezüglich Ausstattung der Räume, eigener Kleidung und Wäsche sowie Selbstbeschäftigung und Taschengeld einräumt (zum Abstandsgebot des BVerfG S. 201). **588**

Die Vollzugsbehörde ist gem. Art. 4 BaySvVollzG angehalten, den Sicherungsverwahrten zu motivieren, an Behandlungsmaßnahmen mitzuwirken (bislang waren die Behörden nach § 131 1 StVollzG bzw. Art. 161 I 1 BayStVollzG alter Fassung nur verpflichtet, den Schäden eines langen Freiheitsentzuges entgegenzuwirken). Dies beinhaltet die Möglichkeit der Verlegung in eine sozialtherapeutische Anstalt (Art. 11 BaySvVollzG). Angesichts der besonderen Belastungen des langen Freiheitsentzugs und der Tatsache, dass der Sicherungsverwahrte seine Strafe bereits verbüßt hat, gewährt man in Art. 21 ff. BaySvVollzG das Recht auf **deutlich verbesserte Außenkontakte**. So räumt Art. 22 BaySvVollzG dem Verwahrten einen längeren Besuchsanspruch mit mindestens 12 Stunden pro Monat und Art. 25 BaySvVollzG private Telefonate ein (kein Mobilfunk). **589**

Die Verwahrten können sich tagsüber in der Anstalt frei bewegen (Art. 15 BaySvVollzG) und sie werden einzeln in einem min. 15 qm großen „Zimmer" untergebracht (der Terminus Haftraum wird vermieden, vgl. Art. 16 BaySvVollzG). Ihnen werden verbesserte Einkaufsmöglichkeiten aus dem Eigengeld (Art. 20 BaySvVollzG) und ein (etwas) großzügigeres Arbeitsentgelt eingeräumt. Es bleibt aber bei einer **Arbeitspflicht** (Art. 36 BaySvVollzG), wenngleich wenigstens „behandlerische Gründe" für eine solche vorliegen müssen. Dennoch ist eine Arbeitspflicht im Vollzug der Sicherungsverwahrung wohl verfassungswidrig. Die Verwahrten dürfen ferner eigene Kleidung tragen (Art. 18 BaySvVollzG) und haben die Möglichkeit der Selbstverpflegung bei entsprechender „Eignung" (Art. 19 II BaySvVollzG). Diese Regelungen sind eine unmittelbare Folge der Rspr. des BVerfG. **590**

Das Abstandsgebot des BVerfG **591**

Mit einem sog. Verstoß gegen das Abstandsgebot versuchte sich das BVerfG aus dem Dilemma zu retten, dass es im Gegensatz zum EGMR (NJW 2010, 2495 ff.) den nachträglichen Wegfall einer zeitlichen Höchstgrenze von 10 Jahren für die Dauer der Sicherungsverwahrung noch als verfassungsgemäß eingestuft hatte (BVerfGE 109,

133). Später vollzog man eine Kehrtwende und erklärte gleich alle Regelungen zur Sicherungsverwahrung für verfassungswidrig (BVerfGE 128, 326; vgl. auch BGHSt 58, 292). Dazu schuf man das Abstandsgebot. Demnach wäre der Abstand zwischen Strafvollzug und Sicherungsverwahrung nicht gewahrt, wenn der betroffene Gefangene nach dem Vollzug der Freiheitsstrafe nur die Abteilung wechseln würde und nicht wesentlich besser untergebracht wäre. Die Länder mussten diese Vorgaben umsetzen und im Vergleich zum Strafvollzug deutlich besser ausgestattete Einrichtungen schaffen und auch die Therapieangebote umfassend verbessern (vgl. § 66c StGB). Das hat nichts mit einem „Hotel hinter Gittern" zu tun, wie die Augsburger Allgemeine (4.6.2013) titelte, sondern ist selbstverständlich, wenn man sich vor Augen hält, dass hier Menschen untergebracht sind, die ihre Freiheitsstrafe restlos verbüßt haben und nun nur noch zum Schutz der Gesellschaft verwahrt bleiben. Sicherungsverwahrte sind keine Strafgefangenen, für sie sind von vornherein gänzlich andere – deutlich bessere – Bedingungen zu schaffen. Letztlich erscheinen die Besserstellungen des Sicherungsverwahrten immer noch als zu geringfügig und verweisen auf eben doch noch virulente Strafbedürfnisse der Gesellschaft (vgl. *Streng*, Strafrechtliche Sanktionen, Rn. 478).

592 Art. 58 BaySvVollzG gibt eine speziell für Sicherungsverwahrte vorgesehene Möglichkeit, zur **Entlassungsvorbereitung** den Vollzug zu lockern und Langzeiturlaub zu gewähren. Für die **Entlassungsentscheidung** gem. § 67d II StGB, welche auf der Basis einer gem. § 67e StGB im Abstand von längstens zwei Jahren erfolgenden Überprüfung gefällt wird, ob die Maßregel zur Bewährung ausgesetzt werden kann, ist gem. § 463 StPO die Vollstreckungskammer zuständig.

593 Am 31.3.2022 befanden sich in der Bundesrepublik **604 Personen in Sicherungsverwahrung** (in Bayern 47 Personen). 1965 waren es in der alten Bundesrepublik zum 31.3. sogar 1.430 Untergebrachte und 1970 immerhin noch 718. In der Folge der Großen Strafrechtsreform von 1969 sanken die Zahlen dramatisch. 1980 waren es noch 208 Untergebrachte und 1996 gar nur 176. Eine rege gesetzgeberische Tätigkeit haben in der Folgezeit die Untergebrachtenzahlen wieder ansteigen lassen[357]. Von der begrenzten quantitativen Bedeutung der Maßregel ist ihre große Bedeutung für die davon Betroffenen zu unterscheiden. Denn bereits bei der ersten Unterbringung kann diese gem. der 1998 reformierten Regelung des § 67d III StGB lebenslang dauern.

---

[357] *Streng*, StV 2013, 236 ff.

2. Unterbringung gem. § 63 oder § 64 StGB

Die Unterbringung in einem psychiatrischen Krankenhaus gem. § 63 StGB und die Unterbringung in einer Entziehungsanstalt gem. § 64 StGB werden **außerhalb des Justizvollzugs** vollzogen. Gem. § 138 I StVollzG richtet sich der Vollzug dieser Unterbringungsformen „nach Landesrecht, soweit Bundesgesetze nichts anderes bestimmen". Dies gilt gem. Art. 208 BayStVollzG unverändert. 594

a) Psychiatrisches Krankenhaus

Für die **Unterbringung nach § 63 StGB** besagt § 136 S. 1 StVollzG, dass sich die Behandlung des Untergebrachten „nach ärztlichen Gesichtspunkten" richtet. Der Untergebrachte soll gem. S. 2 „*soweit möglich ... geheilt oder sein Zustand soweit gebessert werden, dass er nicht mehr gefährlich ist*". Auch wenn man in diesem Sinne die **Behandlung** in den Vordergrund stellt, verweist dieses Abstellen des Gesetzes auf die erforderliche Gefahrenbeseitigung und die gem. § 67d II StGB für eine Entlassung erforderliche anspruchsvolle Positivprognose, wonach der Untergebrachte „keine weiteren rechtswidrigen Taten mehr begehen wird", darauf, dass dem **Sicherungsaspekt** große Bedeutung beigemessen wird. Bei Bejahung der für eine Aussetzung der Maßregel zur Bewährung erforderlichen günstigen Prognose tritt per Gesetz Führungsaufsicht von bis zu 5 Jahren (§ 67d II 2, § 68c I StGB) oder sogar unbefristet (§ 68c II StGB: fehlende Kooperation bei Therapieweisungen) ein. Wird die Aussetzung während der Führungsaufsicht nicht widerrufen, dann ist gem. § 67g V StGB mit dem Ende der Führungsaufsicht die Maßregel erledigt. Für den Rechtsweg verweist § 138 III StVollzG auf die §§ 109 ff. StVollzG. 595

Im Übrigen war auch schon bislang **Landesrecht** maßgeblich. Für Bayern war das „Gesetz über die Unterbringung psychisch Kranker und deren Betreuung" v. 5.4.1992 (**„Unterbringungsgesetz"** – UBG) **einschlägig**. Dieses Gesetz regelt zwar nicht strafrechtliche Unterbringung. Doch galten gem. Art. 28 UBG für den Maßregelvollzug Art. 12–21 des UBG entsprechend. Der „unmittelbare Zwang" ist in Art. 19 UBG geregelt; eine Spezialregelung für Fixierungen gab es bislang nicht. Erst durch den Fall „*Mollath*" rückte der Maßregelvollzug in das Bewusstsein einer breiten Öffentlichkeit. So stellte man eine ungewöhnlich hohe Anzahl von Fixierungen von Patienten ans Bett (teilweise mit extrem langer Dauer – in einem Fall 60 Tage und Nächte) als Behandlungsmaßnahme fest, wenn diese sich oder andere verletzen wollten (Hinweis: Diese Vorgänge betrafen indes die normale Unterbringung, nicht die Fo- 596 rensik[358]). Dies ließ das Bewusstsein reifen, dass auch im Maßregelvollzug konkrete gesetzliche Vorgaben zum Schutze der Patienten überfällig sind. Das Bayerische Maßregelvollzugsgesetz (BayMRVG) schafft seit August 2015 einheitliche Standards[359]; der Umweg über Art. 28 UBG ist obsolet geworden.

597 In Anbetracht einer **fehlenden zeitlichen Obergrenze für die Unterbringung** gem. § 63 StGB ist die Rechtslage für die Untergebrachten sehr unbefriedigend. Der Untergebrachte muss darauf hoffen, von der Anstalt so positiv begutachtet zu werden, dass die Strafvollstreckungskammer ihn freizulassen wagt. Diese extreme Abhängigkeit wird noch dadurch verstärkt, dass den Untergebrachten zumeist jegliche Kompetenz fehlt, ihre Rechte selbst zu wahren. Die durchschnittliche Verweildauer betrug 2006 etwa 6½ Jahre[360]. Die Unterbringungszahlen sind trotz inzwischen strengerer Voraussetzungen steigend. Inzwischen hat aber das BVerfG klargestellt, dass mit Dauer der Unterbringung dem Verhältnismäßigkeitsgrundsatz ein immer größeres Gewicht zukommt[361]. Die Negativformulierung „*wenn nicht die Gefahr besteht*" impliziert ein Regel-Ausnahme-Verhältnis, dass die Erledigung der Maßregel nicht von einer positiven Prognose, sondern ihre Fortdauer von einer negativen Prognose abhängig macht.

b) Entziehungsanstalt

598 Für den Vollzug der Unterbringung in einer **Entziehungsanstalt** gem. § 64 StGB gelten die Rechtsgrundsätze wie für die Unterbringung nach § 63 StGB. Allerdings steht bei § 64 StGB der Therapiecharakter der Maßregel stärker im Vordergrund, wie sich schon aus § 64 II StGB ergibt. Die entsprechende Zieldefinition des Vollzugs ist in § 137 StVollzG (und Art. 2 I 2 Nr. 2 BayMRVG) zu finden. Dies hat zu Streit darüber geführt, ob die **Erfolglosigkeit** der Entziehungskur zur Folge haben soll, diese abzubrechen und den Untergebrachten zu entlassen; die

---

358 Kritisch zu den Vorkommnissen *H.E. Müller* in seinem Weblog auf beck-online; vgl. hierzu http://blog.beck.de/2014/02/01/patient-60-tage-lang-ununterbrochen-ans-bett-fixiert-psychiatrie-in-der-kritik.

359 Bayerisches Gesetz und Verordnungsblatt Nr. 8/2015, S. 222.

360 Vgl. *Dessecker*, Lebenslange Freiheitsstrafe, Sicherungsverwahrung und Unterbringung in einem psychiatrischen Krankenhaus (KrimZ), 2008, S. 34. Leider wird die Unterbringung nun nicht mehr in dieser Erhebung berücksichtigt und auch die gesonderte Maßregelvollzugsstatistik des Statistischen Bundesamtes wurde eingestellt.

361 BVerfG, Beschl. v. 7.2.2019 – 2 BvR 2406/16 = BeckRS 2019, 2005.

alte Regelung des § 67d V StGB zu einer 1-Jahres-Mindestunterbringung jedenfalls wurde vom BVerfG für nichtig erklärt[362] und ist in § 67d V n.F. StGB nicht mehr enthalten. Entsprechend der Dominanz des Heilungszwecks darf jedenfalls eine Unterbringung dann nicht erfolgen, wenn eine Entziehungskur aussichtslos erscheint oder auch nur *„eine hinreichend konkrete Aussicht“* auf einen Behandlungserfolg besteht, vielmehr muss nach einer neuerlichen Gesetzesänderung Ende 2023 nun *„aufgrund tatsächlicher Anhaltspunkte zu erwarten sein“*, dass die Therapie erfolgreich sein wird[363]. Die **Dauer** der Unterbringung gem. § 64 StGB ist gem. § 67d I 1 StGB auf **maximal zwei Jahre** begrenzt (Ausnahme aber in § 67d I 3 StGB). Im Gegensatz hierzu ist die Unterbringung gem. § 63 StGB nicht zeitlich beschränkt. Da festgestellt wurde, dass immer mehr Straftäter mit zu erwarteten langen Freiheitsstrafen ihr Suchtverhalten vor Gericht übertrieben, um über den Umweg der Unterbringung früher in den Genuss einer vorzeitigen Strafrestaussetzung zu kommen, wurde nun die Vorschrift reformiert. So war die Zahl der jährlichen Aburteilungen mit Unterbringung in der Entziehungsanstalt erheblich gestiegen und zwar von 1.812 im Jahr 2007 auf 3.317 im Jahr 2019[364]. Insbesondere die Voraussetzungen für § 64 StGB selbst wurden Ende 2023 enger gefasst und die Möglichkeit eine Halbstrafenaussetzung bei Vorwegvollzug der Maßregel (§ 67 V 1 StGB) gestrichen. Das soll die Entziehungsanstalten entlasteten, damit diese sich auf die verurteilten Personen konzentrieren können, die ihrer Behandlung tatsächlich bedürfen.

III. Strafarrest

Zum Strafvollzug wird der Vollzug des gem. § 9 WStG verhängten Strafarrestes gerechnet. An Soldaten wird dieser gem. Art. 5 EGWStG von den Behörden der Bundeswehr vollzogen; es gilt die Bundeswehrvollzugsordnung (BwVollzO). Nach Ausscheiden des Verurteilten aus der Bundeswehr wird Strafarrest in den allgemeinen JVAs vollzogen; es gelten §§ 167–170 StVollzG (Art. 190–194 BayStVollzG). **599**

[362] BVerfGE 91, 1 (34).

[363] *Streng*, Strafrechtliche Sanktionen, Rn. 345.

[364] BT-Drs. 20/5913 v. 6.3.2023, S. 22. Zur Neuregelung vgl. *Krumm* NJ 2023, 422.

IV. Exkurs: Untersuchungshaft

1. Untersuchungshaft

a) Grundlagen

600 Die Untersuchungshaft fällt nicht unter den Begriff des Strafvollzugs. Dennoch sind beide Bereiche so eng miteinander verzahnt – z.B. wird Untersuchungshaft **üblicherweise in JVAs vollzogen** – dass auf den Untersuchungshaftvollzug kurz einzugehen ist[365]. Man muss sich bei der Ausgestaltung der U-Haft aber immer vor Augen führen, dass der Gefangene als unschuldig zu gelten hat (Klarstellung in Art. 3 I BayUVollzG) und seine Unterbringung nur der Sicherung des Strafverfahrens dient. Die Feststellung in Art. 4 III BayUVollzG, dass „die Persönlichkeit der Untersuchungsgefangenen zu achten und ihr Ehrgefühl zu schonen" sei, ist eine Selbstverständlichkeit.

601 Die wenigen gesetzlichen Normen zum Vollzug der Untersuchungshaft (§ 119 StPO, § 177 StVollzG) galten schon lange als unzureichend. Daneben arbeitete man mit der Untersuchungshaftvollzugsordnung (UVollzO), die als VV keine Rechtsgrundlage für Eingriffe in die Rechte des Gefangenen bieten konnte. Es handelte sich dabei um im Wesentlichen gleichlautende Verwaltungsvorschriften der Länder.

602 Erst durch die **Föderalismusreform** wurde die Regelungskompetenz zur Untersuchungshaft den Ländern zugewiesen (vgl. Art. 74 I Nr. 1 GG). Einige Länder haben zum 1.1.2010 UHaftVollzGe in Kraft gesetzt. Die restlichen Länder – darunter Bayern – waren gem. § 13 EGStPO verpflichtet, spätestens bis zum 31.12.2011 solche Gesetze in Kraft zu setzen. Zum 1.1.2012 trat dann auch das **Bayerische Untersuchungshaftvollzugsgesetz** (BayUVollzG) in Kraft (GVBl. 2011, S. 678), das die Regelungen der UVollzO ersetzt hat und auch Sonderregelungen für junge Untersuchungsgefangene enthält. Soweit Regelungen fehlen, gelten die Vorschriften der UVollzO weiter.

b) Einzelfragen

603 Gem. Art. 1 II BayUVollzG wird die U-Haft „*vorrangig in einer besonderen Abteilung*" der JVA vollzogen. Dies hat zur Folge, dass Anstalten, die eigentlich auf Strafgefangene mittlerer Kriminalität zugeschnitten sind, so gesichert werden müssen, dass auch mutmaßliche

---

[365] Allgemein hierzu und speziell zu den UVollzG der Länder vgl. *Schlothauer/Nobis/Voigt/Wolf*, Untersuchungshaft, 6. Aufl., 2024.

Schwerverbrecher untergebracht werden können. Dies hat eine resozialisierungsfeindliche Übersicherung für die Strafgefangenen zur Folge. Besser wäre die Einrichtung eigener Untersuchungshaftanstalten.

Der **Zweck der U-Haft** besteht gem. Art. 2 BayUVollzG darin „durch sichere Unterbringung der Untersuchungsgefangenen die Durchführung eines geordneten Strafverfahrens zu gewährleisten und den in den gesetzlichen Haftgründen zum Ausdruck kommenden Gefahren zu begegnen". Dies entspricht den Haftgründen der StPO. 604

Überblick über die einzelnen Haftgründe 605

§ 112 II Nr. 1 und 2 StPO	**Flucht oder Fluchtgefahr**
§ 112 II Nr. 3 StPO	**Verdunkelungsgefahr**
§ 112a StPO	**Wiederholungsgefahr**
§ 112 III StPO	Die **Tatschwere** ist auf die drei klassischen Haftgründe gestützt (der Schutzhaft-Aspekt ist aber zusätzlich relevant)

Gem. § 119 StPO ordnet der Richter die für den Vollzug der U-Haft **notwendigen Beschränkungen** an. So kann angeordnet werden, dass Besuche der Erlaubnis bedürfen oder zu überwachen sind. In engem Rahmen kann der Richter die Befugnisse an die Staatsanwaltschaft übertragen (§ 119 I 4 StPO). In dringenden Fällen können Staatsanwalt oder Anstaltsleiter vorläufige Maßnahmen treffen. Im Übrigen regeln die Art. 15 ff. BayUVollzG den Verkehr mit der Außenwelt.

Gemäß § 140 I Nr. 4 StPO steht dem Untersuchungsgefangenen inzwischen schon mit Haftbeginn ein **Pflichtverteidiger** zu (früher erst nach einem Ablauf von drei Monaten). Auch **Akteneinsichtsrecht** und Belehrungspflichten wurden durch das am 1.1.2010 in Kraft getretene „Gesetz zur Änderung des Untersuchungshaftsrechts" präzisiert (vgl. § 127 IV iVm § 114a ff. StPO)[366]. Der schriftliche und mündliche **Verkehr mit dem Verteidiger** ist gemäß §§ 148, 148a StPO ohne Beschränkung und Überwachung möglich (§ 119 IV StPO, Art. 22 BayUVollzG), es sei denn, es liegt ein Fall des § 148 II StPO vor (§ 129a StGB-Sache). Art. 3 V BayUVollzG stellt klar, dass das Verteidigungsinteresse des Untersuchungsgefangenen angemessen zu berücksichtigen ist. 606

Der Gefangene ist nicht zur **Arbeit** verpflichtet (Art. 12 I BayUVollzG); ihm soll Arbeit angeboten werden. Junge Untersuchungsgefangene sind dagegen aus erzieherischen Gründen zur Arbeit verpflichtet (Art. 33 III BayUVollzG). 607

[366] BGBl. I, 1990, S. 2274 ff.

608 Da der Gefangene als unschuldig gilt und entsprechend zu behandeln ist, bestimmt Art. 3 BayUVollzG, dass er sich auf eigene Kosten „**Annehmlichkeiten**" beschaffen kann. So gestattet Art. 14 IV BayUVollzG dem Gefangenen, „sich auf seine Kosten durch Vermittlung der Anstalt selbst zu verpflegen", d. h. es wird die Nahrung aus einer „Speise- oder Gastwirtschaft" bezogen (Alkohol ist gem. Nr. 51 III UVollzO verboten). Gem. Art. 14 I BayUVollzG ist der Gefangene berechtigt, eigene **Kleidung** zu tragen sowie eigene Bettwäsche zu benutzen, soweit er für eine Reinigung sorgen kann.

609 Bezüglich **Sicherungs- und Disziplinarmaßnahmen** verweisen Art. 27, 28 BayUVollzG auf das BayStVollzG.

610 Besondere Regelungen gelten für **junge Untersuchungsgefangene**. Art. 29 BayUVollzG regelt, dass die Vorschriften nach Maßgabe des § 89c JGG auf Gefangene Anwendung finden, die zur Tatzeit das 21. Lebensjahr noch nicht vollendet hatten, solange diese noch nicht 24 Jahre alt sind. Bei diesen leitet der Jugendrichter den Vollzug (§ 34 I, § 107 JGG). Die jungen Gefangenen sind „nach Möglichkeit" in einer besonderen Abteilung einer Jugend- oder Erwachsenenstrafanstalt unterzubringen (Art. 34 BayUVollzG; Art. 5 BayUVollzG). Besser wäre eine getrennte Unterbringung von Erwachsenen fest vorzuschreiben. Der Vollzug der U-Haft ist grds. erzieherisch zu gestalten (Art. 30 BayUVollzG). Die Gesamtdauer des Besuchs ist auf 4 Stunden monatlich – im Gegensatz zu 2 Stunden bei erwachsenen Untersuchungsgefangenen – erweitert (Art. 32 BayUVollzG).

611 Gegen die U-Haft betreffende Entscheidungen des Gerichts kann der Gefangene Beschwerde gem. §§ 304 ff. StPO einlegen (vgl. auch § 119 V StPO). Mit **§ 119a StPO** wurde der **Rechtsschutz** gegen Entscheidungen oder Maßnahmen im Untersuchungshaftvollzug neu geregelt (ein Vorgehen nach §§ 23 ff. EGGVG ist nicht mehr erforderlich). Zuständig ist das Haftgericht (§ 126 StPO). Wenn Haftgericht und Vollzugsanstalt in unterschiedlichen Bundesländern liegen – was selten der Fall sein wird – muss also das Gericht über Entscheidungen einer Behörde eines anderen Bundeslandes mit anderem Vollzugsrecht befinden. Der Gesetzgeber hat dies bewusst in Kauf genommen[367].

c) Zur Dauer der U-Haft

612 Gem. § 117 StPO ist nach spätestens drei Monaten eine Haftprüfung durchzuführen. Gem. § 121 I StPO ist U-Haft über sechs Monate nur

---

367 *Meyer-Goßner/Schmitt*, StPO, 66. Aufl., 2023, § 119a Rn. 2; *Kazele*, Neue Justiz 2010, 1 ff.

zulässig, wenn besondere Schwierigkeiten der Ermittlungen oder ein anderer wichtiger Grund das Urteil noch nicht zulassen; in diesen Fällen hat gem. § 122 StPO das OLG zu entscheiden. Trotz dieser Regelung liegt die Dauer der U-Haft in relativ vielen Fällen über der 6-Monats-Grenze. *Dölling/Feltes* kommen in einer älteren Untersuchung auf eine durchschnittliche Dauer von 280 bis 295 Tagen der U-Haft bei erstgerichtlichen Landgerichtsverfahren (mehr als 9 Monate!)[368].

2. Einstweilige Unterbringung

Ein der U-Haft verwandtes vorläufiges Sicherungsmittel stellt die einst- **613**
weilige Unterbringung gem. § 126a StPO per **Unterbringungsbefehl** in einem psychiatrischen Krankenhaus oder einer Entziehungsanstalt dar. Hierbei geht es nur um den Aspekt des Schutzes der Allgemeinheit, nicht um die Sicherung des Verfahrens. Für den Vollzug der einstweiligen Unterbringung gilt gem. § 126a II StPO u. a. § 119 StPO entsprechend, d.h. die Regelungen über die U-Haft. Dies stellt auch Art. 1 I Nr. 3 BayUVollzG für den Fall fest, dass die einstweilige Unterbringung in einer JVA vollzogen wird. Im Übrigen gilt das BayMRVG.

3. Zivilhaft

Nicht zum Strafvollzug im eigentlichen Sinne gehört die sog. Zivil- **614**
haft, nämlich der Vollzug von Ordnungs-, Sicherungs-, Zwangs- und Erzwingungshaft. Für diese werden gem. § 171 StVollzG die Vorschriften der §§ 3–122, 179–186 entsprechend angewendet, soweit nicht §§ 172–175 StVollzG etwas anderes bestimmen.

---

[368] *Dölling/Feltes,* StV 2000, 171; vgl. auch *Morgenstern*, Die Untersuchungshaft, 2018.

Stichwortverzeichnis

Die Zahlen verweisen auf Seiten.

Abschiebehäftlinge 17
Abstandsgebot des BVerfG 201
Akteneinsichtsrecht 60
Alkohol 81
Allgemeiner Vollzugsdienst 42
Alte Gefangene 192
Angesetzter 179
Angleichungsgrundsatz 26
Angstklausel 54
Anstaltsbeirat 49
Anstaltsbibliothek 127
Anstaltskleidung 93
  private Kleidung 93
  Unterwäsche 93
Anstaltsleitung 35, 41
Antrag auf gerichtliche Entscheidung 58, 60
  Antragsarten 64
  Antragsfrist 65
  Entscheidung gem. § 115 StVollzG 67
  Feststellungsinteresse 64
  Kostenrisiko 61
  Prüfungsskizze 69
  Rechtsbeschwerde 68
  Verfahren 66
  Vorläufiger Rechtsschutz 66
  Zulässigkeit 62
  Zuständigkeit 61
Arbeit 98
  Arbeitsentgelt 103
  Arbeitspflicht 99
  arbeitstherapeutische Beschäftigung 102
  Ausbildung 107
  Beschäftigungsarten 101
  Eigenbetriebe 102
  Hausarbeit 103
  mangelnde Arbeitsangebote 106, 185
  Recht auf Arbeit 100
  Unternehmerbetriebe 102
Arbeitsentgelt 103
Ärzte 46
  Offenbarungsbefugnis 57, 119
  Offenbarungspflicht 56, 119
  Schweigepflicht 119
Auburnsches System 12
Aufgaben des Vollzugs
  Resozialisierung 21
  Sicherung 23
  Sonstige Zwecke 25
Aufnahmephase 70
Aufnahmeverfahren 71
Aufnahmevollzug 72
Aufschluss 120
Aufsichtsbehörde 35
Ausbildung 107
Ausführung
  Siehe Vollzugslockerungen
Ausgang
  Siehe Vollzugslockerungen
Ausländer 95, 185
Behandlungsauftrag 22
Behandlungsbegriff
  Siehe Behandlungsvollzug
Behandlungsmaßnahmen 74
Behandlungsuntersuchung 73
Behandlungsvollzug 52, 109
Beschäftigungsverhältnis, freies 101
Besitz von Gegenständen 122

Besonders gesicherter Haftraum
  Siehe Haftraum
Besuch 132
  Abbruch 134
  Durchsuchung 133
  Langzeitbesuch 134
  Mindestbesuchsdauer 132
  Strafverteidiger 135
  Trennscheibe 54, 136
  Übergabe von Gegenständen 134
  Verwertung von Erkenntnissen 139
Betreuungsgruppen 83
Bewährungshilfe 182
Bodypack 187
Briefe *Siehe* Schriftverkehr
Calvinismus 7
Constitutio Criminalis Carolina 9
Corona-Pandemie 81
Datenschutz 55
Demographischer Wandel 192
Dienst- und Sicherheitsvorschriften 42, 43
Dienst- und Vollzugsordnung 15
Differenzierungsprinzip 36
Disziplinarmaßnahmen 176
  Doppelbestrafung 178
  Flucht 179
  Generalklausel 178
  Katalog 176
  schuldhafter Pflichtenverstoß 176
  Verfahren 180
  Zahlenangaben 181
Diverse Gefangene 37
Drittes Reich 14
Drogenkonsum
  Siehe Suchtmittelkonsum
Drogenscanner 188
Drohnen 188
Durchsuchung 133, 164
Eastern State Penitentiary 11
Eduard VI. 7
Effizienz des Strafvollzugs 30
  Resozialisierung 32
  Sicherung 30
Einkauf 96
Einweisungsanstalt 37, 70, 73
Einweisungsverfahren 71
Einzelhaft 168
Einzelunterbringung 84
Englisches Progressivsystem 12
Entkleidung 2, 133, 164
Entlassung 181
  ambulante Betreuung 184
  Bewährungshilfe 182
  Führungsaufsicht 182
  Hilfen 181
  Sonderurlaub 183
  Überbrückungsgeld 182
  Wiederaufnahme in den Vollzug 184
  Zeitpunkt 183
Entlassungsvorbereitung 81
Entziehungsanstalt
  Siehe Maßregelvollzug
Ersatzfreiheitsstrafe 192
Erziehungsgedanke 14
Europäischer Gerichtshof für Menschenrechte 4
Fernsehen im Vollzug 88, 124
  Stromkostenpauschale 94
Fesselung 168
Fixierung 168, 170
Flucht- und Missbrauchsgefahr 26
Föderalismusreform 3
Frauen 18
freie Beschäftigungsverhältnis
  Siehe Beschäftigungsverhältnis, freies
Freiheitsstrafe, lebenslange 25, 158
  Vollzugslockerungen 154
Freizeitgestaltung 120
Führungsaufsicht 182

Gefangenenarbeit *Siehe* Arbeit
Gefangenenbuch 71
Gefangenenmitverantwortung 83, 129
Gefangenenrate 20
Gefangenenvertretung 83
Gefängnissubkultur
  Siehe Subkultur
Gegensteuerungsgrundsatz 26
Geheimnisverrat 48
Gelder der Gefangenen 105
Geldstrafe 21
Gemeinschaft, problemlösende 23, 38, 83
Geschichte
  des Strafvollzugs 5
  des Strafvollzugsrechts 14
Geschlossener Vollzug 78
Gesprächsgruppen 109
Gestaltungsgrundsätze 26
Gesundheitsfürsorge 114
  Kosten 118
  Suchtmittelkonsum 114
  Tätowierung 115
  Umfang 117
  Zwang 174
Gewalt unter Gefangenen 190
Gewaltverhältnis, besonderes 15, 53
Good-time-Modell 103
Grundbegriffe 1
Grundrechte 53
Haftkostenbeitrag 105
Haftraum
  Angemessenheitsklausel 87, 89
  Anklopfen 91
  Ausgestaltung 39
  besonders gesicherter 169
  Durchsuchung 87
  eigene Sachen 87
  Einzelunterbringung 84
  Größe 39
  Sichtspion 91
  ungesund 39
  Verstoß gegen die Menschenwürde 86
  wohnlich 39, 85
  zweckentsprechend 85
Handys *Siehe* Mobilfunkgeräte
Hauptphase des Vollzugs 76
Hausarbeit 103
Hausordnung 72
Hepatitis C 57
HIV 57
House of correction 7
Institution, totale 2
Integrationsgrundsatz 26
Internet 146
Islamisten 28
Jugendarrest 1
Jugendstrafvollzug 193
  Bayern 194
  Erziehungsorientierung 195
  Rechtsgrundlagen 193
Justiziabilität
  unbestimmter Rechtsbegriffe 67
  von Ermessungsentscheidungen 70
Kinderkrippe 18
Kosten des Vollzugs 34
Kraftsport 121
Krankenversicherung, gesetzliche 117
Kriminologischer Dienst 3
Langstrafenvollzug 192
Langzeitbesuch 134
lebenslang *Siehe* Freiheitsstrafe, lebenslange
Leibes- und Lebensstrafen, schwere 6
Lochgefängnis, Nürnberg 10
Lockerungen
  Siehe Vollzugslockerungen
Maßnahmen, erkennungsdienstliche 166

Maßnahmen, freiheitsentziehende 1
Maßregelvollzug
  Abstandsgebot 201
  Entziehungsanstalt 204
  Psychiatrisches Krankenhaus 203
Meldepflichten 179
Merkantilismus 8
Mitwirkungsgrundsatz 50
Mitwirkungsnotwendigkeit 50
Mobilfunkgeräte 145
Mollath 203
Motivierungspflicht der Anstalt 50
Muslime 45
Notwehr 172
Offener Vollzug 78
  Ausschlussgründe 80
  Eignung 79
  Schusswaffengebrauch 174
Opfer 26, 27, 113
Opferbezogene Versuchsgestaltung 26
Opferschutz 26
Organisation des Strafvollzugs 35
  Zweistufiger Aufbau 35
Pädagogen 47
Paketempfang 148
Papst Clemens XI. 9
Pennsylvanisches System 11
Private Gefängnisse 35
Probleme des Strafvollzugs 185
Problemlösende Gemeinschaft *Siehe* Gemeinschaft, problemlösende
Psychologen 47
Quäker 10
Querulantentum 60
Rauchen im Vollzug 97
Rechtsbehelfe 58
  Antrag auf gerichtliche Entscheidung 58, 60
  Beschwerderecht 58
  Dienstaufsichtsbeschwerde 58
  Gnadengesuche 59
  Individualbeschwerde beim EGMR 59
  Petitionsrecht 59
  Querulantentum 60
  Strafanzeige 59
  Verfassungsbeschwerde 59
Rechtsberatung durch die Anstalt 60
Rechtsbeschwerde 68
Rechtsstaatsgrundsatz 53
Rechtszersplitterung 3
Regelvollzug 79
Religionsausübung 127
Rentenversicherung 105
Resozialisierung 21, 32
  Zielkonflikt 24
Rückfall 32
  Selektionseffekte 34
Salafisten 28
San Michelo 9
Schloss Bridewell 7
Schriftverkehr 139
  an Institutionen 143
  Anhalten von Schreiben 141
  fremdsprachig 143
  Geheimschrift 141
  mit dem Strafverteidiger 143
  Textkontrolle 140
  Untersagungsgründe 139
  Verwertung von Erkenntnissen 144
  zwischen Personen des besonderen Vertrauens 142
Schuldausgleich 25
Schusswaffengebrauch 173
Schwere der Schuld 25
Seelsorger 44, 128
  Schweigepflicht 45
  Zeugnisverweigerungsrecht 46
Selbstbeschäftigung 101

Selbstbindung der Verwaltung 35, 160
Selbstmord *Siehe* Suizid
Selbststeller 70
Selbstverantwortung 79
Selbstverpflegung 95
Sicherheit und Ordnung 161
  allgemeine Sicherungsmaßnahmen 163
  allgemeine Verhaltensvorschriften 163
  besondere Sicherungsmaßnahmen 167
  unbestimmter Rechtsbegriff 162
  Verhältnismäßigkeit 168
  Zielkonflikte 162
Sicherung 23, 30
Sichtspion 91
Siegburg 190
Silent system 12
Solitary system 11
Sonderurlaub 183
Sonderverpflegung 95
Sozialarbeiter 47
  Rollenkonflikt 48
  Zeugnisverweigerungsrecht 48
Soziale Hilfe 119
Sozialstab 44
Sozialtherapeutische Anstalt 47, 73, 110
  Konzept 112
  Mitwirkungsnotwendigkeit 111
  Nachbetreuung 113
  Wiederaufnahme in den Vollzug 184
  Wirksamkeit 113
  Zahlenmaterial 110
  Zustimmungserfordernis 111
Sozialtherapie *Siehe* Sozialtherapeutische Anstalt
Spion *Siehe* Sichtspion
Statistisches Bundesamt 16
Stellung des Gefangenen 50
Stigmatisierung 27
Strafarrest, militärischer 205
Strafvollstreckung 4
  Abgrenzung zum Strafvollzug 4
Strafvollzugsstatistik 16
Stromkosten 94
Subkultur 28, 130
Suchtmittelkonsum 114, 186
  Bodypack 187
  Maßnahmen zur Feststellung 167
  negative Folgen 188
  Substitution 189
  Zufallsstichprobe 114
Suizid 92, 97, 179
Täter-Opfer-Ausgleich 27
Tätowierung 115, 116
Telefongespräche 30
Telekommunikation 145
Therapie 109
Tiere im Strafvollzug 90
Trainingskurse, soziale 110
Trennscheibe 54, 136
Trennungsprinzip 36
Überbelegung 17, 85, 185
Überbrückungsgeld 182
Überstellung 76
Umschluss 120
Unbestimmter Rechtsbegriff 67
  Flucht- und Missbrauchsgefahr 67
  Sicherheit und Ordnung 162
Unmittelbarer Zwang 171
  allgemeine Notrechte 172
  Schusswaffengebrauch 173
  Subsidiaritätsgrundsatz 171
  Verhältnismäßigkeitsgrundsatz 171
Unterbringung in einem psychiatrischen Krankenhaus *Siehe* Maßregelvollzug

Unterbringung, einstweilige 209
Unterhaltungselektronik 125
Unterricht 107
Untersuchung, ärztliche 72
Untersuchungshaft 1, 206
  Dauer 208
  Einzelfragen 206
  Grundlagen 206
  Haftgründe 207
Urinprobe 114
Urlaub
  Siehe Vollzugslockerungen
Vergeltung 25
Verhaltensvorschriften
  Siehe Sicherheit und Ordnung
Verlegung 76
  zur Erleichterung von Besuch 77
Verschubung 78
Versorgung 94
  Selbstverpflegung 95
  Sonderverpflegung 95
Verwaltungsdienst 41
Vollstreckungsplan 70
Vollzug
  Aufgaben 21
  geschlossener 36, 78
  offener 36, 78
  Regelvollzug 79
Vollzugsaufgaben 21
Vollzugsgemeinschaft 37
Vollzugshelfer 49
Vollzugskonferenz 74
Vollzugslockerungen 150
  Anspruch 154
  Arten 151
  Ausführung 160
  Ausgang 159
  lebenslange Freiheitsstrafe 154
  Missbrauchsrate 155
  Stellenwert 150
  Urlaub 150, 156
  Urlaub aus wichtigem Grund 159
  Verpflichtung der Vollzugsbehörden 150
  Voraussetzungen 152
  Weisungen 159
  Widerruf 155, 159
Vollzugsmaßnahme 62
Vollzugsplan 73
  Änderung 75
  Anfechtung 75
  Offenheit der Vollzugsplanung 74
  Selbstbindung der Verwaltung 75
Vollzugsstab 39
  Allgemeiner Verwaltungsdienst 42
  Anstaltsleitung 41
  Ärzte 46
  Pädagogen 47
  Psychologen 47
  Seelsorger 44
  Sozialarbeiter 47
  Sozialstab 44
  Verwaltungsdienst 41
  Werkdienst 42
Vollzugsziel 25
Vorratsklausel *Siehe* Angstklausel
Weiterbildung 107
Wergeld 5
Werkdienst 42
Wettbewerb der Schäbigkeit 3
Wohngruppen 83
Zahlenmaterial 16
Zeitschriftenbezug 123
Zellengefängnis 13, 38
Zitiergebot 53
Zivilhaft 209
Zuchthaus 9
Zugangsbuch 71
Zugangsgespräch 72